“十四五”时期国家重点出版物出版专项规划项目
中国国家铁路集团有限公司科技研究开发计划——铁路供电设备一体化智能运维关键技术研究成果(N2024G020)

高速铁路基础研究与技术创新丛书

供电系列

铁路供电数字化

本丛书编委会　总主编
张润宝　著
王保国　主　审

中国铁道出版社有限公司
2025年·北　京

内容简介

本书为“高速铁路基础研究与技术创新丛书”之分册。本书从铁路供电系统全生命周期出发，全面论述了设计、建造、运维各阶段数字化技术的最新应用成果，包括设计数字化的协同设计、建模仿真、设计交付，建造数字化的项目管理、智能建造、竣工交付，运维数字化的供电安全检测监测、智能牵引变电所、智能供电调度、智能运维综合应用和数据资产管理等内容，分析了铁路供电数字化应用的典型案例，展望了全面实现铁路供电数字化的发展规划。

本书凝结了著者多年的知识积累和实践经验，期待能够为铁路供电系统从业人员提供参考和帮助。

图书在版编目(CIP)数据

铁路供电数字化 / 张润宝著. -- 北京 : 中国铁道出版社有限公司，2025. 1. --（高速铁路基础研究与技术创新丛书）. -- ISBN 978-7-113-32046-1

Ⅰ. U223. 6-39

中国国家版本馆 CIP 数据核字第 2024090F3C 号

书　　名：铁路供电数字化
作　　者：张润宝

策　　划：刘　霞
责任编辑：刘　霞　　**编辑部电话：**(010)51873405　　**电子邮箱：**604105550@qq. com
封面设计：高博越　郑春鹏　　**丛书标识设计：**崔丽芳
责任校对：苗　丹
责任印制：高春晓

出版发行：中国铁道出版社有限公司（100054，北京市西城区右安门西街 8 号）
网　　址：https://www. tdpress. com
印　　刷：北京联兴盛业印刷股份有限公司
版　　次：2025 年 1 月第 1 版　2025 年 1 月第 1 次印刷
开　　本：787 mm×1 092 mm 1/16　**印张：**11. 5　**字数：**240 千
书　　号：ISBN 978-7-113-32046-1
定　　价：98. 00 元

《铁路供电数字化》

编 委 会

高速铁路基础研究与技术创新丛书

编　辑　组

序

我国高速铁路起步晚、发展快、后劲足，经过几代人的不懈努力，通过原始创新、集成创新、引进消化吸收再创新，成功地走出了一条符合中国国情路情、具有中国特色的自主创新之路。我国已系统掌握各种复杂地质和气候条件下高速铁路建造成套技术；在工务工程、列车运行控制、牵引供电、动车组等高速铁路核心技术方面实现自主化；形成了复杂路网条件下处理跨线运行的运营管理成套技术，构建了人防、物防、技防三位一体的主动安全保障机制。我国已成为全球高速铁路运营里程最长、在建规模最大、运营速度最快、技术体系最全、运营和管理经验最丰富的国家。我国高速铁路技术已走在世界前列，成为推动世界高速铁路发展的重要力量。

为贯彻落实中共中央、国务院《交通强国建设纲要》，推进国铁集团《新时代交通强国铁路先行规划纲要》的落地，系统总结、梳理我国高速铁路各领域前沿理论和技术，向我国乃至世界高速铁路科研工作者和工程技术人员提供一套前沿性的参考书，中国国家铁路集团有限公司铁道出版社公司特组织编著出版“高速铁路基础研究与技术创新丛书”。

丛书以习近平新时代中国特色社会主义思想为指导，以国家自然科学基金课题、国家基金委-国铁集团高铁联合基金课题、国家“973”课题、国家重点研发计划课题等科研成果为支撑，从高速铁路前沿研究、补短板技术、核心技术、技术发展趋势等方向组织选题，涵盖动车组、供电、通信与信号、列控与检测、工程勘察与设计、智能建造、运营与管理、现代信息技术、安全和维护等领域，规模为100册，是全面系统论述我国高速铁路基础研究与技术创新成就的大型系列原创性科技著作。

丛书力求突出制高点、原创性、权威性、全覆盖特色。丛书各册内容以作者团队长期从事高速铁路科学研究的成果为依托，多数成果居于国内领先水平甚至世界先进水平，多种成果荣获国家科学技术奖一等奖、二等奖，国家技术发明奖一等奖、二等奖，茅以升科学技术奖，詹天佑铁道科学技术奖，铁道科技进步奖等奖项，丛书内容体现了我国当今最新、最前沿以及展现未来发展趋势的高速铁路相关研究成果和应用技术。丛书包括动车组、供电、工程施工与组织等十个系列，基本实现高速铁路各领域全覆盖。

丛书由编委会总负责。编委会阵容强大，认真负责。编委会各成员都是长期从事我国高速铁路科研、技术、生产和管理的一流专家学者，是所从事领域的翘楚，其中包括高速铁路及其相关领域的四位院士。编委会多次开会商讨丛书的体系、内容特色、作者条件及质量保障机制；分工负责，精心审订和修改各册编写提纲；多次遴选选题，先从150多个选题意向中遴选出100个选题，后又剔除了内容特色不太鲜明的8个选题，还对10多个选题提出了较大的改进意见，补充了8个关键技术和弥补技术空白的选题；最后邀请专人对各册内容进行审定，从而保证了各册内容的正确性和先进性。

2021年年底，国家新闻出版署经过严格评审，"高速铁路基础研究与技术创新丛书"（100册）成功入选"'十四五'时期国家重点出版物出版专项规划——重大出版工程"。这是对本丛书项目的认可，也是对编委会、作者和编辑等人员前期工作的认可，更是一种鞭策。我们相信，本丛书的出版，将助力于《交通强国建设纲要》的贯彻落实，推动我国乃至世界高速铁路事业的发展，也将为铁路领域的科研工作者、工程技术人员、管理人员，以及高校相关专业师生提供一套高水平、原创性、权威性、全覆盖的大型高铁科技精品著作。

中国工程院院士

"高速铁路基础研究与技术创新丛书"编委会主任 卢春房

2022年2月

前　言

本书为“高速铁路基础研究与技术创新丛书”之分册，按丛书要求，力求体现铁路供电数字化研究的制高点、前沿性、原创性特色。

随着5G、云计算、AI等数字技术的飞速发展，数字化应用已成为引领全球各行业发展的重要引擎，我国相继出台了《数字经济发展战略纲要》《数字中国建设整体布局规划》等政策，数字中国建设步入了快车道。在数字中国快速发展的大背景下，中国国家铁路集团有限公司发布了《数字铁路规划》，加快推进铁路数字化发展，为实现铁路现代化、勇当服务和支撑中国式现代化建设的“火车头”提供新动力。作为铁路最重要的基础设施之一，铁路供电专业在铁路运输中发挥着越来越重要的作用，建设好、维护好庞大复杂的铁路供电设备离不开数字化技术的支撑，铁路供电专业必须加快推进和率先实现数字化，通过数字化建设再造铁路供电管理的组织与流程，实现管理方式的创新，不断提高供电保障能力的可靠性、先进性和持久性。近年来，铁路供电专业持续推进信息化、网络化、智能化应用，在数字化设计、智能建造、检测监测、远动控制等方面取得了显著成绩，为铁路供电数字化奠定了良好基础。适应形势发展的新要求，中国铁道学会电气化委员会、中国铁道科学研究院集团有限公司等单位，著述了《铁路供电数字化》一书，总结了铁路供电数字化发展成果，规划了铁路供电数字化发展的路线图、时间表和任务书，以期为深入推进和全面实现铁路供电数字化提供支撑。

本书共分6章，从供电系统设计、建造、运维全生命周期出发，总结了各阶段数字化技术的应用成果，规划了未来发展的任务目标。第1章简要介绍了我国数字化背景，列举了航空航天、电力、建筑、运输领域的数字化应用，阐述了铁路及供电专业数字化发展现状。第2章详细论述了铁路供电设计数字化的协同设计、建模仿真、设计交付等内容。第3章详细论述了铁路供电建造数字化的项目管理、智能建造、竣工交付等内容。第4章详细论述了铁路供电运维数字化的供电安全检测监测、智能牵引变电所、智能供电调度、智能运维综合应用和数据资产管理等内容。第5章在总结铁路供电数字化应用成果基础上，提出了全面实现铁路供电数字化的发展规划。第6章列举分析了供电数字化应用的典型案例。

本书凝结了编者多年的知识积累和实践经验，期待能够为铁路供电系统从业人员提供参考和帮助。同时，也期待铁路工作者在实践中不断结合新的数字化技术，为全面实现铁路供电系统数字化添砖加瓦。在此谨对关心、支持本书出版的同行表示衷心的感谢。

著者水平有限，书中难免存在错漏之处，恳请读者批评指正。

著　者

2024年12月

目　录

第1章 新时代数字化背景

近年来，国家出台了《“十四五”数字经济发展规划》和《数字中国建设整体布局规划》等一系列科技创新和数字经济规划相关政策，推动了建筑信息模型（building information modeling，BIM）、大数据、数字孪生、人工智能等数字技术的飞速发展，促进了数字技术与实体经济的深度融合，赋能传统产业转型升级，催生新产业新业态新模式。铁路领域以数字化技术整体驱动生产方式、治理方式变革，推动设计、建造、运维的数字化革命，实现了铁路的高质量发展。

1.1 数字技术

国务院先后颁发《新一代人工智能发展规划》和《关于深化“互联网＋先进制造业”发展工业互联网的指导意见》等文件，数字技术在顶层设计层面更加明确，指导和促进了BIM、大数据、数字孪生、人工智能等数字技术的应用。

1.1.1 BIM

BIM是建筑行业的一项革命性技术，通过数字化建模、信息集成和协同工作，贯穿建筑项目的设计、建造、运维全生命周期。2012年，铁道部着手研究铁路工程管理平台总体方案，确定将BIM技术作为铁路工程管理平台的主要技术发展方向，并研究制定了“以铁路工程设计、建设、运营全生命周期管理为目标，以标准化管理为抓手，以BIM技术为核心，建立统一开放的工程信息化平台和应用”的铁路工程管理平台的总体规划及推进计划[1]。2013年，成立了“中国铁路BIM联盟”，旨在共同推进中国铁路BIM技术研究和应用，为铁路BIM技术研究和应用提供组织支撑。

随着数字技术的快速发展，BIM技术正逐步向智能化和集成化方向演进，与物联网、大数据、地理信息系统（geographic information system，GIS）等先进技术和其他项目管理软件相结合，形成完整的数字化方案，实现信息的全面集成和共享。目前，铁路在设计、建造、运维各阶段，逐步开展了BIM技术深化应用，建立了BIM＋GIS的建维一体化应用平台，提高了设计、施工质量和效率，为智能运维的实现奠定了基础。

1.1.2 大数据

2013 年,大数据的概念和技术得到了爆炸性的关注和发展,被广泛认为是“世界大数据元年”。随着互联网、社交媒体、移动设备的普及,数据量呈指数级增长,越来越多的企业和组织开始认识到大数据的价值,纷纷投入资源进行大数据技术的研发和应用,促使大数据相关技术飞速发展,并开始渗透到社会的各个方面。近些年,各级政府和相关部门对大数据技术发展的支持力度不断增加,将大数据列为战略性新兴技术,并制定了相关的国家级规划。例如,《全国一体化政务大数据体系建设指南》指出,到 2025 年,全国一体化政务大数据体系更加完备,政务数据管理更加高效,政务数据资源全部纳入目录管理。政务数据质量显著提升,“一数一源、多源校核”等数据治理机制基本形成,政务数据标准规范、安全保障制度更加健全。政务数据共享需求普遍满足,数据资源实现有序流通、高效配置,数据安全保障体系进一步完善,有效支撑数字政府建设。政务数据与社会数据融合应用水平大幅提升,大数据分析应用能力显著增强,推动经济社会可持续高质量发展。

铁路领域大数据应用呈现快速蓬勃发展的趋势。例如,利用大数据技术优化列车运行图、列车编组和机车运用,提高运输效率;通过大数据技术监测和分析设备状态,预测故障,优化设备修程,自动生成维修计划,确保设备质量动态达标;运用大数据技术对铁路安全风险进行识别和评估,制定有针对性的安全措施,提高铁路运输安全性。

1.1.3 数字孪生

数字孪生也被称为数字映射或数字镜像,是数字化发展的高级阶段,起源于美国的航天领域,随后被西门子、美国国防部等机构研究并使用。数字孪生通过传感器等媒介,采集人、物等物理实体数据,进行实时传输,在内部进行数据标记与管理,构成底层数据池,并基于现实物理实体建模,构建与现实实体基本一致的数字模型,通过仿真等技术模拟物理实体规律,实现状态预测、问题诊断等功能,为优化决策提供依据,如图 1-1 所示。

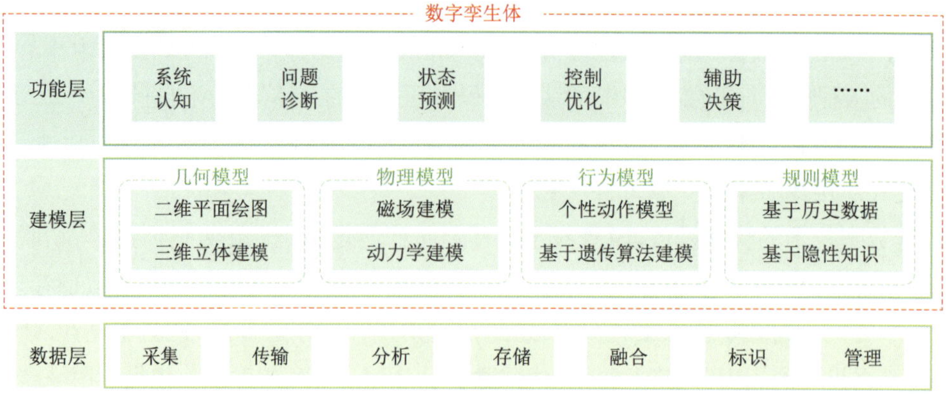

图 1-1 数字孪生系统架构

在数字时代的大背景下，数字孪生正与社会发展不断融合，并向部分行业全生命周期全面渗透，目前数字孪生已在工业、能源电力、医疗等行业应用，用于支持智慧工业、新型电力系统、数字医疗。铁路领域的数字孪生技术主要应用在运维阶段，包括基于数字孪生建立的故障预测与健康管理（prognostics health management，PHM），通过对设备运行状态进行孪生分析，研判设备运行趋势，提示设备风险隐患，为设备健康管理与寿命预测提供决策依据。

1.1.4　人工智能

在移动互联网、大数据、超级计算、传感网、脑科学等新理论新技术以及经济社会发展强烈需求的共同驱动下，人工智能加速发展，呈现出深度学习、跨界融合、人机协同、群智开放、自主操控等新特征，正在引发链式突破，推动经济社会各领域从数字化、网络化向智能化加速跃升。人工智能的迅速发展将深刻改变人类社会生活、改变世界。为抢抓人工智能发展的重大战略机遇，构筑我国人工智能发展的先发优势，加快建设创新型国家和世界科技强国，国务院印发《新一代人工智能发展规划》，明确了我国新一代人工智能发展的战略目标：到 2025 年，人工智能基础理论实现重大突破，部分技术与应用达到世界领先水平，人工智能成为我国产业升级和经济转型的主要动力，智能社会建设取得积极进展。到 2030 年，人工智能理论、技术与应用总体达到世界领先水平，成为世界主要人工智能创新中心。

铁路领域的人工智能应用越来越广泛。例如，将人工智能算法用于列车调度系统，自动处理列车的进站、出站、交会等操作，实现列车运行调度的最优化；铁路 12306 对旅客出行规律进行精准分析，提供咨询、指引等服务，提升旅客的出行体验；借助人工智能的图像识别技术，实现设备状态的自动化检测，及时发现设备异常状态，并根据预设规则进行报警和处置，大大提高设备检测分析效率；利用人工智能算法，对大量的设备状态数据进行建模和分析，对设备状态变化规律进行预测预判，指导精准性、预防性维护。

1.2　数字经济时代

2016 年 5 月，《国家创新驱动发展战略纲要》提出把数字化、网络化、智能化、绿色化作为提升产业竞争力的技术基点，推进各领域新兴技术跨界创新，构建现代产业技术体系。2018 年 8 月，《数字经济发展战略纲要》提出加快推进数字经济发展的总体要求，包括推动数字技术创新、促进数字经济与实体经济融合、加强数字经济国际合作。2021 年 12 月，《“十四五”数字经济发展规划》提出了优化升级数字基础设施、充分发挥数据要素作用、大力推进产业数字化转型、加快推动数字产业化、持续提升公共服务数字化水平、健全完善数字经济治理体系等任务。这是中国数字经济领域的首部国家级专项规划，明确了未来数字经济发展的基本原则和目标。2023 年 2 月，《数字中国建设整体布局规划》提出，2025 年基本形成横向打通、纵向贯通、协调有力的一体化推进格局，数字中国建设取得重要进展；2035 年，数字化发展水平进入世界前列，数字中国建设取得重大成就；明确了数字中国建设按照

“2522”的整体框架进行布局，即夯实数字基础设施和数据资源体系“两大基础”，推进数字技术与经济、政治、文化、社会、生态文明建设“五位一体”深度融合，强化数字技术创新体系和数字安全屏障“两大能力”，优化数字化发展国内国际“两个环境”。

近年来出台的数字经济规划相关政策，如图 1-2 所示。

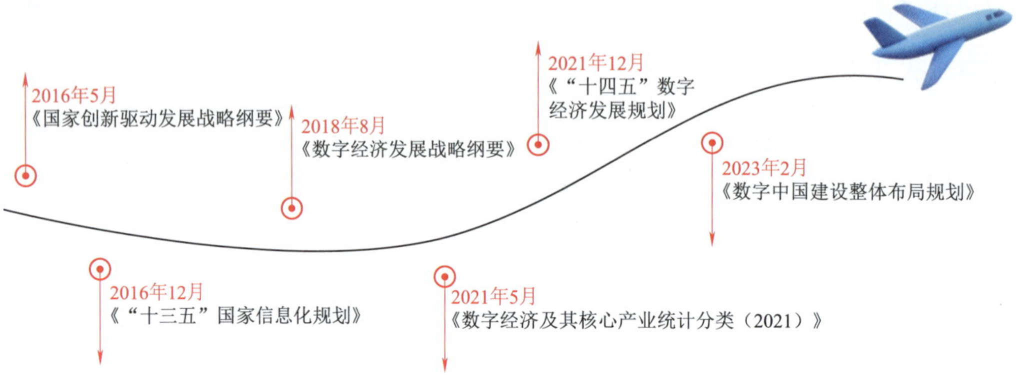

图 1-2　数字经济规划相关政策

在国家高度重视以及社会良好发展环境下，数字经济发展迅速、辐射范围广泛、影响程度深远、涉及专业众多，正在成为重组全球要素资源、重塑全球经济结构、改变全球竞争格局的关键力量。近几年我国数字经济情况如图 1-3 所示[2]，2023 年，我国数字经济规模达到 53.9 万亿元，较上年增长 3.7 万亿元，增幅扩张步入相对稳定区间。数字经济在国民经济中的地位和作用进一步凸显，数字经济占国内生产总值比重达到 42.8%，较上年提升 1.3 个百分点。

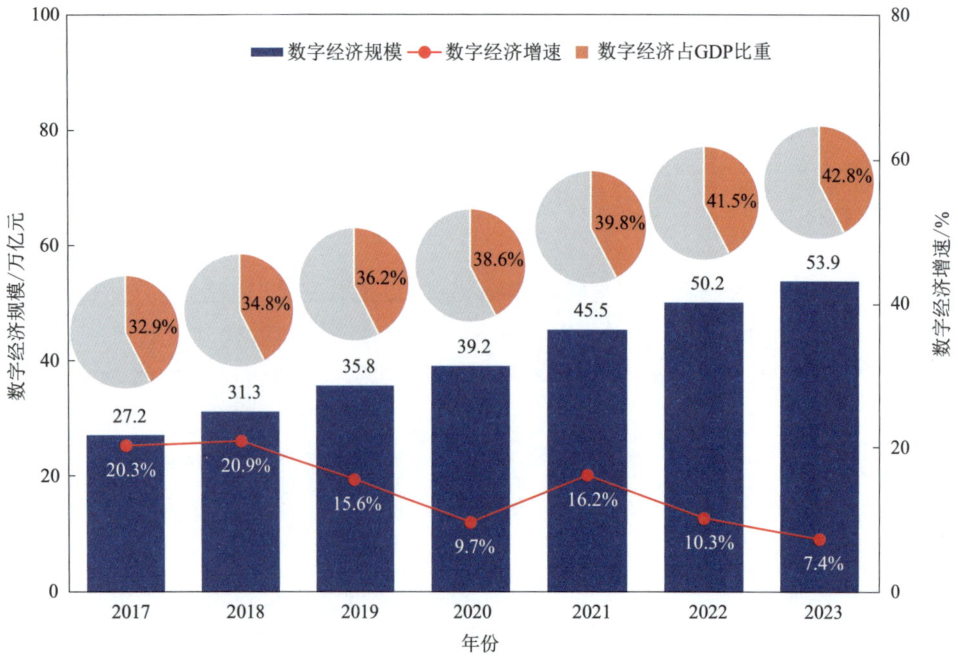

图 1-3　数字经济发展情况

1.3　产业数字化

随着数字技术的飞速发展，数字基础设施建设的不断加强，数字经济治理体系的持续完善，实现了数字技术与实体经济的深度融合，航空航天、电力、建筑、运输等各行业数字化模式迅速发展。

1.3.1　航空航天领域

中国民用航空局锚定民航强国目标，围绕智慧民航建设，不断完善顶层设计，颁布了《智慧民航建设路线图》《智慧民航建设数据管理法规规章标准体系》《关于落实数字中国建设总体部署加快推动智慧民航建设发展的指导意见》等一系列文件，指导行业加快数字化转型和智慧化融合，明确提出了“到 2027 年智慧民航建设数字化转型取得重要进展，2035 年智慧民航建设数字化发展水平进入世界前列”的实施目标。中国航天科技集团有限公司发布了《数字航天建设整体布局》，以企业整体建设为抓手，推进企业数字化、产业数字化、数字产业化“三位一体”协调发展，建设数据资源和网络安全“两大体系”，夯实新型信息基础设施和数字化标准“两大基础”，指出全面建成数字航天总的战略安排分三步走，在当前已建成数字航天 1.0 的基础上，到 2025 年建成数字航天 2.0，实现数字化发展；到 2030 年建成数字航天 3.0，实现智能化发展；到 2035 年建成高水平的数字航天，实现智慧化发展。目前处于全面建设数字航空航天的关键时期，数字技术正在与航空航天领域加速融合，为航空航天领域带来新的发展机遇和挑战。

借助云计算、大数据、人工智能等领域的技术革新，引领航空公司在航空安全、市场营销、客户服务、生产运行和企业治理等领域的数字化创新，全面推动航空公司数字化转型。在航空安全领域，提升全域安全管理能力，加强态势感知、风险识别、预警预判，提升整体安全裕度。在市场营销领域，实现营销多渠道覆盖、多流量获取、多场景触达、多领域协同，促进营销、服务和运行数据融合贯通。在客户服务领域，实现旅客全流程服务及体验感知与自助化、个性化的服务定制。在生产运行领域，辅助运行人员实现数字化放行决策，提升飞机和机组资源的利用率与航班准点率，降低运行成本。在企业治理领域，加强内部数据运营效率，完善内部治理，明确数据标准及责任机制，促进数据高效流转。

在航空发动机设计、制造、维修等阶段，通过压电传感技术、光纤传感技术等智能传感技术的发展，可实时监测温度、压力、油位等飞行参数，及时发现潜在故障，预测维护需求，提高飞行安全性。数字孪生技术与大数据、人工智能等相结合，可用于模拟仿真飞机、发动机和其他组件的性能，帮助工程师进行虚拟测试。

传统的发动机设计按照“设计—验证—修改设计—试验验证”的模式反复迭代，具有周期长、耗费大、风险高等问题。为了满足对航空发动机日益增长的高性能与低成本的迫切需求，减少设计参数和工艺成本的不确定性，航空发动机的设计研发模式正在从传统的串行设计向以数字建模和高精度仿真为核心的数字孪生预测设计转变，如图 1-4 所示。生产制造过程中，制造商从标准制定出发，积极引入智能化的方法和设备，以搭建数字化车间平台为基础，以数据的全过程采集和集中可视化管理与应用为核心，对生产过程进行实时监测与评估，积极推进设计、工艺、制造之间的数据流贯通与共享，实现上下游的高效率协同。

图 1-4　航空发动机数字孪生体

以发动机健康管理系统为核心的在线状态监测、故障诊断与寿命预测，是先进航空发动机及燃气轮机安全运行的关键支撑，也是提升智能化水平的关键步骤。随着智能化方法的应用和计算能力的增强，发动机健康管理系统的性能正不断增强，加速了发动机预防性维护进程，助力航空发动机向自诊断、自预测、自管理方向发展。

1.3.2　电力领域

在全球能源革命和数字革命的浪潮下，国家电网公司正积极推进数字化转型，以数据资源、数字技术和数字生态为核心要素，重构管理模式和业务模式，打造具有数字化运营、现代化治理、生态化发展、主动式演进特征的能源互联网企业。

国家电网公司数字化转型框架为“3-6-3-4”，即依托三大要素驱动，实施六大核心任务，运用三类转型方式，强化四个战略保障，如图 1-5 所示。目标是 2025 年初步建成智慧国网，实现电网生产数字化转型、企业经营数字化转型、客户服务数字化转型，创新能力升级、新兴产业升级，数字化发展基本达到国际领先水平，支撑基本建成能源互联网企业和初步建成能源互联网战略目标。数字化综合效益增长贡献率超过 40%，数字经济规模占比 30%，数字化发展指数达到 87；2035 年，全面建成智慧国家电网，公司数字化发展达到国际领先水平，支撑全面建成能源互联网企业战略目标。数字化综合效益增长贡献率超过 70%，数字经济规模占比 50%，数字化发展指数达到 94。

数字化转型发展过程中，持续深化数据中台建设与运营，推动公司内外部的数据汇聚、整合和计算，打破数据孤岛，让数据更容易获取、使用，打通数据供应通道，沉淀共性数据需求，提供统一的数据服务。为深入贯彻“建设具有中国特色国际领先的能源互联网企业”战略部署，深入推进数字技术与电网技术融合发展，以打造“数字化综合业务应用平台＋数字化员工”为愿景，以“电网一张图、数据一个源、业务一条线、指挥一平台、作业一终端”为举措，在国网西安市临潼区、铜川市耀州区，两家县级供电单位全面开展“数字化综合业务应用平台"试点建设工作，积极探索企业数字化转型新途径，研究推动数字化大潮下生产力与生产关系融合促进的业务管理发展新模式，取得了显著成效。

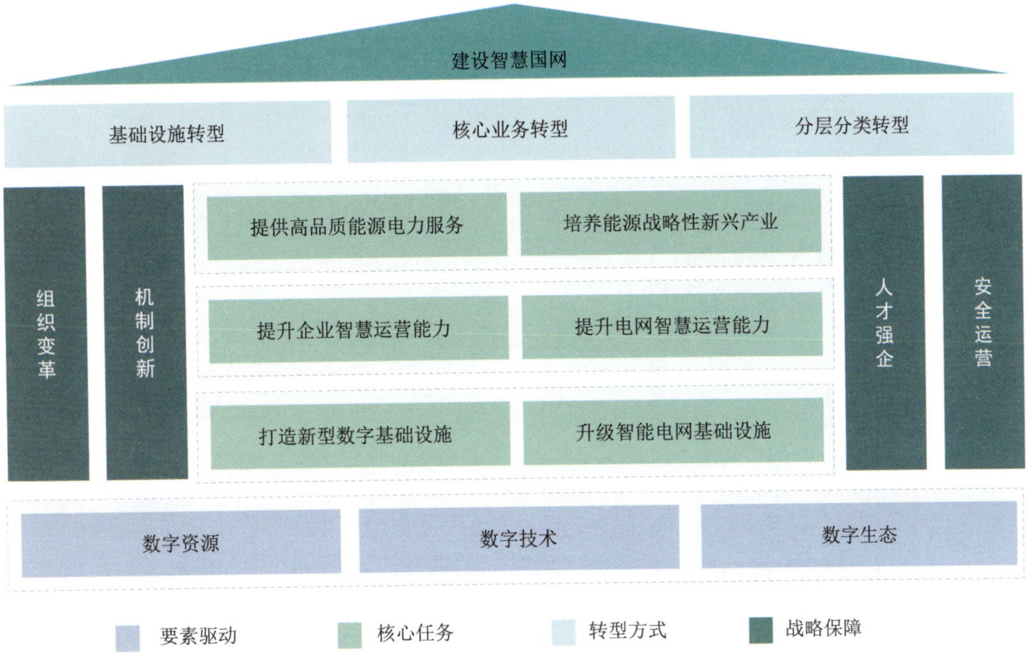

图 1-5　国家电网数字化转型框架

安全生产方面，全员安全意识、安全素质明显提升，现场监控能力显著加强，有效杜绝生产安全问题；实现"电网一张图、数据一个源"，完成营配基础数据治理工作，建立统一的数据管理方法；配电网结构进一步优化，精益化运维、主动运维能力明显提升；主动服务能力显著提升，服务的便捷性、透明度、客户满意度明显增加。经过数字化综合业务应用平台建设，同期线损及"量价费损"专项行动成效显著，无实际高损线路；通过内部管理关系的变革，内耗明显减小，一线班组工作更加有条理、有针对性，自动化、无纸化办公顺利推进，重复性的工作明显减少。

国家电网公司与相关企业共建联合创新实验室，遵循国网智慧物联体系，创新性地推出面向物联终端的 App 柔性开发平台，该平台采用可视化拖拉拽编排的开发方式，降低物联 App 的开发门槛，在边缘物联终端设备上，通过运行引擎实现 App 运行环境的统一，跨硬件平台部署，做到了一台智能融合终端，同时采集电表、开关、变压器、传感器等设备数据，实现实时状态感知监测、用电信息采集、停电事件监测上报、线损台区计算等功能，及时快速发现各类配电网故障，实现故障精准定位和排查，有效减少用户停电时间，提升供电服务水平。

1.3.3　建筑领域

利用 BIM、大数据等数字化技术，推动建筑行业实现企业经营及建筑建造业务的数字化。从应用层级来看，可拆解为数字技术对建筑业的生产模式、项目管理模式、企业决策模式等方面带来的变革。从应用类型，可划分为数字技术助力建筑业所涉及的全过程、全要素、全参与方实现数字化的表达及数据流转，如图 1-6 所示[3]。

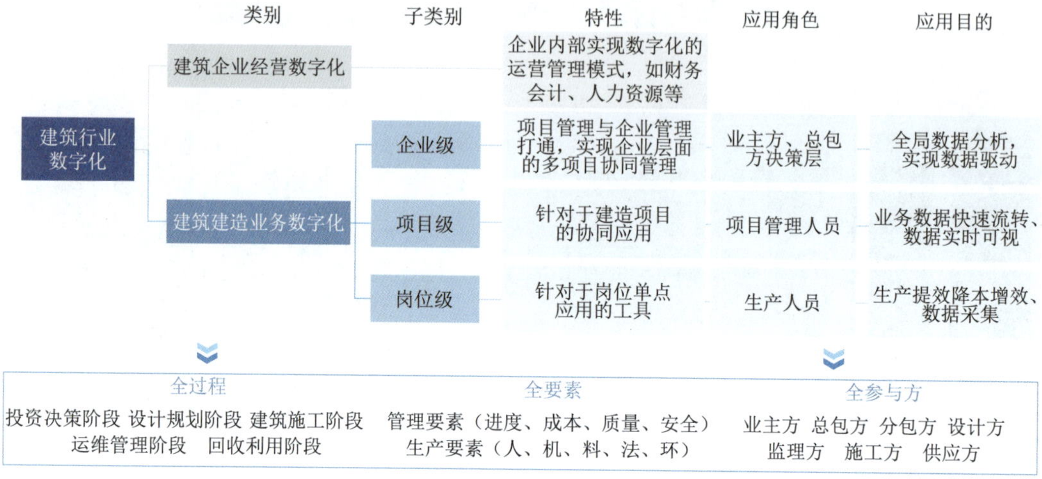

图 1-6 建筑行业数字化

建筑行业数字化转型的本质是让数据来说话，改变原来在数据断层情况下凭借人工经验的决策模式，转向由集成的、全流程数据实时驱动业务流转的数字化模式，如图 1-7 所示。将建造过程中的各类生产要素及管理要素用数据来表达，实现作业人员、生产设备、物料、工艺工法信息及场地信息数字化，提高生产计划的可靠性。进一步汇集生产数据，对生产进度、成本、质量、安全等管理要素进行指标分析，实现管理决策有据可依。

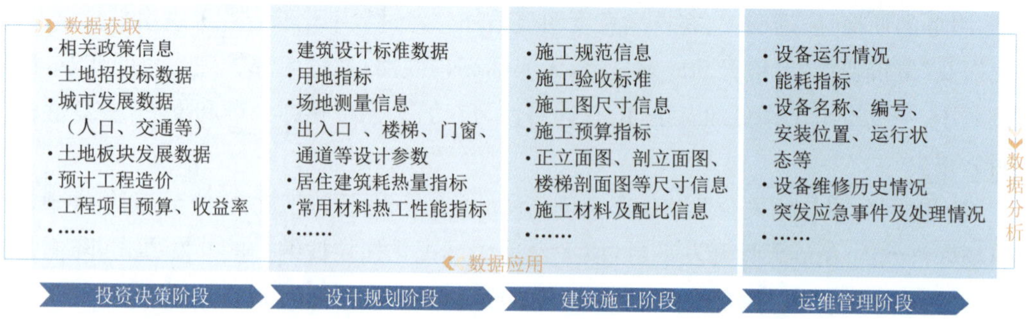

图 1-7 建筑行业业务流转数字化模式

BIM 与云计算、大数据等技术的结合是实现建筑数字化的重要抓手。纵观建筑全生命周期，BIM 的核心价值是作为集成建筑数据、项目业务流程数据的关键载体。通过将冗杂的工程信息、统筹调度、采购等项目数据进行分类存储、加工利用、快速流转，最终实现为建筑建造项目各阶段及各参与方的业务决策提供有力的数据支撑，如图 1-8 所示。

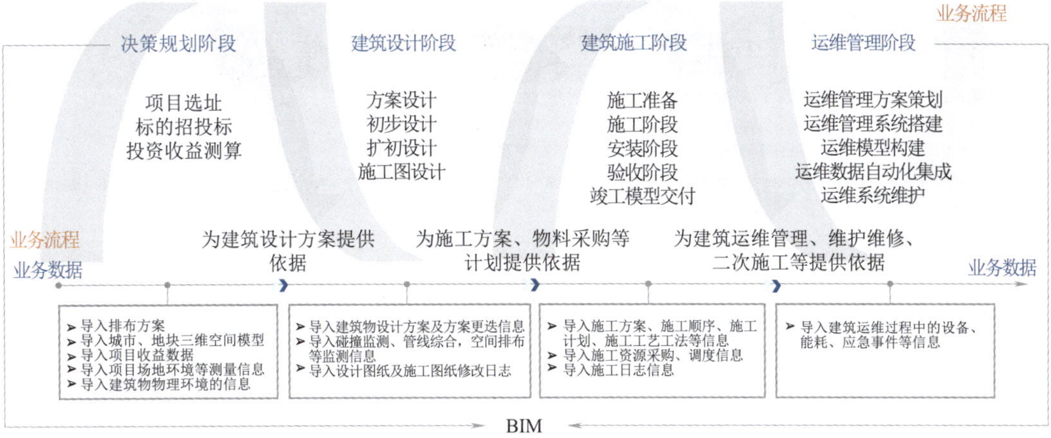

图 1-8　建筑行业基于 BIM 的全生命周期管理

1.3.4　运输领域

中国邮政聚焦农村销售难、物流难、融资难“三难”痛点，发挥商流、物流、资金流、信息流“四流合一”资源优势，持续强化顶层设计，推广集农村电商、普惠金融、寄递物流等为一体的综合服务解决方案，构建起农民获利、消费者获益、行业获客、政府获赞的惠农协同生态，为全面推进乡村振兴、助力农业农村现代化奠定了坚实基础[4]。到 2023 年底，数字乡村基础能力持续增强，助力农业农村现代化的普惠性、基础性、兜底性民生服务能力持续增强，以推动数字技术与农业农村经济深度融合为主线，以安全可靠的技术中台为底座，以数字化场景为牵引，发挥数据要素价值，以服务各板块乡村振兴业务发展为落脚点，有效支撑“四流”解“三难”的服务乡村振兴模式。

在数字化服务乡村振兴及高质量发展方面，重点打造“五大”数字化能力体系，建立惠农服务平台，如图 1-9 所示，自下至上分别是技术基础能力（技术中台）、数据基础能力（数据中台）、业务原子能力（业务中台）、用户服务能力（电商平台）、场景打造能力。统一底座，场景驱动，灵活配装，快速复用，在统一的技术中台、数据中台中，充分发挥电商平台化优势，针对不同的业务场景需求，对现有业务能力进行快速编排配装，快速接入后台共享数据，借助网关快速连接业务系统，进行业务叠加，快速搭建部署业务场景解决方案，为用户提供综合服务，实现农产品产供销一体化、数字化新生态，加速农业现代化、产业化进程。

其中，农产品防伪溯源模块通过物联网技术及智能感知设备，自动采集农产品全生命周期的状态数据，实现农产品从种植/养殖、生产/加工、物流配送直到消费者手中的全过程溯源。利用区块链分布式一致性、智能合约等技术保证上链数据防篡改，为每一件产品赋予唯一的“身份证”，即防伪编码，用户只需扫一扫，即可查询产品的全生命周期信息，行业主管部门也可对产品进行数字化监管。

图 1-9　惠农服务平台

1.4　铁路数字化

“交通强国，铁路先行”。铁路部门主动适应数字化技术发展浪潮，积极推进数字铁路发展工作，全面提升铁路信息化建设水平，大力促进数字技术与铁路业务融合发展。一系列关键举措，构建起了数字铁路新生态，如图 1-10 所示。

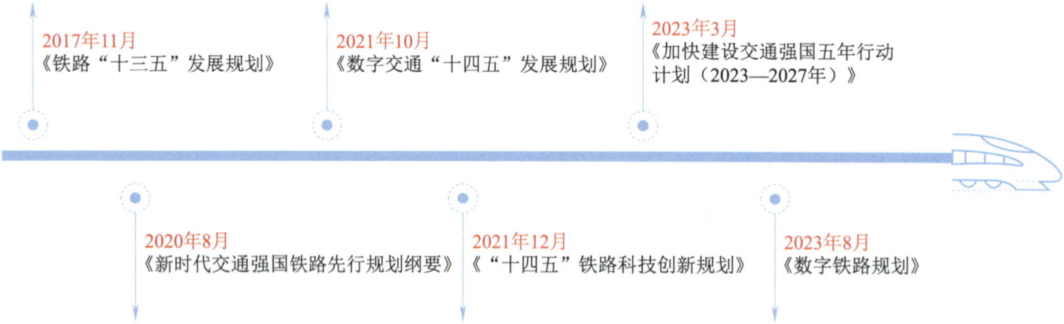

图 1-10　铁路数字化发展相关政策

2017 年 11 月，《铁路“十三五”发展规划》提出充分发挥信息技术基础性、引领性作用，发展物联网技术，实施大数据战略，加快推进新一代信息技术与铁路融合发展，大力促进数字化、信息化、智能化铁路建设。2020 年 8 月，《新时代交通强国铁路先行规划纲要》明确提出，铁路自主创新能力和产业链现代化水平全面提升，铁路科技创新体系健全完善，关键核心技术装备自主可控、先进适用、安全高效，智能高铁率先建成，智慧铁路加快实现。2021 年 12 月，《“十四五”铁路科技创新规划》强调要不断完善智能铁路成套技术体系，推动信息技术在铁路实现更广泛、成体系的应用。强调要推动旅客运输服务技术创新和货物运输服务技术升级，深化运输效能提升技术研发。2023 年 8 月，《数字铁路规划》提出以支撑铁路“六个现代化体系”构建为目标，加强数字铁路建设整体布局，夯实铁路数字基础设施和数据资源体系两大基础，推进数字技术与工程建设、运输生产、经营开发、资源管理、综合协同、战略决策六大业务领域深度融合，强化自立自强的铁路数字技术创新体系、安全可信的铁路数字安全屏障两大能力，优化数字铁路治理体系、数字领域国际合作两个环境，形成数字铁路“2622”的整体框架。如图 1-11 所示[5]。

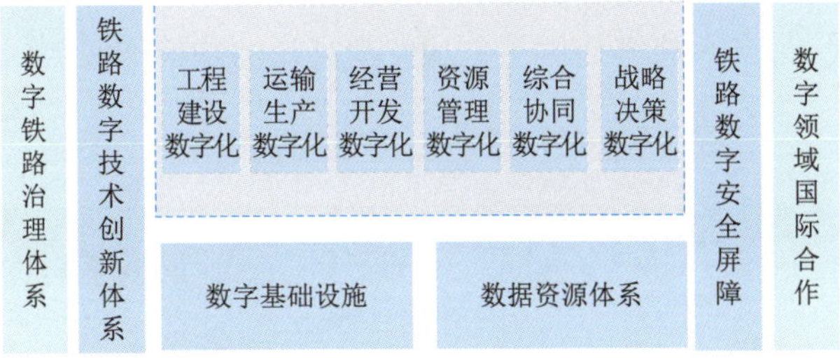

图 1-11　数字铁路整体框架

铁路数字化、智能化建设，通过融合应用新技术系统，依托京张高铁、京雄城际铁路等重大工程，在顶层架构设计、关键技术创新、工程应用等方面取得重大突破。中国国家铁路集团有限公司(以下简称“国铁集团”)提出了智能高铁的科学定义和“全面感知、泛在互联、融合处理、主动学习、科学决策”的技术内涵，创新了“模数驱动、轴面协同”的复杂巨系统管理方法，构建了技术、标准、数据三位一体的智能高铁体系架构，发布了《智能高速铁路体系架构 1.0》标准，并被国际铁路联盟采纳，为世界智能高铁发展提供了中国方案，如图 1-12 所示。在智能高铁 1.0 基础上，面向系统综合效能最优，开展顶层体系的正向设计，基于“模数驱动、轴面协同”理念，实现全专业协同和跨行业综合，推动数据分析能力走向预测性分析应用，构建智能高铁 2.0[6]。

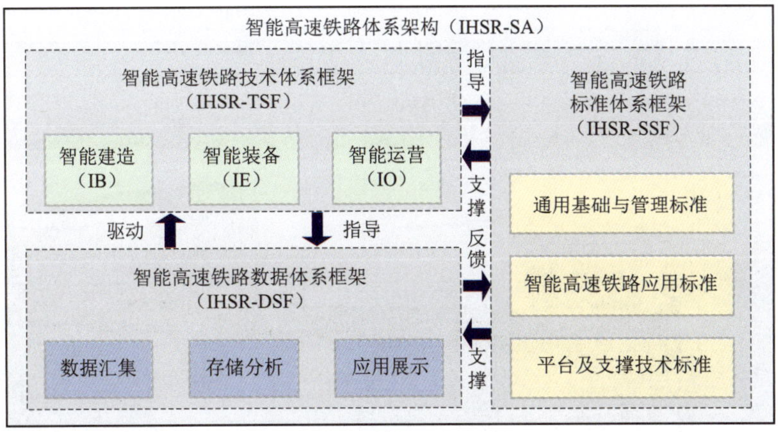

图 1-12　智能高铁体系架构

目前我国铁路主要业务领域数字化应用系统基本建成，部分业务系统智能化水平处于世界领先地位，现代工程建造技术创新应用、新型基础设施等正在赋能铁路基础设施全生命周期高质量发展，推动数字化、网络化、智能化升级。

自主研发的铁路 12306 网站，2024 年 12 月，注册用户已超过 7 亿，成为全球最大的票务交易系统，如图 1-13 所示。12306 系统全面推行电子化客票，旅客持身份证可在全国 2 800 余个高铁和普铁车站“一证通行”，为乘坐铁路出行人员提供了便利。12306 铁路互联网售票系统不仅在国内取得了显著的成效，还受到了国际的关注。例如，中老铁路老挝段就在借鉴 12306 系统的基础上，启用了互联网手机 App 售票系统。这一举措使得老挝铁路进入了互联网售票时代，为广大旅客提供了更加便捷高效的购票体验。

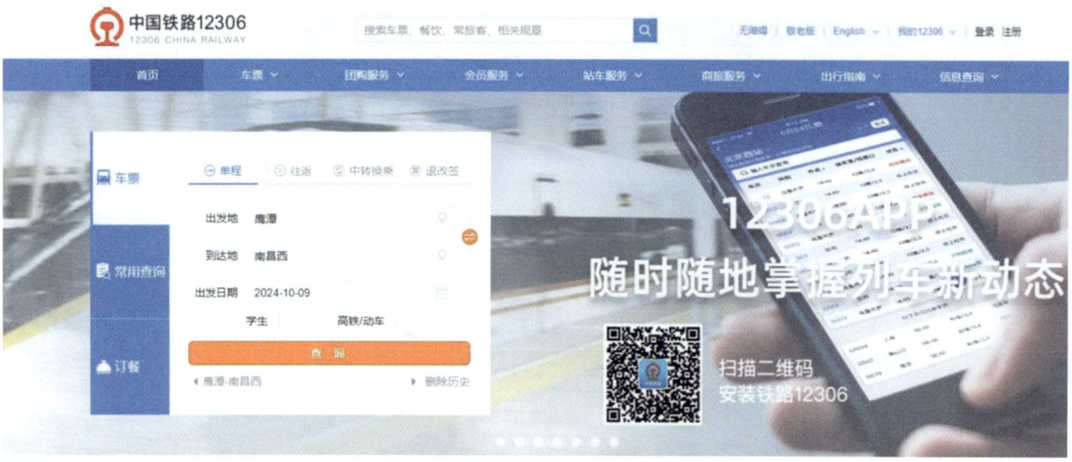

图 1-13　12306 系统

支撑货运业务全面集中办理的 95306 系统，如图 1-14 所示。实现了铁路货运业务的全程、全天候网上办理，使货主可以随时随地完成货运业务办理，提高了货运便利化程度。目前，全国 3 000 多个货运营业站、8 000 多条专用线全部具备网上办理条件，覆盖了全国各地的

图 1-14　95306 系统

货运业务，支持货主可以实时了解货物动态，提高了信息传递的效率。同步创新了货运组织模式和业务办理流程，使得铁路货运服务更加高效、便捷。95306 系统作为支撑货运业务全面集中办理的核心系统，实现了铁路货运业务的数字化转型，提高了货运办理效率，为我国物流保通保畅提供了有力支撑。

基于高铁计划编制应用系统的智能综合调度，如图 1-15、图 1-16 所示[7]。高铁计划编制应用系统利用高效集成的数据资源，将分散在各个专业的计划进行协同编制，从而形成整体性的综合计划。主要解决国铁集团调度中心、运输部、客运部、机辆部，铁路局调度所、运输部、客运部、车辆部，以及各运输生产站段间的纵向数据流转和横向数据共享，各部门各单位相互配合，共同完成高铁计划编制任务，实现面向高铁运输生产全过程、完整统一的调度管理。高铁计划编制应用系统可为高铁运输组织提供高效、安全、便利的平台支持，是打造安全可靠、协同高效的高铁智能综合调度系统的重要实践。高铁计划编制应用系统的实施推广，有利于发展智能高铁运输经营组织模式，提升高铁运输调度指挥水平和旅客服务品质，提高高铁整体效益。

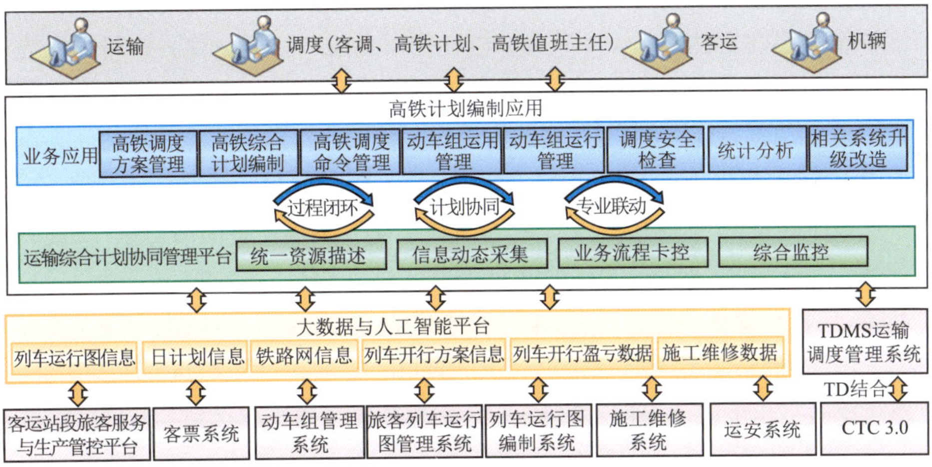

图 1-15　智能综合调度系统

图 1-16　智能综合调度大厅

此外，智能客站系统，实现全面电子客票及刷脸进站，极大方便了出行人员。车载安全监测系统，通过大数据分析实现列车故障预警预判，出行安全性进一步提高。智能动车组，具备智能行车、智能运维、智能服务等功能，首次实现 350 km/h 高速动车组自动驾驶。智能双块式轨枕厂、智能板厂等，实现制造全工序自动化、全过程数据集成化。路基智能填筑、桥梁装配式施工、无砟轨道智能铺设等方面，形成了成套智能化工装及工艺工法。基于 BIM+GIS 的高铁工程管理平台，实现了设计、建设、运维全生命周期管理体系和模式的创新。高铁地震预警系统，开展了灾害监测、综合视频等大数据分析应用。这些系统的规模和能力展示了我国铁路在数字化和智能化方面的发展成就。

1.5 铁路供电数字化

截至 2024 年 9 月，我国铁路运营里程突破了 16 万 km，电气化铁路运营里程达到了 12 万 km，高铁运营里程达到了 4.6 万 km，电气化率突破 75.2%。作为铁路交通特别是高速铁路的动力之源，电气化在铁路运输中的地位和作用日益突出，2023 年电力机车完成总重吨公里比重 93.4%，铁路运输对供电的依赖程度越来越高。

《"十四五"铁路发展规划》明确指出，以数字化技术手段，推动铁路设计、建造、运维一体化的数字化革命性变化，实现"无人化、少人化、精准化"，实现设备的高可靠、高效率及全生命周期管理。为落实这一要求，铁路供电专业积极利用 BIM、大数据、数字孪生、人工智能等信息技术，完善地理地质信息服务，推进智能建造，建立运维检测监测体系，铁路供电设计、建造、运维等全生命周期各阶段的数字化、信息化、智能化程度得到全面提高，打造了全新的铁路供电数字化生态，如图 1-17 所示。

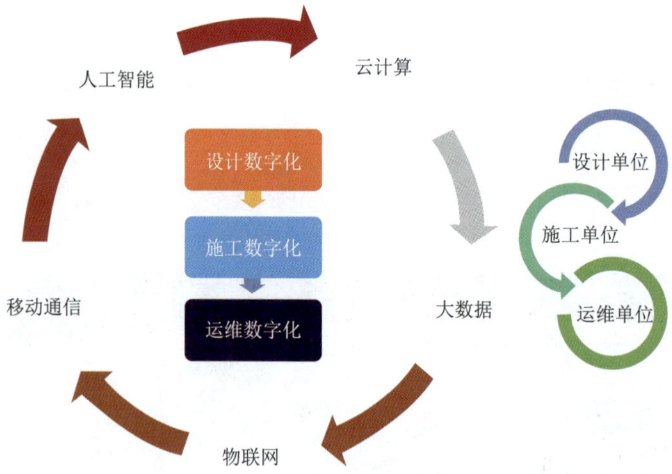

图 1-17 铁路供电数字化生态

设计方面，主要依托 BIM、GIS 等技术，统一基础设计环境，实现数字化收集、整理、集成、输入。基于 BIM、GIS 等技术，建立各专业的基础模型标准库，各专业按标准建模、协调检查，实现全空间、全专业可视化协同设计。通过对牵引供电系统、接触网及弓网系统进行数字化仿真建模，与铁路供电的实际情况相结合，进行全系统精细化评估，以达到最优设计方案。通过 BIM 模型深化设计，以图片、视频等多种可视化形式进行技术交底，以数字化形式进行设计交付，为实现供电设备全生命周期数字化管理提供了支撑。设计数字化如图 1-18 所示。

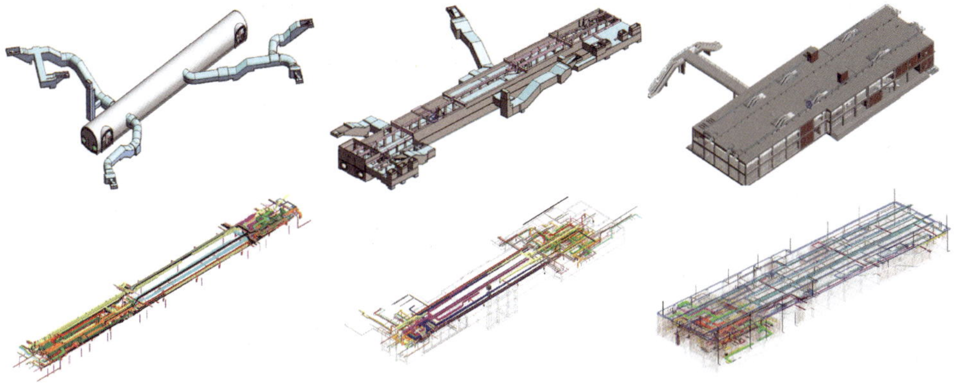

图 1-18　设计数字化

建造方面，利用 BIM、物联网等技术，对采集的数据进行挖掘、分析和处理，实现施工进度、过程、质量及安全的数字化管理。以自动化、智能化技术和装备为基础，实现仓储、预配、安装等主要环节的智能建造。施工过程中持续采集施工信息，并定期更新模型数据，生成竣工模型和数字化交付档案。通过各工序流程间数据信息的实时传送和自动流转，实现了测量、计算、预配、安装及检测全流程数据共享，形成了“一杆一档”、BIM＋GIS 等数字化档案资料，通过数字化，有效落实了设计意图，有力支撑了运营维护。建造数字化如图 1-19 所示。

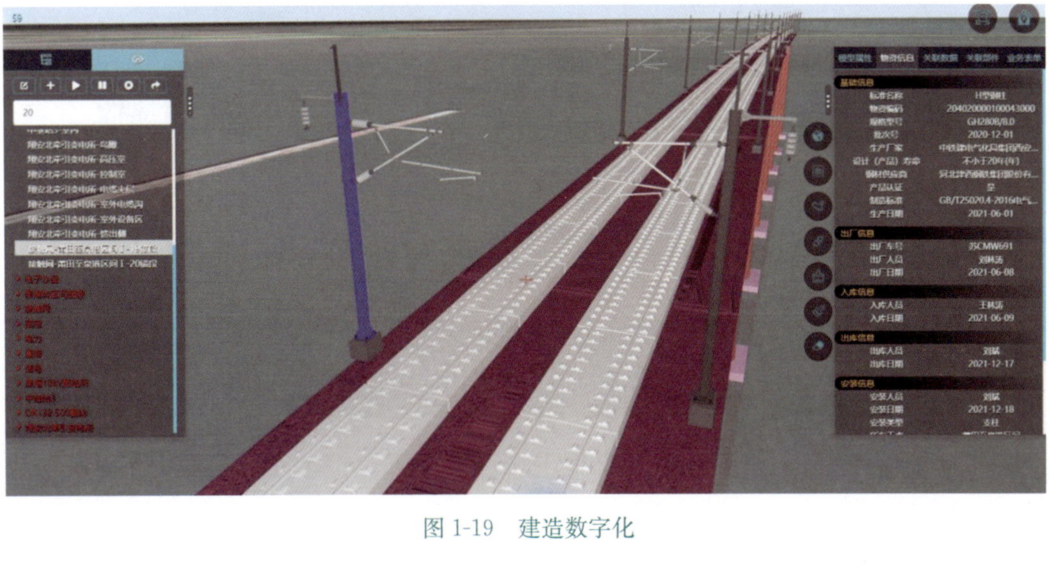

图 1-19　建造数字化

运维方面，利用物联网、大数据、数字孪生、人工智能以及多种传感器技术，构建了针对供电设备状态识别的供电安全检测监测系统(6C 系统)，建立了数据归集、数据治理、数据应用和数据安全的数据资产管理体系，实现了资产管理、设备状态评估、支撑维修作业组织决策的智能运维综合应用，如图 1-20 所示。同时，通过运维数据反哺，促进了设计、建造数字化水平的进一步提升。

图 1-20 运维数字化

设计、建造、运维数字化技术融合方面，搭建了由智能牵引供电设施、智能供电调度系统、智能供电运行检修管理系统及通信网络组成的全息感知、多维融合、重构自愈、智慧运维的智能牵引供电系统，建成了全生命周期、全产业链的数字化体系，实现了设计、建造、运维数字化的深度融合，推动了铁路供电系统数字化生态的良好发展，如图 1-21 所示。

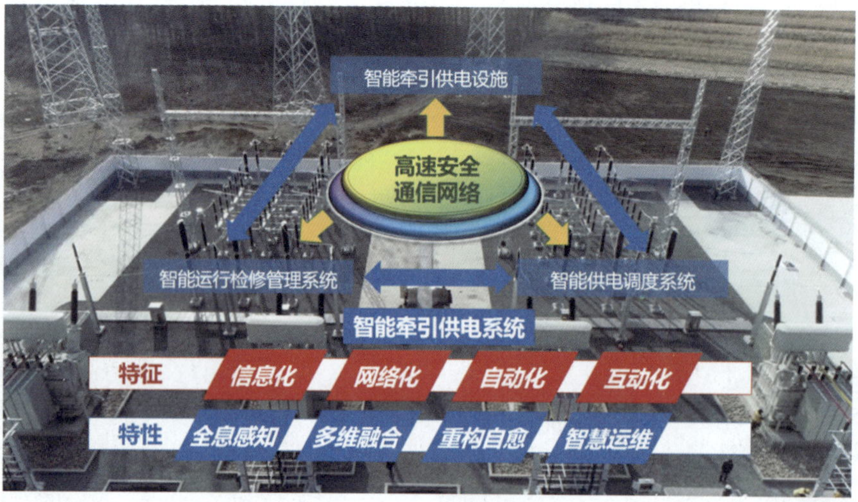

图 1-21 智能牵引供电系统

第 2 章　设计数字化

设计数字化是指利用计算机技术、数据人机交互等技术手段，对工程的信息进行仿真、验证、评估和设计表达的过程，核心在于以数字的形式呈现设计思想。铁路供电系统设计是一项复杂的系统性工程，包含大量的计算、统计、分析和绘图工作，涉及专业众多，且还要考虑气象条件、弓网关系、电磁环境、专业接口等多种因素的影响。通过设计数字化的运用，为项目的成本、进度、质量、安全及后续智能运维提供有力支撑。数字化设计系统如图 2-1 所示。

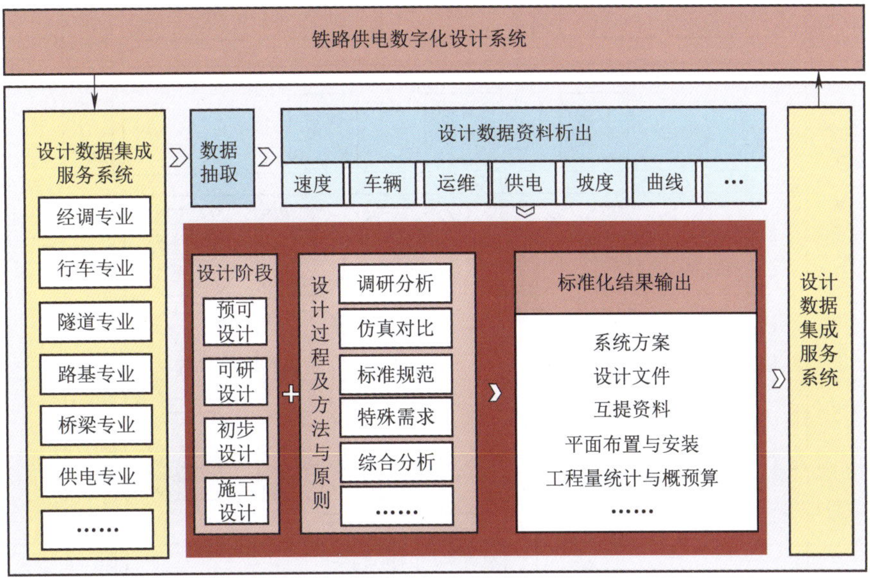

图 2-1　铁路供电数字化设计系统

2.1　数字化协同设计

2.1.1　数据标准

为实现多专业在统一设计平台上的数字化协同设计，需构建统一的数据标准，主要包括模型基础数据架构、信息分类和编码、模型数据精度等方面。

(1)模型基础数据架构

专业模型基础数据架构由构件和端口组成。其中,部分构件或零件采用数据交换标准中已有类型或已有类型的枚举项,部分构件通过增加类型或枚举项的方式进行扩展,如图 2-2 所示。

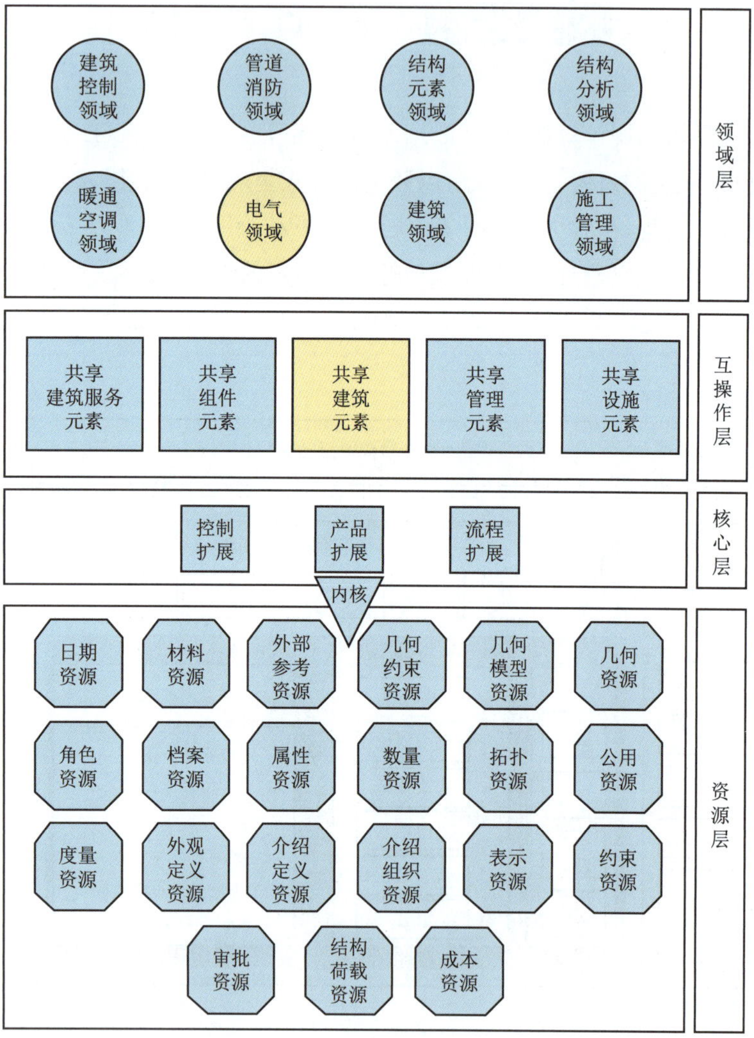

图 2-2 铁路四电工程信息模型基础数据体系结构

(2)信息分类和编码

信息分类和编码执行是铁路供电数字化设计的重要环节,通过科学合理的信息分类和规范的编码,可以提高信息管理的效率和准确性。

在数字化设计过程中,铁路工程信息模型分类、编码与相应的信息进行关联,实现信息的快速检索、管理、数字化交付和共享,提高设计效率和质量。

以接触网为例，接触网构件分类及编码示例见表 2-1[8]。

表 2-1　接触网构件分类及编码示例

编码	第一级	第二级	第三级	第四级	第五级	第六级
53-15 00 00	四电					
53-15 70 00		接触网				
53-15 70 20			接触悬挂			
53-15 70 20 10				柔性悬挂		
53-15 70 20 10 10					接触线	
53-15 70 20 10 20					承力索	
53-15 70 20 10 30					弹性吊索	
53-15 70 20 10 40					吊弦	
53-15 70 20 10 50					电连接	
53-15 70 20 10 60					线岔	
53-15 70 20 10 70					中心锚结	
53-15 70 20 10 70 10						防断式中心锚结
53-15 70 20 10 70 20						防窜不防断式中心锚结
53-15 70 20 10 80					补偿锚结	
53-15 70 20 10 80 10						全补偿下锚装置
53-15 70 20 10 80 20						无补偿下锚装置

(3)模型交付精度

模型交付精度根据《铁路工程信息模型交付精度标准》，包括模型精度、几何精度、信息深度三个指标。

模型精度表示按照铁路工程建设阶段划分相应的模型层次要求，是模型单元包含的几何精度和信息深度的全面性、细致程度及准确性的指标。

几何精度表示模型在几何形状方面的准确性，衡量了模型与实际物体在尺寸、比例、形状等几何属性上的接近程度。

信息深度表示模型所包含附加信息的丰富程度。这些信息可以包括物理属性、技术参数、维护记录、关联关系等。如图 2-3 所示，对模型的截面积、重量等附加属性进一步赋值。

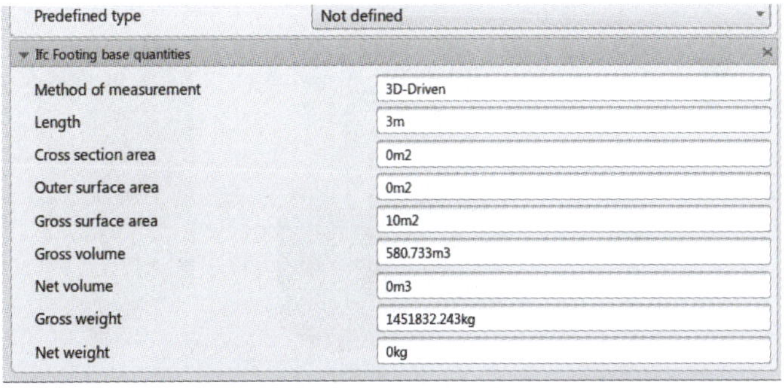

图 2-3　模型属性信息赋值

2.1.2 基础模型库

建立一套针对铁路项目特点，能反映出供电系统“平、立、剖”细节的系统零部件三维族库，并添加其名称特征、规格型号、材质、寿命及相应的规范要求等设计信息，伴随着新规范，新工艺，新设备的出现，实时更新补充零件库及模型信息。可支持铁路系统中不同专业和部门的信息共享和协同设计。

在变电系统方面，牵引变电所、分区所、AT 所、开闭所等所需的成套标准构件库，主要包括不同电压等级的各类牵引变压器、断路器、隔离开关、避雷器、互感器等，如图 2-4 和图 2-5 所示。其他典型设备及设施主要包括：集中接地箱/防雷接地箱、典型导线连接金具、穿墙套管等，如图 2-6 所示。

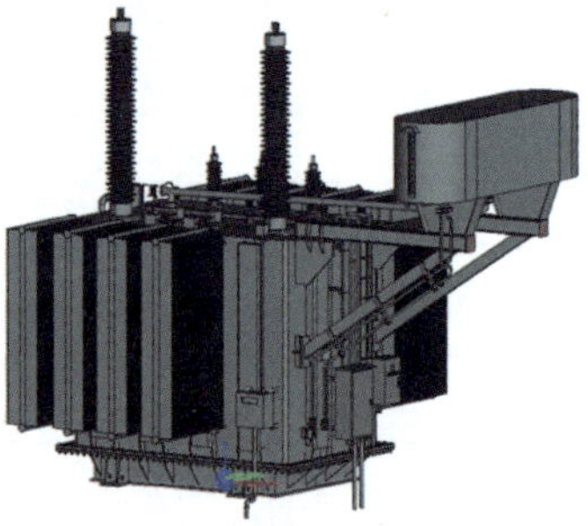

（a）牵引变压器

（b）220 kV 隔离开关

（c）27.5 kV 隔离开关

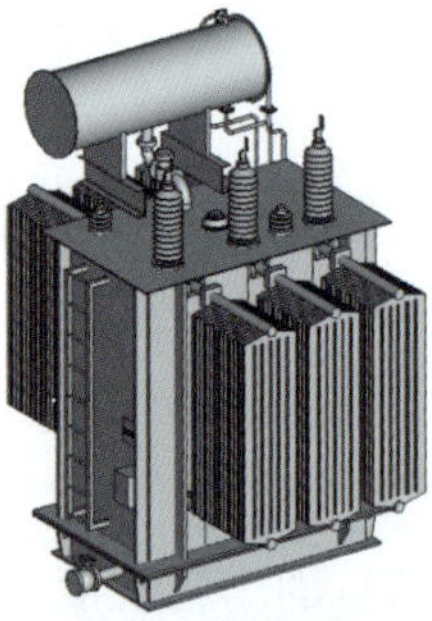

（d）自耦变压器

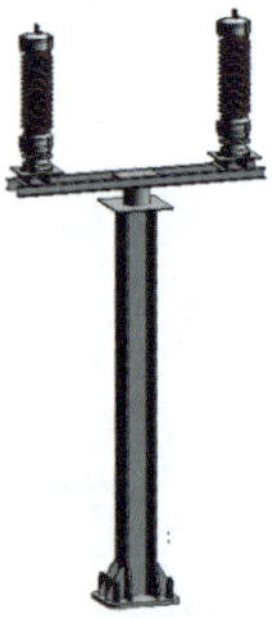

（e）支撑绝缘子

图 2-4　典型室外单体变电设备示例

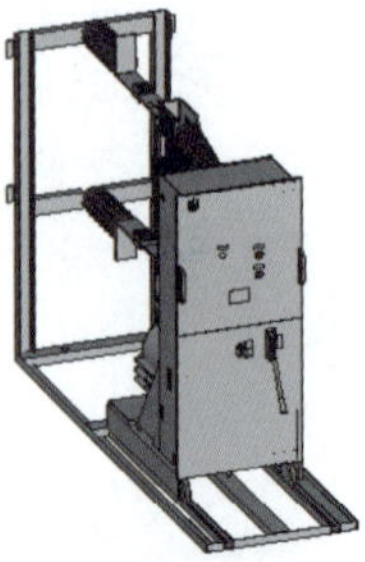

（a）断路器

（b）室内隔离开关

图 2-5　典型室内单体变电设备示例

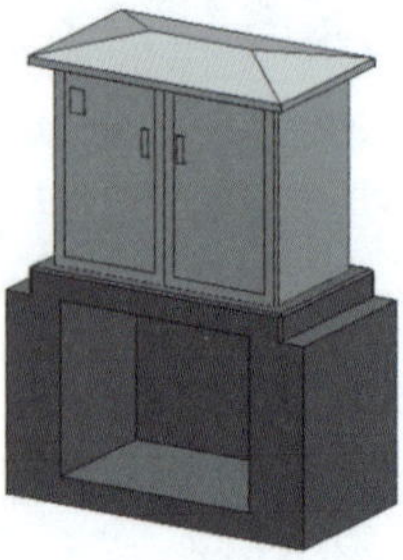

（a）户外集中接地箱

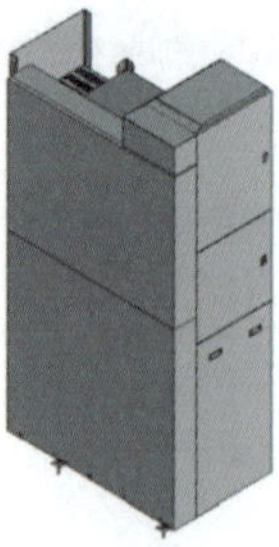

（b）综自屏

（c）开关柜

图 2-6　其他典型变电设备及设施示例

在接触网系统方面，根据不同速度等级、不同接触悬挂形式等构建了不同类型接触网零部件，以及与之相配套的线材、支柱、附加导线肩架、硬横梁、软横跨等装备族库。主要包括腕臂底座、腕臂支撑及定位装置、下锚补偿装置以及接触悬挂关键零部件等，如图 2-7～图 2-10 所示。其他构件或装备主要包括：支柱、附加导线肩架、硬横梁、软横跨、隔离开关、分段绝缘器、避雷器、电缆挂架等，如图 2-11 所示。

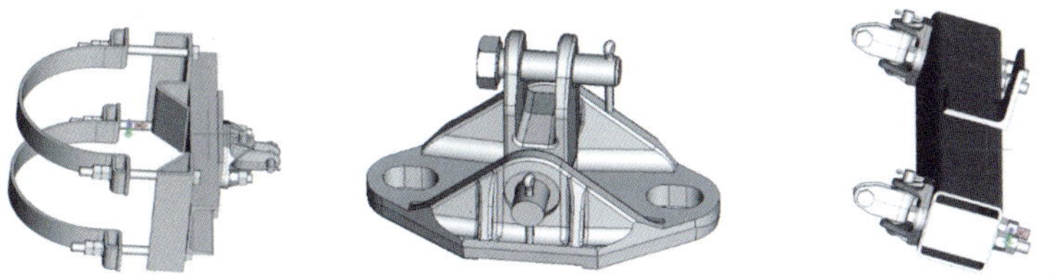

（a）双抱箍腕臂底座　（b）腕臂底座　（c）双腕臂底座

图 2-7　典型腕臂底座示例

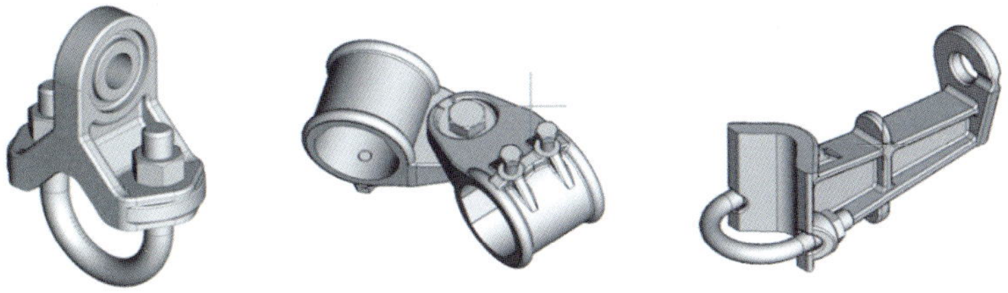

（a）支撑连接器　（b）腕臂连接器　（c）定位支座

图 2-8　典型腕臂支撑及定位装置示例

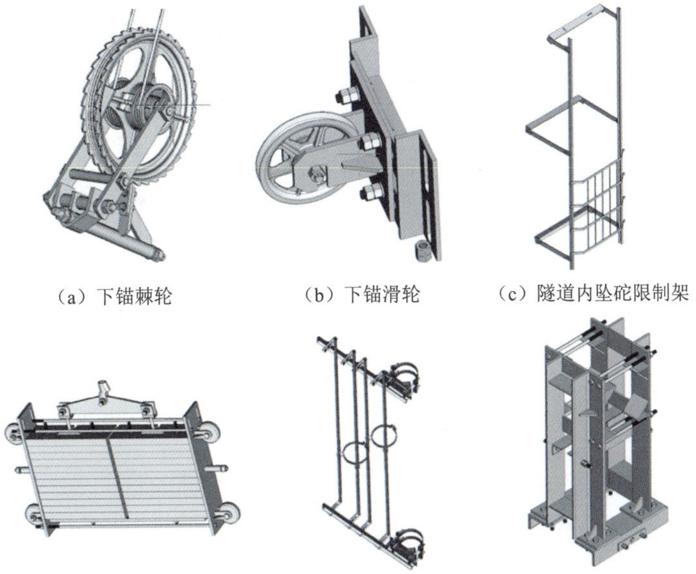

（a）下锚棘轮　（b）下锚滑轮　（c）隧道内坠砣限制架

（d）隧道内下锚坠砣串　（e）隧道外坠砣限制架　（f）棘轮底座

图 2-9　典型下锚补偿装置示例

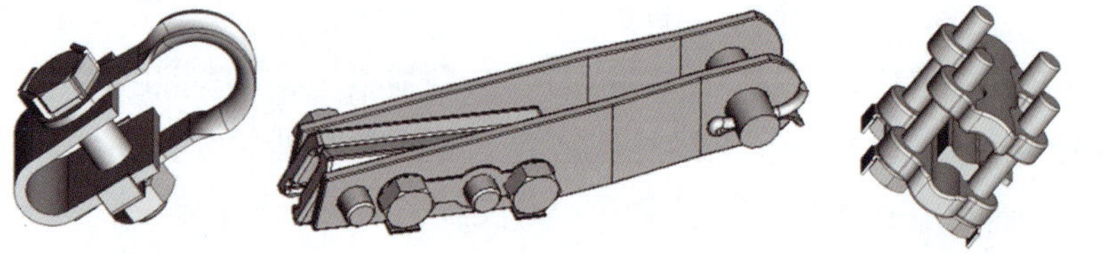

（a）承力索吊弦线夹　（b）接触线中心锚结线夹　（c）承力索中心锚结线夹

图 2-10　典型接触悬挂关键零部件示例

（a）硬横梁-附加导线门型框架　（b）附加导线肩架　（c）分段绝缘器　（d）H型支柱

图 2-11　其他典型构件或装备示例

电力专业标准构件内容主要包含:变电设备、电力电缆线路、架空线路、低压配电、防雷接地等,如图 2-12 所示。

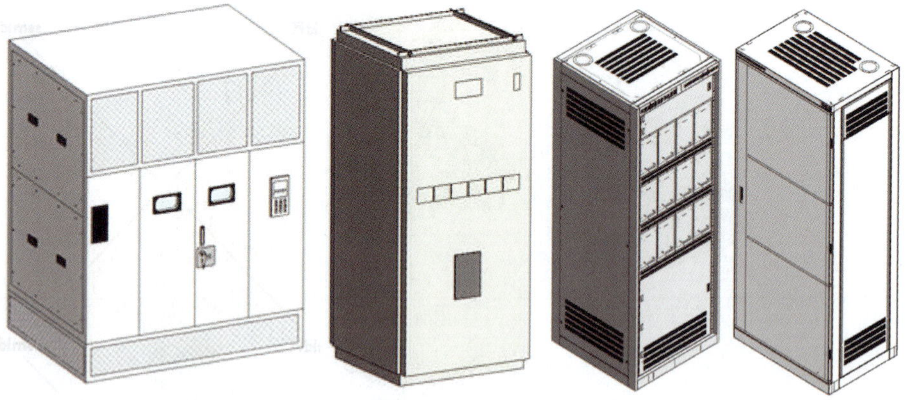

（a）高压柜　（b）补偿柜　（c）低压柜　（d）通信机柜

图 2-12　典型电力变配电柜设备示例

2.1.3　协同设计

基于统一数据标准和基础模型库,结合信息技术和数字化平台,各专业通过信息共享、有效沟通和紧密协作,实现数字化协同设计,具体流程如图 2-13～图 2-15 所示[9]。

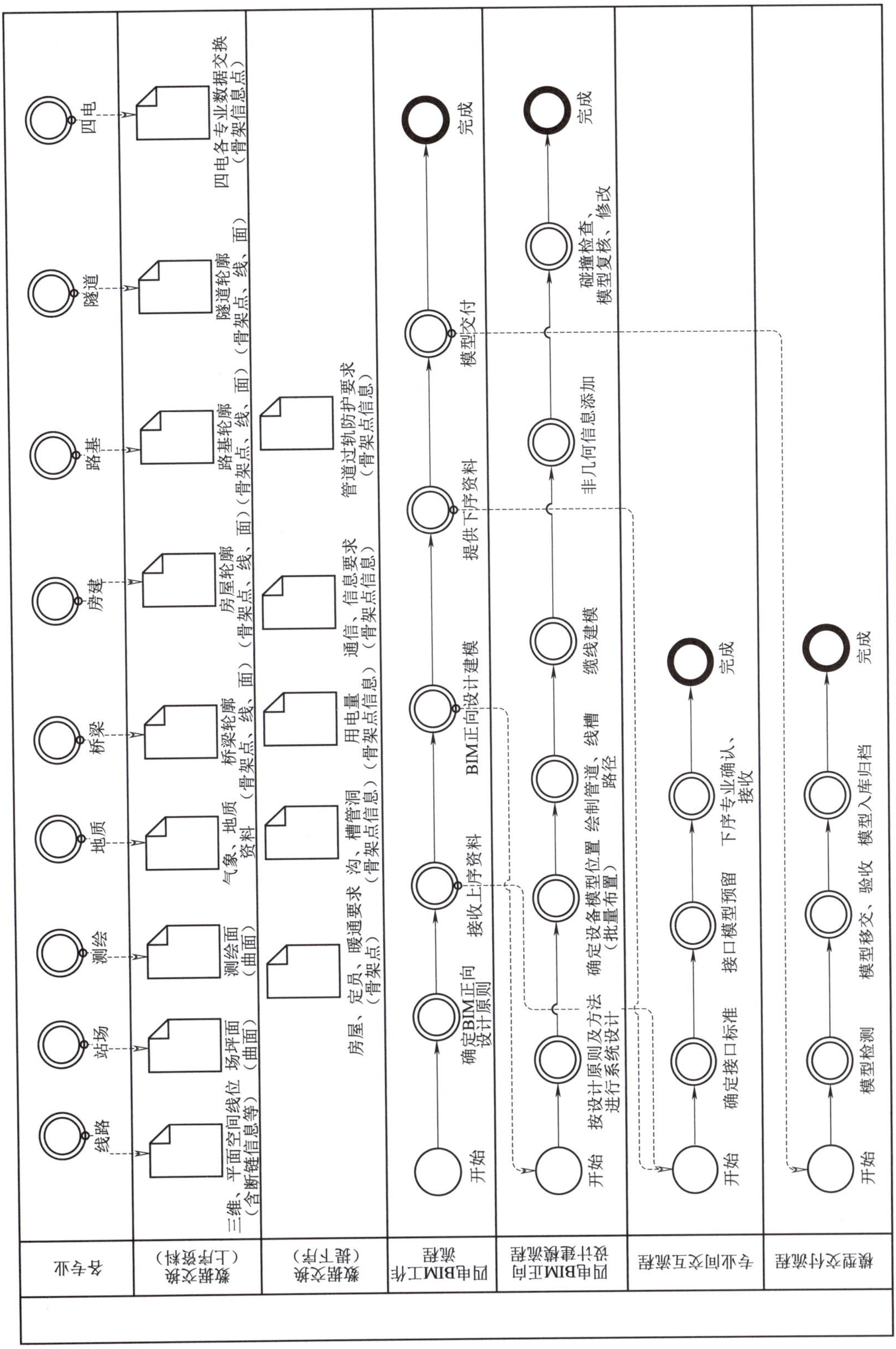

图 2-13 供变电专业协同设计流程

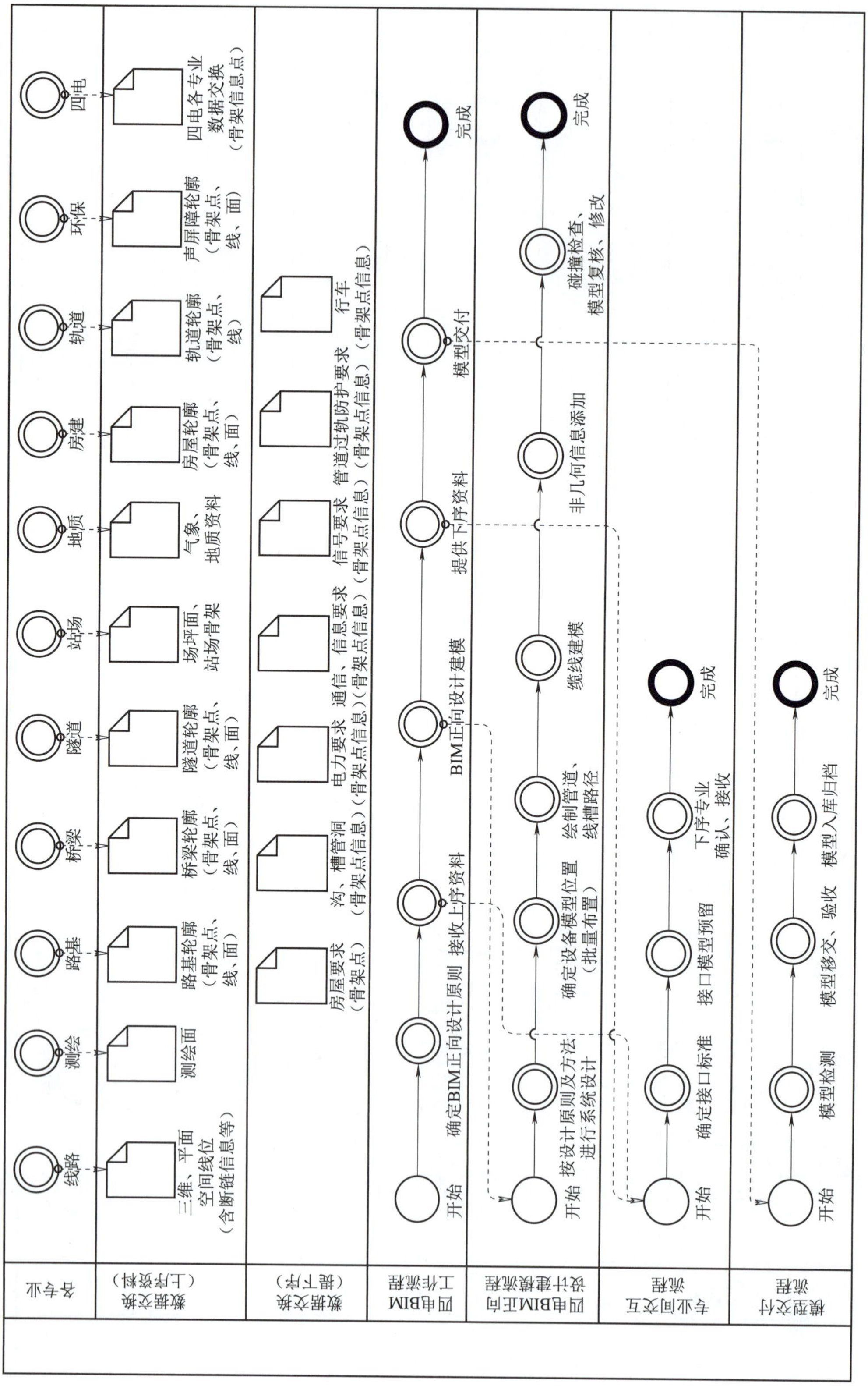

图 2-14　接触网专业协同设计流程

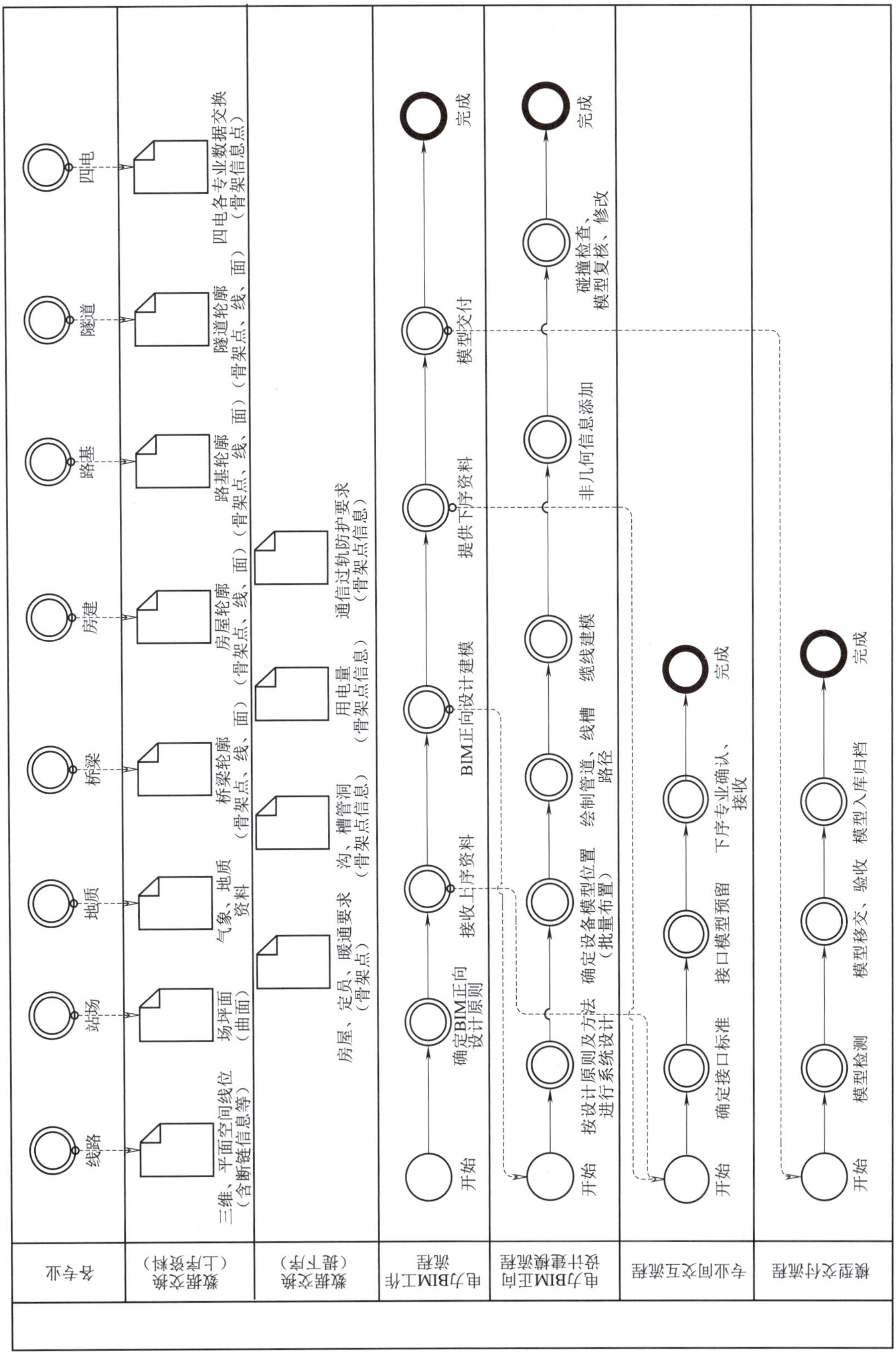

图 2-15　电力专业协同设计流程

各专业协同设计，解决了单一专业设计存在冲突的问题，提高了设计方案的合理性和设计效率，同时在碰撞检测、规划方案预演、性能仿真等方面发挥了重要作用。

基于协同设计平台系统可对专业及专业间接口工程设计进行优化，主要包括以下几个方面。

(1)路基、桥梁、隧道接触悬挂、附加悬挂线缆的优化设计，规避线缆间距不足等设计风险，如图 2-16 所示。

图 2-16　路基、桥梁接触悬挂、附加悬挂布置

(2)接触网开关及控制线缆、供电线上网路径的优化设计，实现线缆敷设方案最优，如图 2-17～图 2-21 所示。

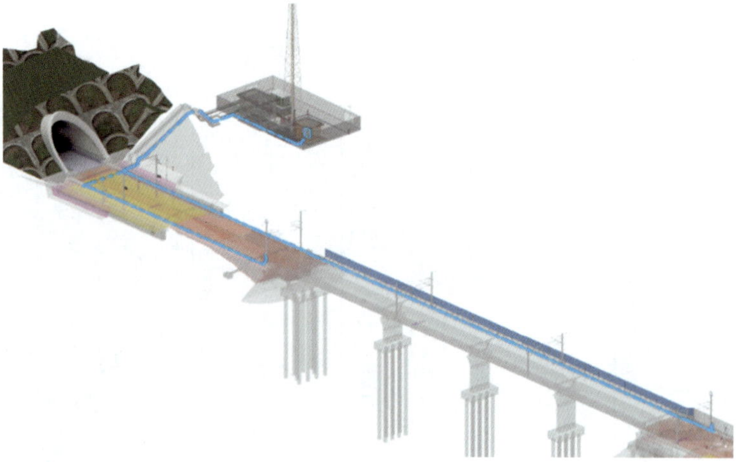

图 2-17　接触网开关及控制线缆敷设布置

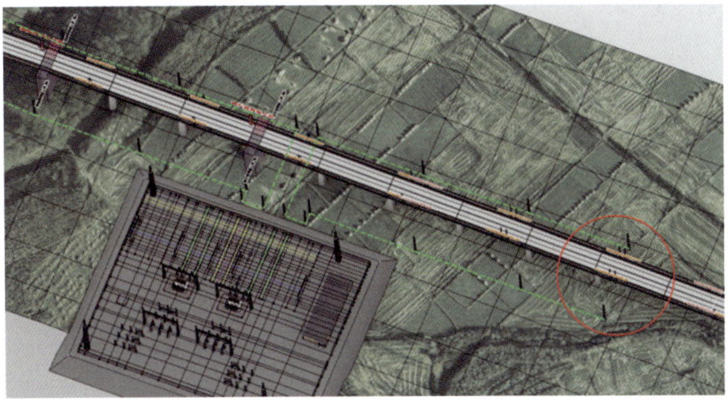

图 2-18 供电线上网布置

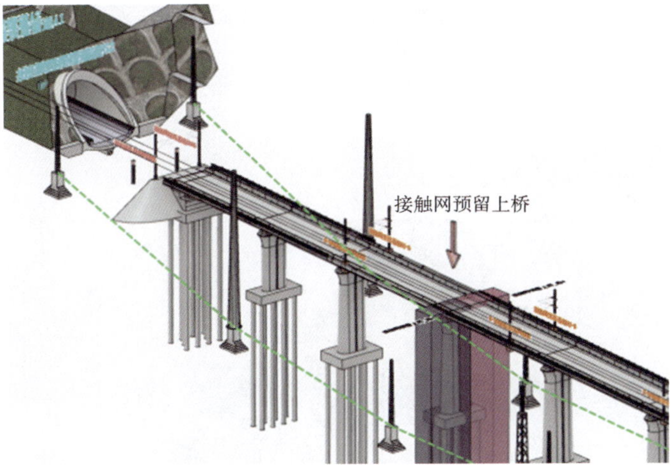

图 2-19 供电线架空转电缆入隧道布置

图 2-20 供电线跨河布置

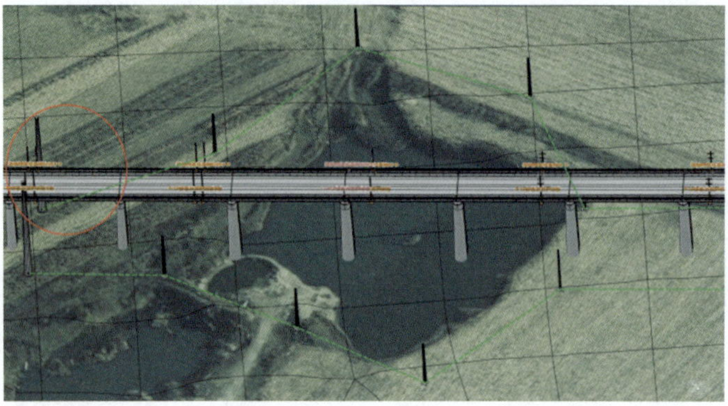

图 2-21　供电线避让水塘上网布置

(3)接触网专业站场基础、支柱、腕臂的优化设计,避免与站前专业设施发生冲突,如图 2-22～图 2-25 所示。

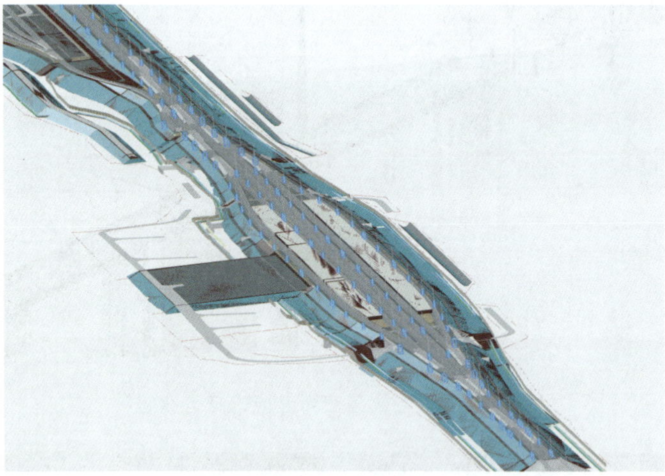

图 2-22　站场支柱基础及拉线基础布置

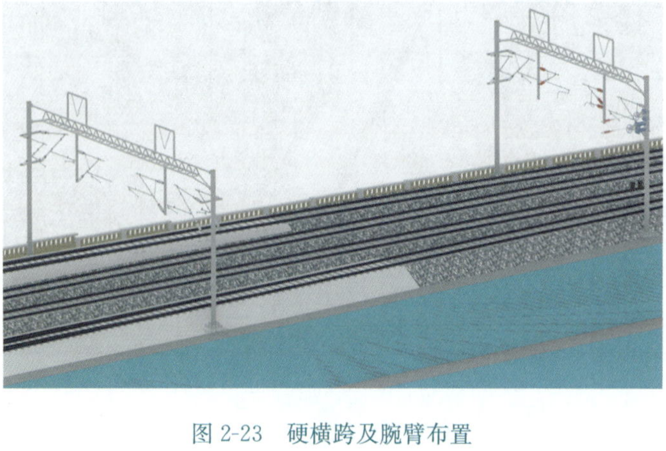

图 2-23　硬横跨及腕臂布置

图 2-24　附加导线门型框架布置

图 2-25　站场接触网线间立柱布置

（4）站场综合管线的优化设计。利用 BIM 设计多专业成果统一、协同的特点，在三维环境中全面检查各专业设计成果，快速发现专业间设备碰撞、冲突，有效解决综合管线交叉碰撞问题，优化路径设计，减少投资，为施工阶段提供高质量的设计图纸和 BIM 模型，如图 2-26 所示。

图 2-26　动车段 BIM 综合管线布置

某项目设计中，发现进入动车段四电综合电缆槽与接触网支柱基础发生碰撞，通过入段处电缆槽外移，完成了优化设计，如图 2-27 所示。

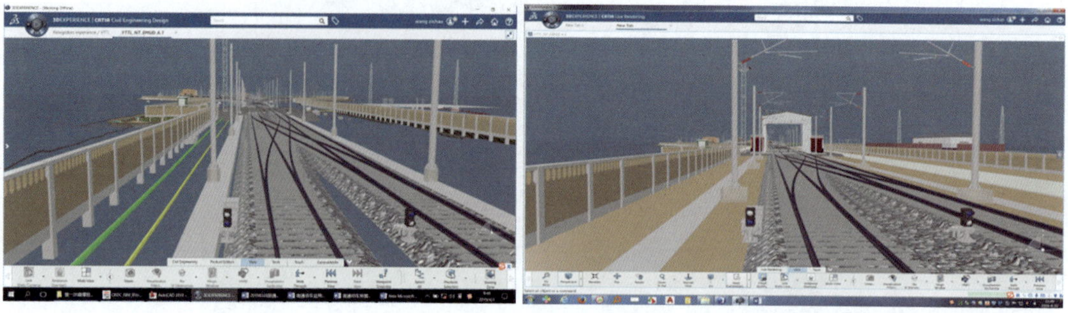

图 2-27　入段电缆槽优化前后布置

某值守点房屋处，对接触网支柱基础与排水沟冲突进行优化，如图 2-28 所示。

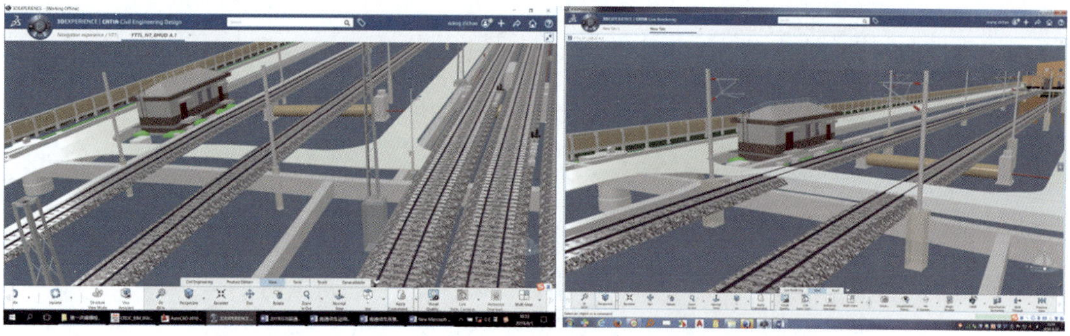

图 2-28　接触网支柱基础与排水沟优化前后布置

(5)工程量计算优化设计。利用 BIM 技术强大的信息统计功能进行初步模型的分析、评估，对建设方案和投资预算方案进行模拟、分析，完成策划方案优选、成本估算、场地规划分析及空间布局等，创建精确且符合现场实际情况的模型，辅助工程量计算。例如线缆模型高精度还原，可精确计算工程量，如图 2-29 所示。

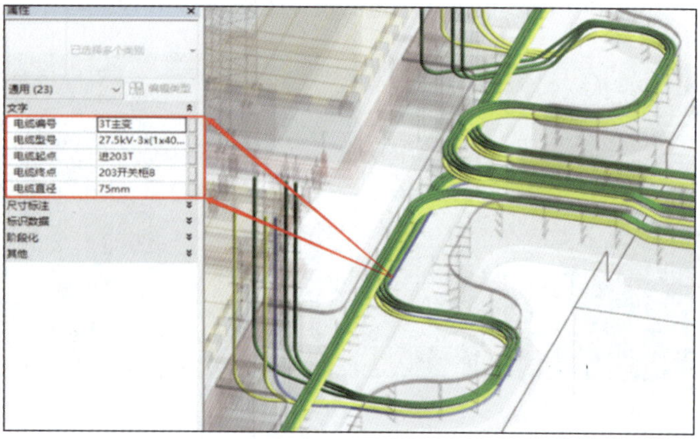

图 2-29　电缆优化布置

(6)室内综合管线碰撞检查。对不同系统以及变电所、站房等室内的检修室、设备室、值守室、资料室等管线信息进行碰撞检查,通过碰撞检查自动发现管线冲突、显示冲突位置并及时调整,如图 2-30 所示。

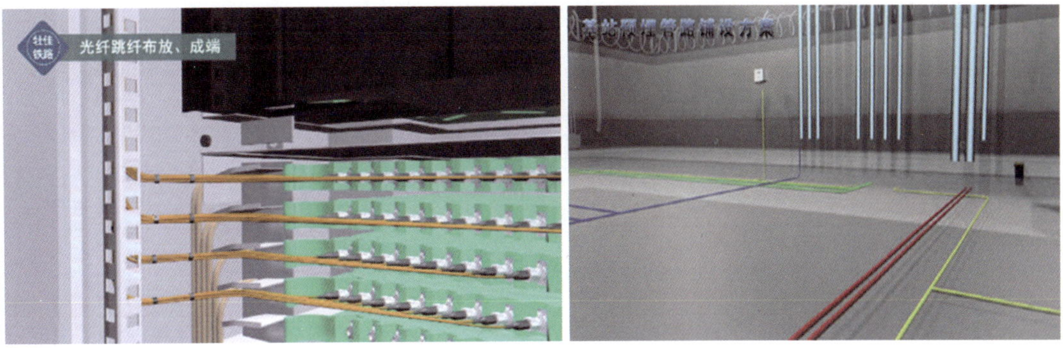

图 2-30　基于 BIM 的管线碰撞测试布置

(7)安全净距智能校验。依据安全净距最小允许值标准,对牵引变电所内高压设备等进行带电设备安全净距三维校验,当安全净距不满足设计要求时,系统自动提示,以辅助设计校验,如图 2-31 所示。

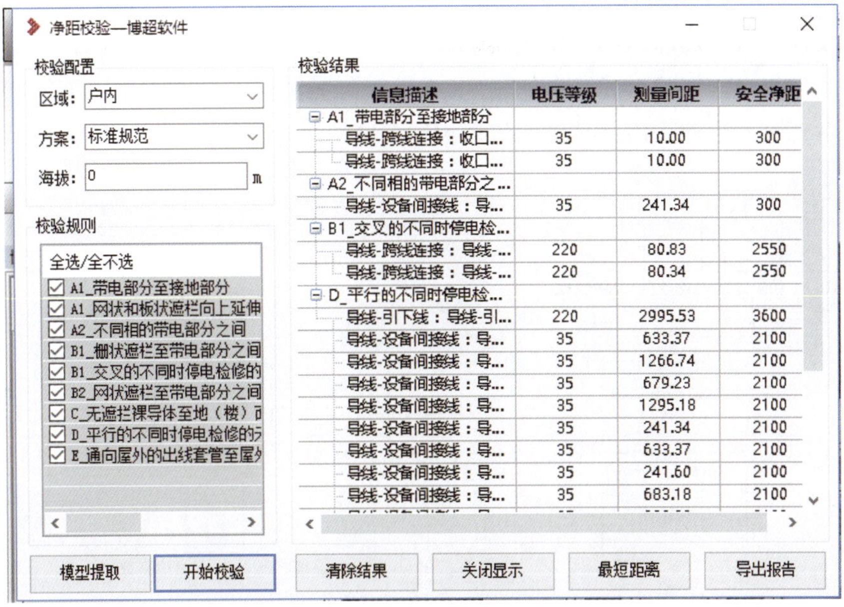

图 2-31　安全净距智能校验

(8)智能电缆敷设。通过 BIM 技术模拟变配电所内电缆敷设路径,合理规划夹层电缆排布层次,避免线缆交叉,满足现场实际施工需求。基于电缆通道模型实现自动电缆敷设。

经过优化的电缆敷设结果，避免了施工过程中的调整与返工，如图 2-32 所示。

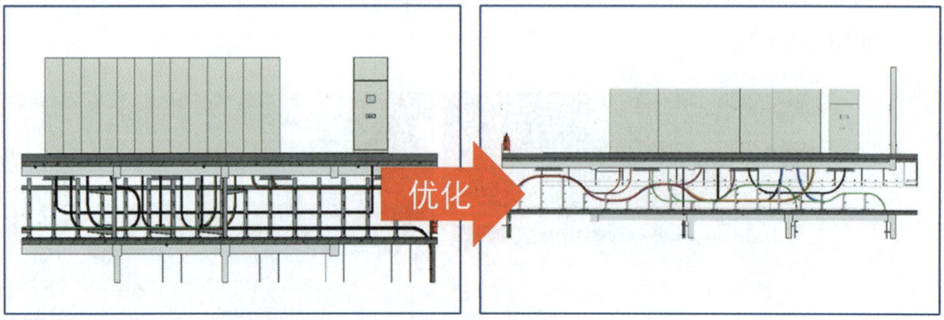

图 2-32　变配电所电缆夹层电缆敷设优化布置

2.2　数字化设计仿真

2.2.1　牵引供电系统

牵引供电系统设计，需经过系统的建模仿真计算和多重方案比选后确定，建模仿真是确定供电方案、变电设施分布等环节的前提。经过数十年的积累，目前牵引供电系统设计已形成适用于工程建设快速推进的模型化仿真计算体系，如图 2-33 所示。目前，牵引供电系统设计阶段通常与运输组织形成联合仿真，根据行车情况实时仿真牵引供电系统状态。牵引供电系统仿真设计软件采用动态实时仿真＋传统概率法计算体系架构，其核心功能为：通过

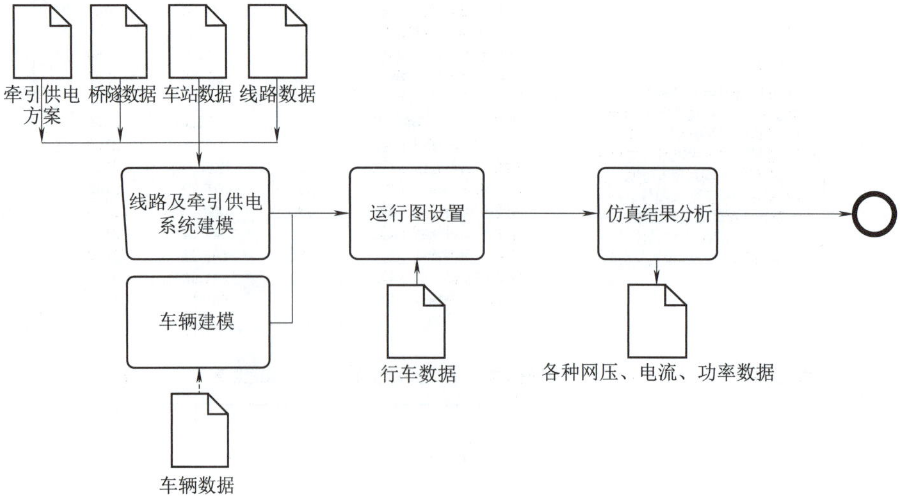

图 2-33　模型化仿真计算体系

读取设计上游专业(线路、站场、机务、车辆、运输等)标准化输入数据,基于线性坐标体系人工初拟或智能生成牵引供电方案及比选方案,再通过实时仿真与传统概率法两种方式进行校验,确定方案是否合理,最终输出牵引供电推荐方案至标准化处理模块,将数据输出至设计统一数据底座,提供至下游专业,同时自动生成牵引供电设施布点方案、主要技术指标等成果。

牵引供电仿真主要步骤包括,利用行车运行图和线站资料,根据列车的牵引特性,确定某一时刻系统中列车的数量、位置、工况、功率大小等牵引负荷特性,建立牵引供电系统的实时模型。通过潮流计算,获得各列车的电压,计算整个牵引网各节点的电压、电流、功率等电气参数。对运行图的每个时刻均进行上述工作,所有时刻完成后计算各目标参数。

牵引供电仿真的输入主要包括线站方案、行车组织方案、车辆参数、电气模型等四大部分。项目的线站方案主要包括:线路走向方案、车站设置方案、线路曲线、线路坡度、隧道、限速情况等。行车组织方案多以追踪间隔或运行图等方式进行描述。行车组织运行图如图 2-34 所示。

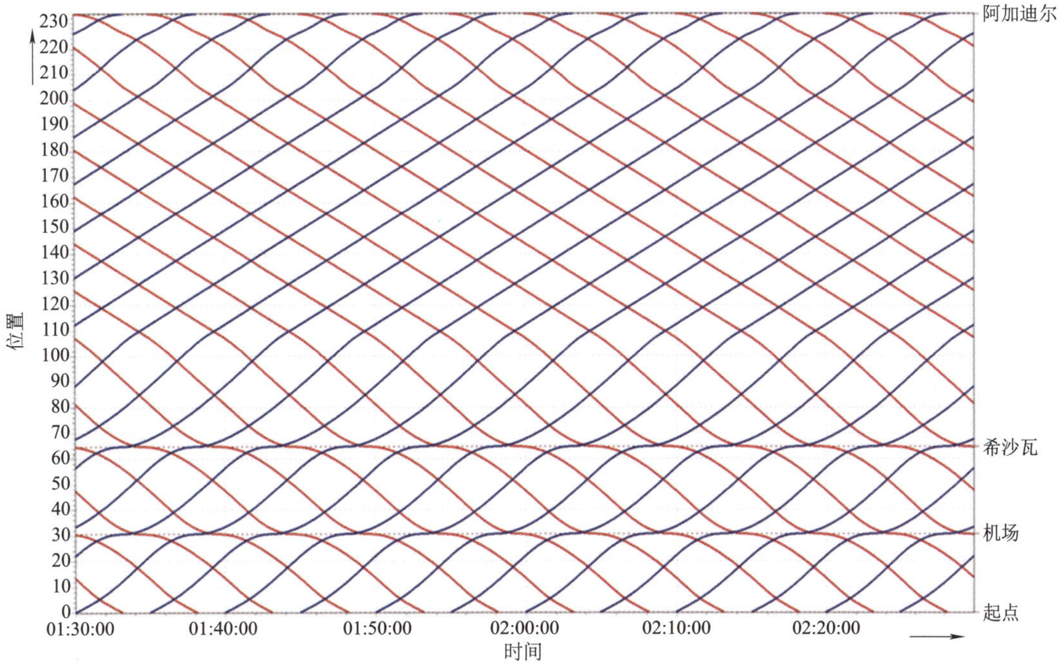

图 2-34　行车组织运行图

车辆模型的主要功能是将列车运行参数转换为电功率参数。动车组模型的牵引特性曲线和制动特性曲线如图 2-35 和图 2-36 所示。

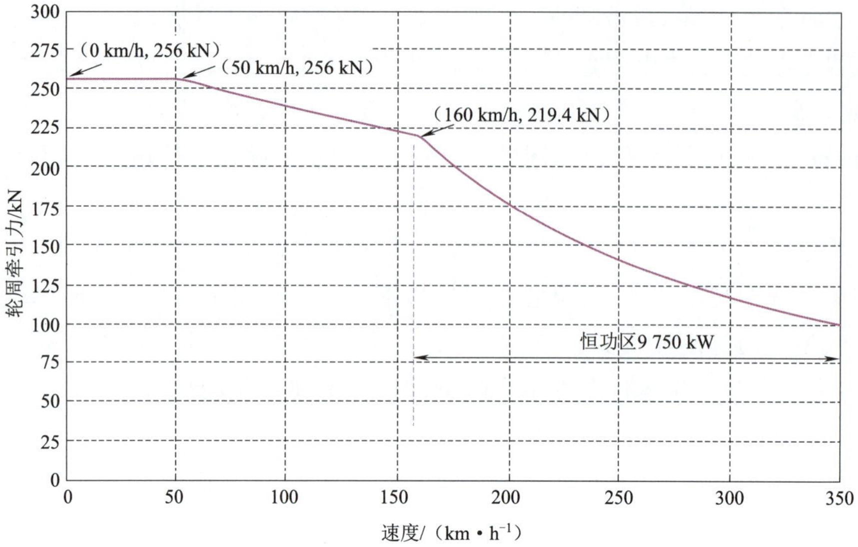

图 2-35　动车组牵引特性曲线

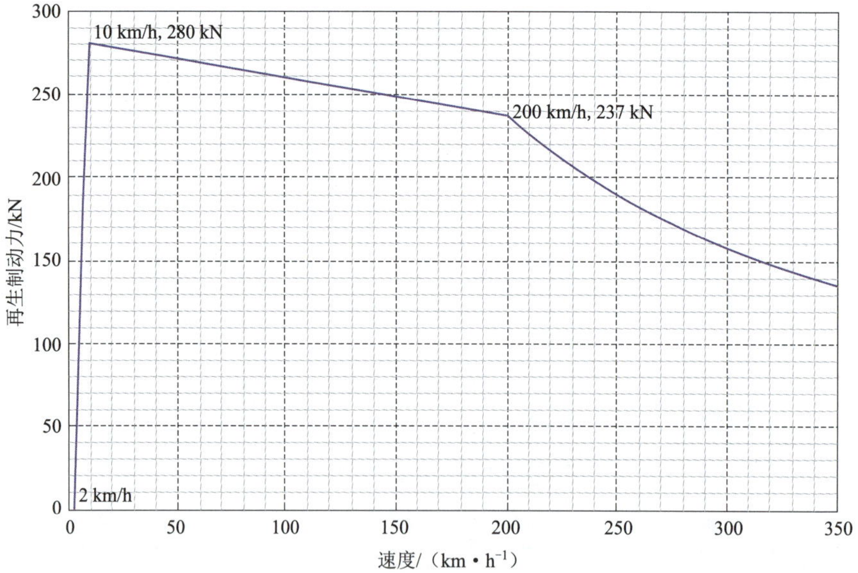

图 2-36　动车组制动特性曲线

电气模型主要根据牵引供电方式、牵引变电所和分区所分布、导线选型等方案建立。

牵引供电仿真主要对接触网的最低电压、牵引变压器功率、接触网载流量等参数进行评估，如图 2-37～图 2-39 所示。通过仿真可以计算牵引供电系统最低电压、接触网载流能力、牵引变压器容量等参数，更好地指导工程设计。

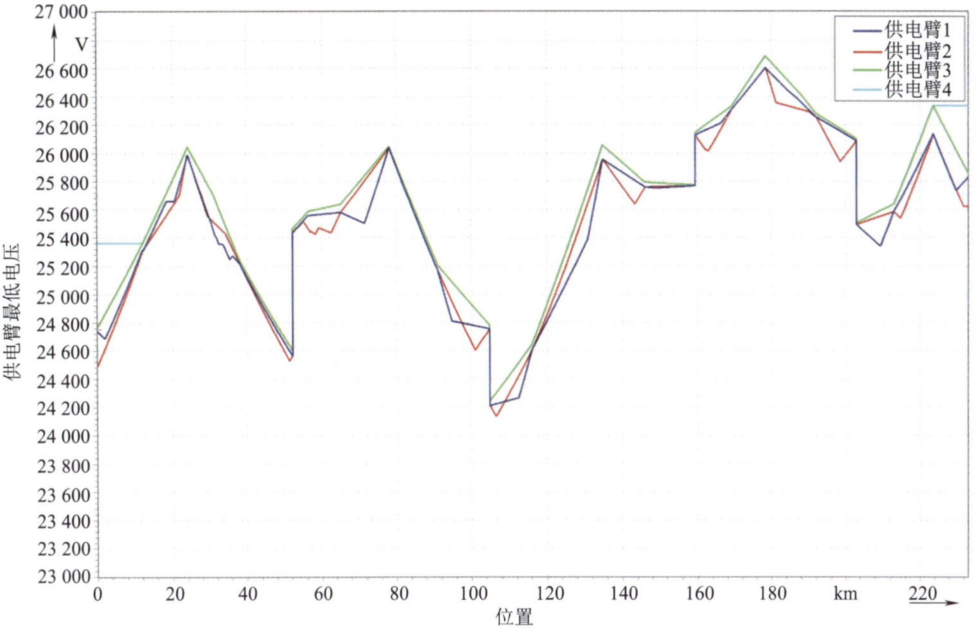

图 2-37　供电臂各位置最低电压

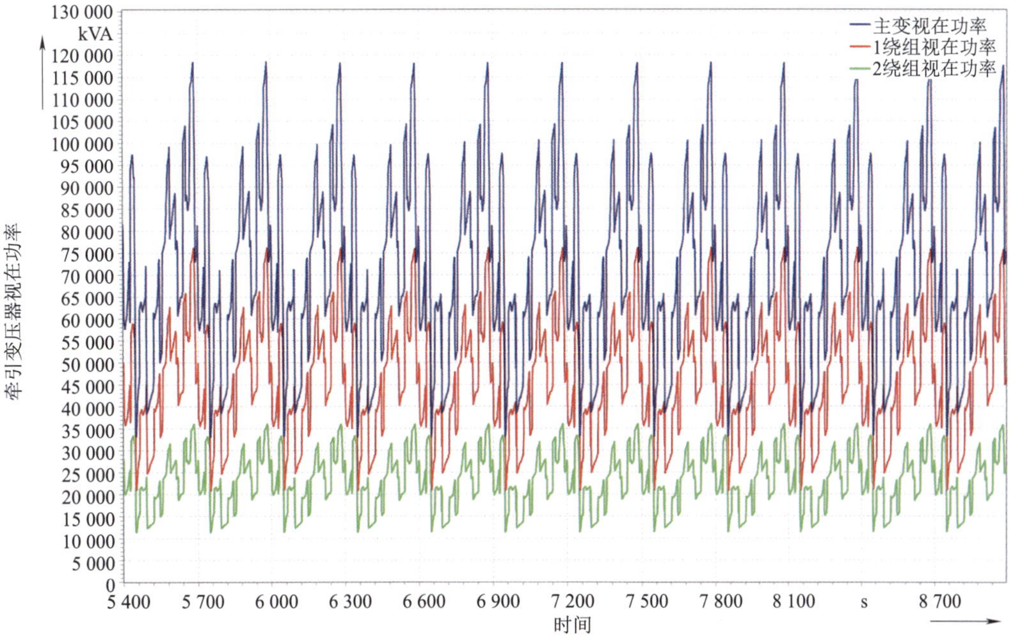

图 2-38　牵引变压器视在功率一时间曲线

牵引供电与行车组织一体化实时仿真软件，提供了牵引供电和车辆运行相匹配的解决方案。该方案支持行车密度变化或灵活运输条件下开展牵引供电系统的设计和评估，可对网络化轨道上运行的列车群开展全网络电气化动态仿真，支持网络化轨道交通的电气化建模与求解，获得列车电压电流曲线、列车受电弓电压、供电臂的电压电流特性、短路电流等级、钢轨对地电位、接触网系统的电流分配、沿线电磁磁场以及列车和供电臂的能耗。

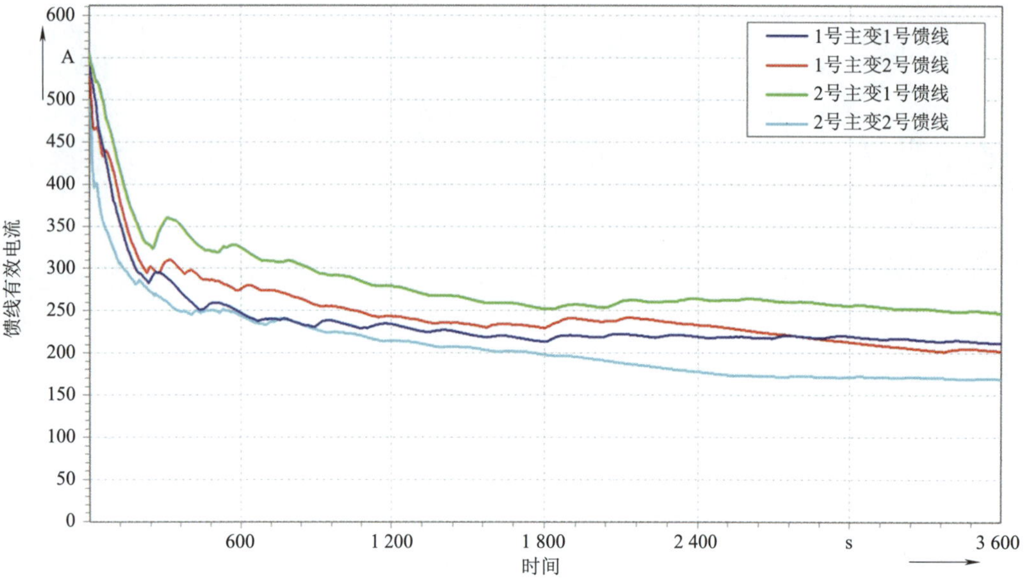

图 2-39　牵引所各馈线不同时间有效电流

牵引供电系统仿真分析设计软件集成了牵引计算与牵引供电仿真两个模块，通过对牵引供电系统不同供电方式、不同列车运行状态下的电压、电流、谐波、功率因数等进行模拟仿真，提出最优的设计和运行方案。同时，通过仿真软件对给定的系统设计方案进行各项指标、特性的评估，为优化设计和运行方案提供支持，如图 2-40 所示。

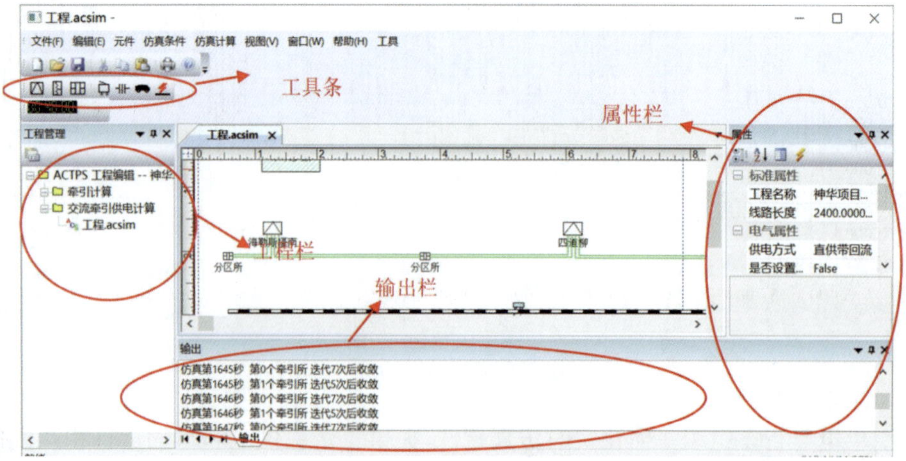

图 2-40　牵引供电系统仿真分析设计软件

2.2.2　接触网及弓网系统

在接触网系统设计中，通过仿真计算确定系统参数、结构形式和布置形式等，主要包括弓网动态仿真、腕臂结构受力仿真和吊弦受力仿真。

弓网动态仿真是综合考虑接触网系统各种参数条件下评价弓网受流质量的核心仿真计算手段。受电弓与接触网模型的构建是弓网动态仿真的基础，在进行受电弓与接触网系统的耦合振动研究时，通常可以采用刚体模型、柔体模型、刚柔混合模型以及质量-弹簧-阻尼器模型来模拟受电弓。目前运用最为广泛的是质量-弹簧-阻尼器模型，将受电弓等效成一系列弹簧、阻尼以及质量块的组合。接触网模型通过定义接触网各零部件在空间上的几何位置、连接关系与约束状态，得到接触网的仿真模型。接触网模型中的接触线、承力索等线索部件通常采用梁单元或索单元进行模拟。吊弦设置于承力索与接触线之间，根据吊弦单向受拉不受压的特性，通常采用变刚度弹簧单元进行模拟。定位点附近的接触线线夹、吊弦线夹等零部件线夹通常通过质量单元来等效模拟，图 2-41 所示为建立的弹性链型悬挂接触网模型。将接触线、承力索、吊弦、弹性吊索及定位器、各线夹均等效为相关单元以构建接触网模型，并将各单元坐标转换到全球坐标系中，得到接触网动力学方程。

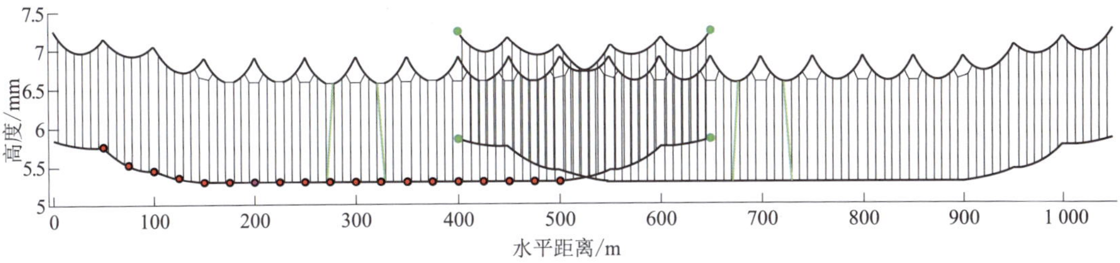

图 2-41　弹性链型悬挂接触网模型

为充分考虑车体振动等因素，结合了 ADAMS 的动力学仿真能力和 ANSYS 的多物理场分析优势以及 Matlab 的数据处理与建模能力，开发了 ADAMS＋ANSYS 或 Matlab＋ANSYS 的联合仿真平台，进行了更精确的弓网动态仿真，用于不同速度等级下的弓网相互作用分析以及参数优化，如图 2-42 所示。

通过弓网动态仿真平台可以计算获取弓网动态接触力、受电弓抬升量、燃弧率及接触网零部件的载荷等数据，并以此分析不同速度等级、受电弓参数、接触网结构参数等对弓网动态性能的影响，为优化弓网结构参数提供有力手段。图 2-43 所示为弓网接触力曲线和受电弓抬升曲线。

接触网腕臂零部件种类繁多、形式多样，空间位置的参数化调整以及受力后的几何参数修正难以计算。为进行腕臂受力分析，将零部件参数化处理，等效为单个或多个尺寸信息组成的信息集。将接触网腕臂设计装配图中的信息进行总结、提炼，并将腕臂装配规则进行参数化处理。结合空间几何理论，求解关键节点的空间坐标，形成了全参数腕臂受力形变仿真系统。通过输入参数计算腕臂空间三维坐标，通过自定义所需的材料参数以及受力载荷范围，生成腕臂系统实体，对腕臂进行静力学结构仿真计算，得出腕臂整体形变量随载荷的范围变化曲线[10]。仿真结果取平腕臂、斜腕臂及承力索座的位移量，同时利用本系统对载荷范围不变、参数变化下的腕臂形变进行仿真分析，如图 2-44 所示。基于上述仿真系统，在接触网腕臂预配时，可通过将其具体参数输入系统进行计算，得出相应的受力形变仿真数据，利用此数据可对实际预配结果进行修正，以得到更好的预配及施工效果。

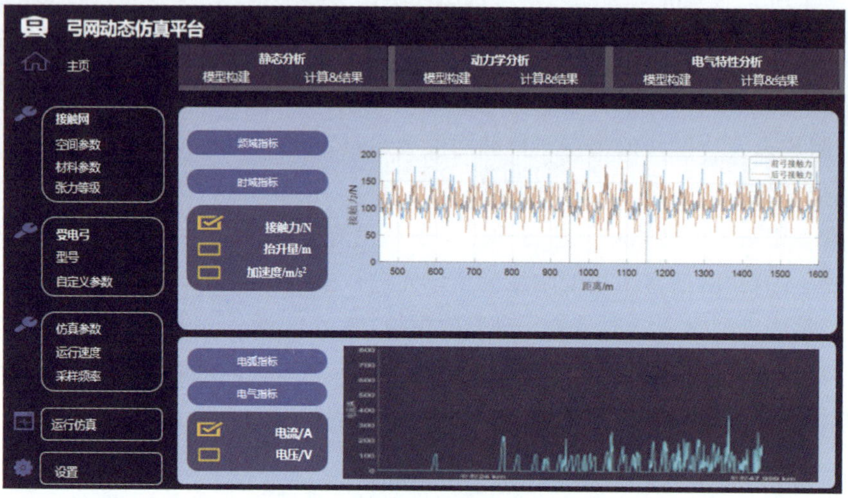

图 2-42　弓网系统动态仿真平台

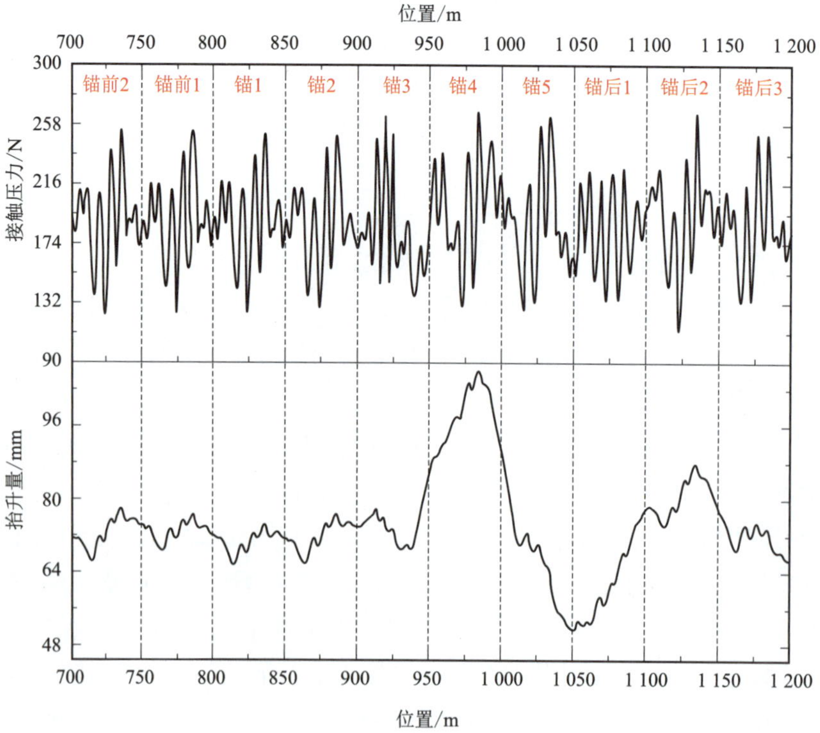

图 2-43　弓网接触力与受电弓抬升曲线

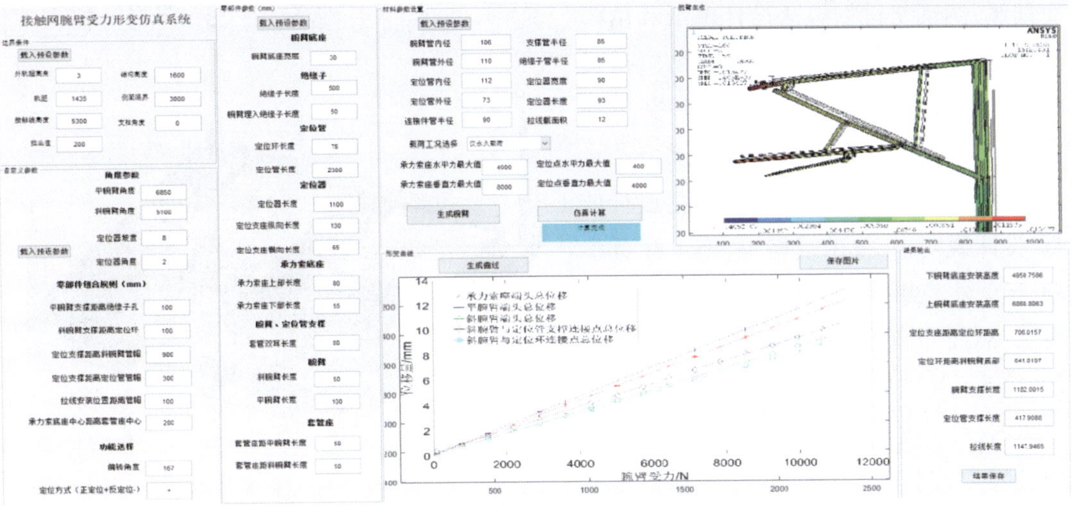

图 2-44 接触网腕臂受力仿真系统

吊弦受力仿真分析如图 2-45 所示，采用三维空间仿真方法构建接触网空间坐标，进行吊弦受力仿真分析，进一步优化吊弦布置、提高吊弦预配精度。

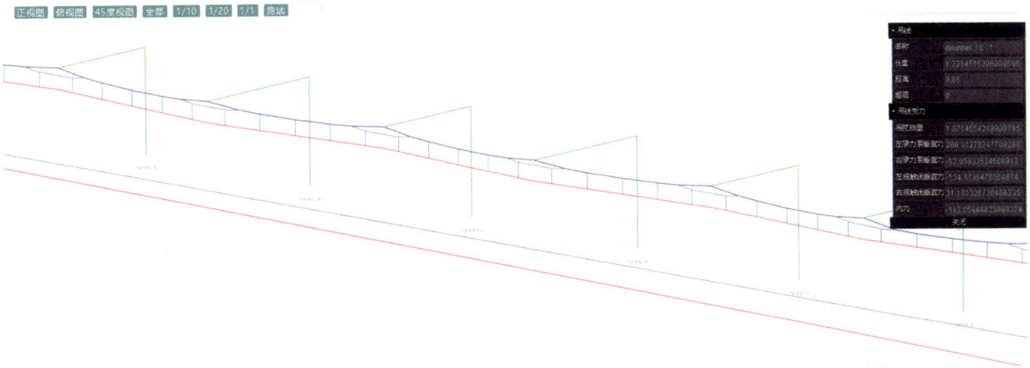

图 2-45 吊弦受力仿真分析

2.3 数字化设计交付

数字化技术的应用为铁路供电系统设计交付建立了一种立体化的展示方式，以文档、附图、数据、模型等方式对施工和运维进行技术交付，能够清晰且立体地展现设计中的细节，使得设计意图在施工和运维中得到全面落实。

数字化设计交付的内容主要包括模型交付物、图纸交付物和报告文档交付物等三种类型。模型交付物包括数字化模型等内容，由模型单元组成，分成项目级、专业级、功能级等三个层级；图纸交付物包括设计图纸和由模型产生的图纸；报告、文档交付物包括设计（说明）文件、碰撞检测报告等，交付形式为电子文件。

供变电专业交付文档主要包括设计依据、设计说明书、技术规格书、施工注意事项、运营注意事项、主要工程数量、主接线图、总平面布置图（模型）、继电保护配置图、远动系统图构成图、牵引供电调度平面布置图、牵引供电系统示意、构件（族）文件模型等，交付形式为二维平面图及三维BIM模型，如图2-46～图2-49所示。

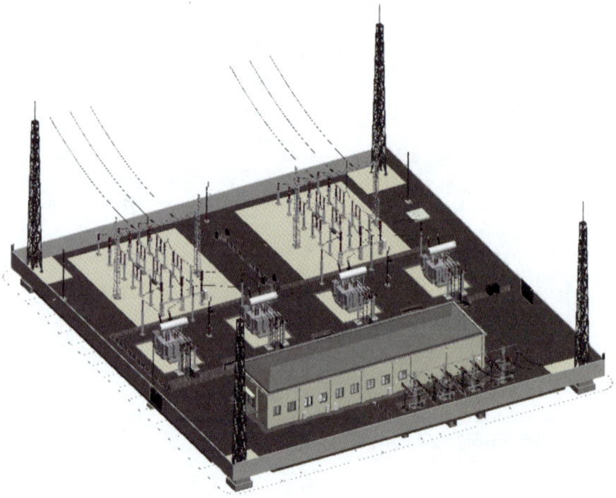

图 2-46　典型牵引变电所布置全景交付模型

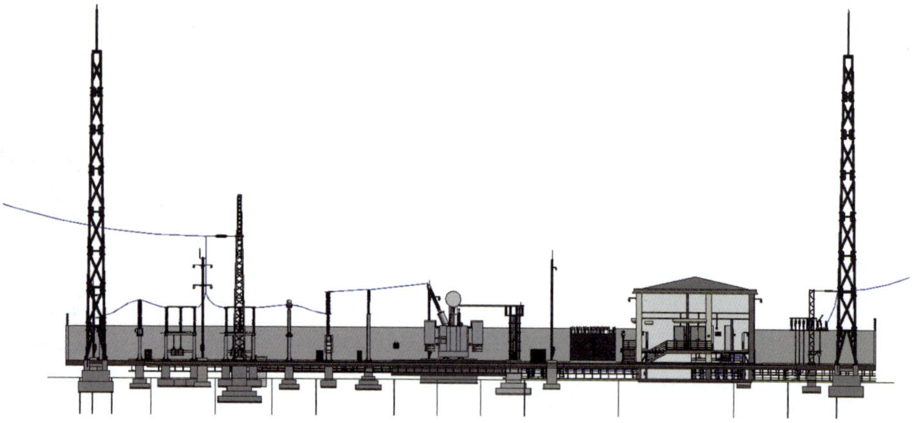

图 2-47　典型牵引变电所布置断面交付模型

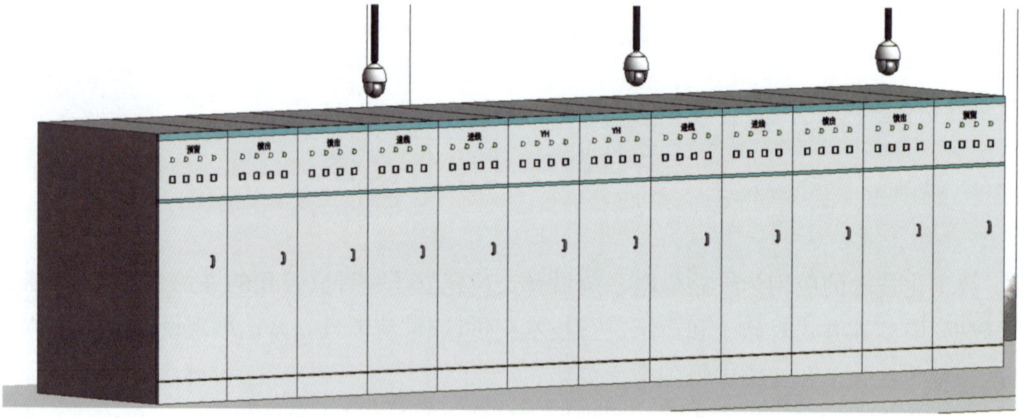

图 2-48　典型高压室布置交付模型

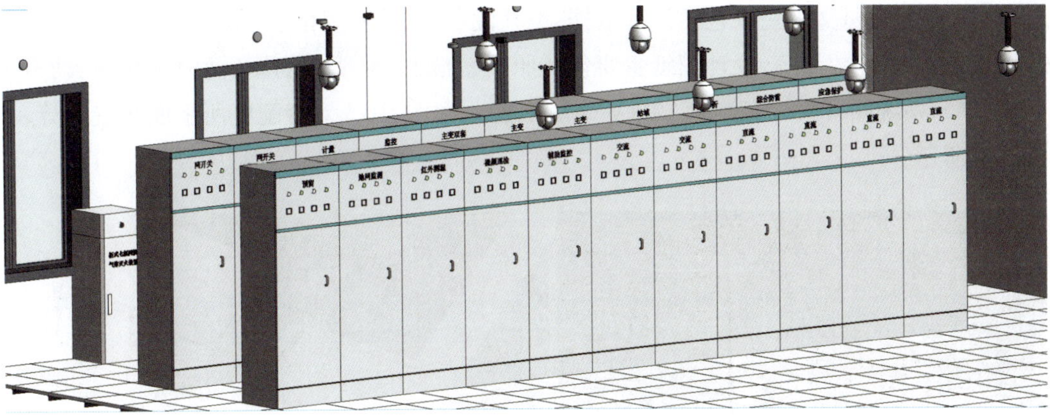

图 2-49　典型控制室布置交付模型

接触网专业交付文档主要包括设计依据、设计说明书、技术规格书、接触网预配实施方案、施工注意事项、运营注意事项、主要工程数量等，交付电子图纸主要包括，供电分段示意、接触网平面布置图（模型）、供电线平面布置图（模型）、接触悬挂安装图（模型）、设备安装图（模型）、构件（族）文件模型等，交付形式为二维平面图及三维 BIM 模型，如图 2-50 和图 2-51 所示。

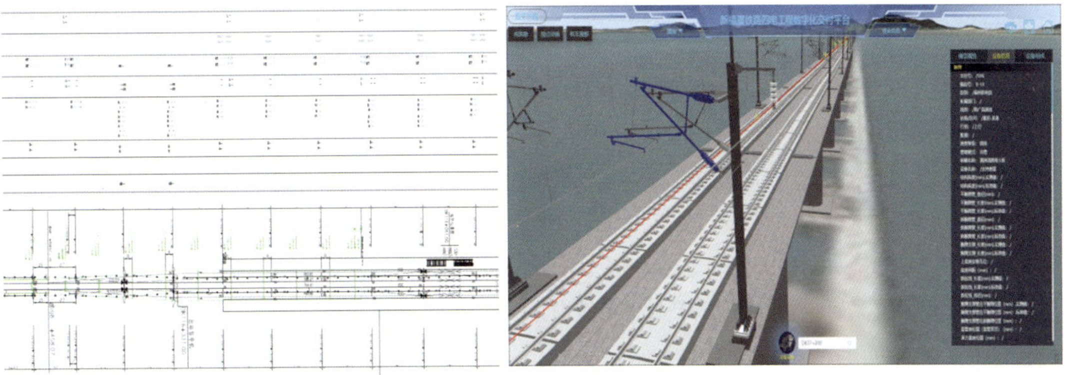

图 2-50　典型接触网二维平面图及三维 BIM 交付模型

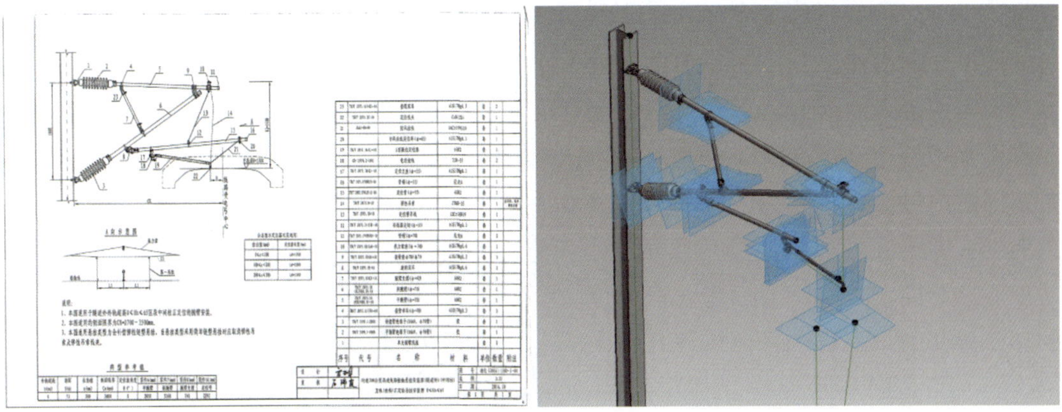

图 2-51　典型接触网腕臂安装图及三维 BIM 族文件交付模型

电力专业交付文档主要包括设计依据、设计说明书、技术规格书、施工注意事项、运营注意事项、主要工程数量等，设计图纸主要包括照明系统图、照明平面图、动力系统图、动力平面图、FAS 系统图、FAS 平面图、10 kV 变配电所一次图、10 kV 变配电所平面布置图等，如图 2-52 所示。

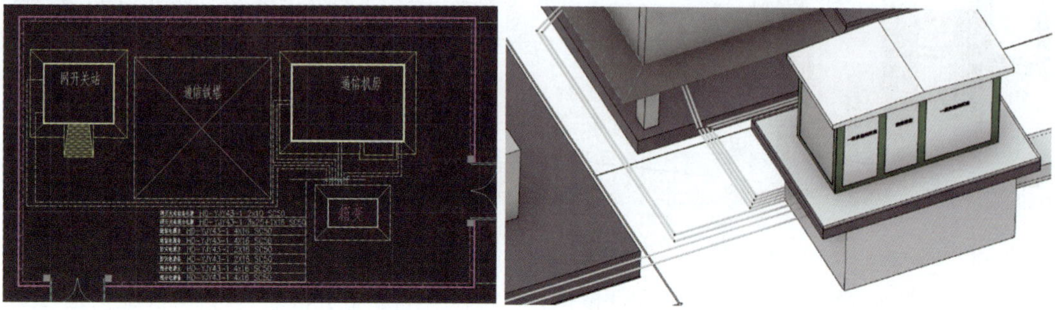

图 2-52　典型集约化场坪内电力线缆敷设交付模型

为进一步发挥数字化交付的作用，可利用 BIM 与 GIS 技术的融合，搭建三维可视化、信息化牵引供电系统模型，构建智能运维管理系统模型数据库，为智能化运维管理系统研究提供了基础技术支撑。

GIS 系统主要是以铁路线为主线，将沿线设备资产按照地理信息位置进行布设，设备资产等基本框架沿用 BIM 模型构架，并将资产、设备信息以及实时运行信息，如运行数据、开关状态、告警信息、缺陷信息等进行关联附着处理，即模型带有基础属性以及运行属性，并通过坐标模式进行正向填充 GIS 地图上包含通所道路等道路、行政区划、河流、边坡等信息。利用 BIM 技术实现单体工程、设备的模型构建，利用 GIS 技术赋予牵引供电系统设施地理信息模型，可以有效解决 BIM、GIS 技术各自的不足，最大化发挥两种技术手段在铁路工程运用中的优势，如图 2-53 和图 2-54 所示。

图 2-53　GIS 技术系统示意

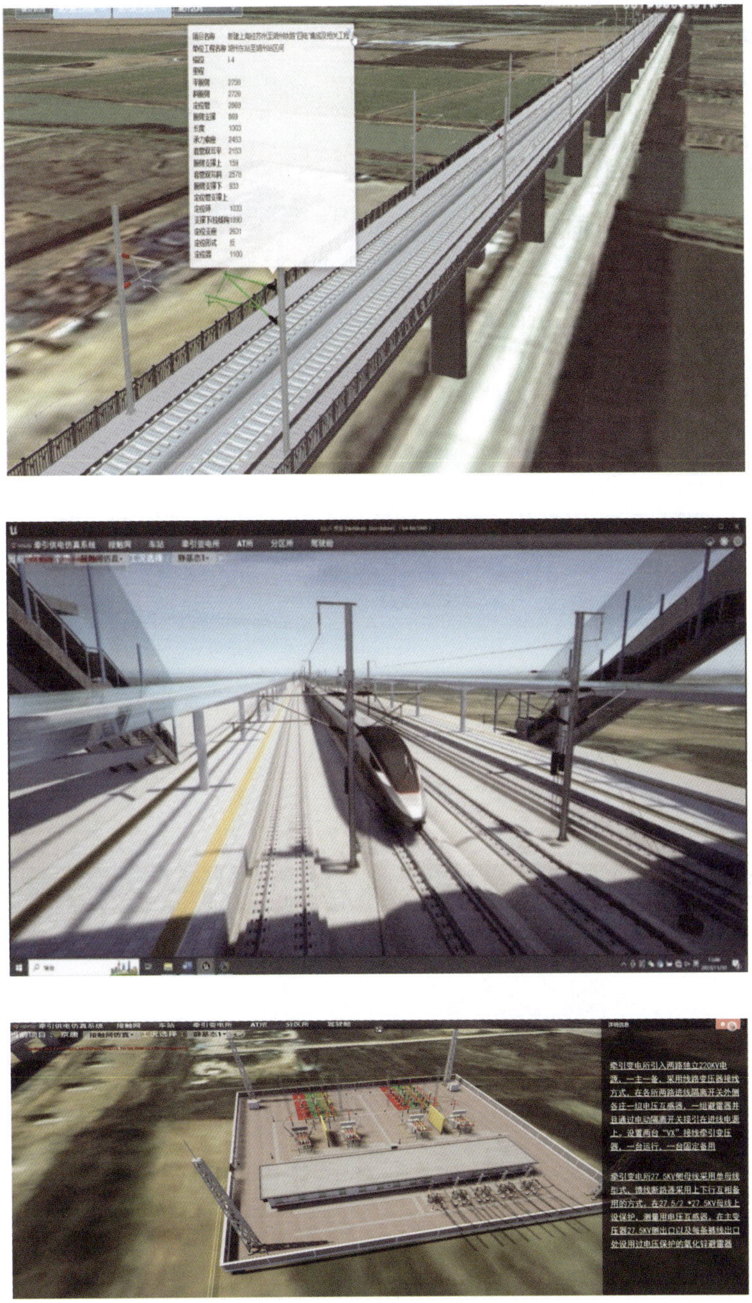

图 2-54 BIM+GIS工点模型

通过接入上跨桥、上跨电力线、危树等运营环境数据，将这些信息在三维场景中进行标识，为运营维护提供技术支撑，如图 2-55 和图 2-56 所示。

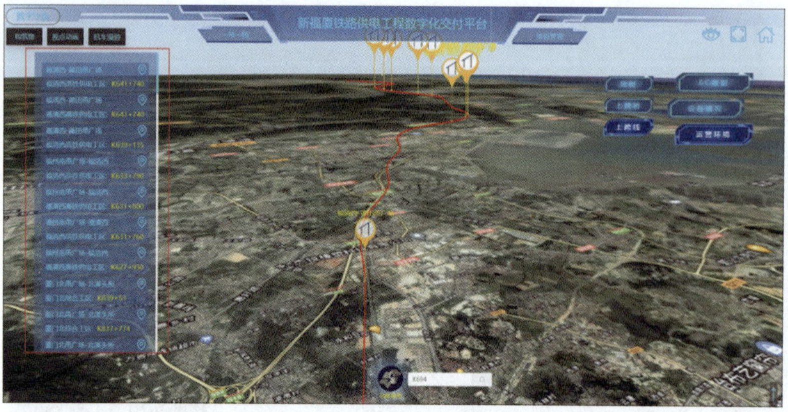

图 2-55　上跨电力线三维标签定位

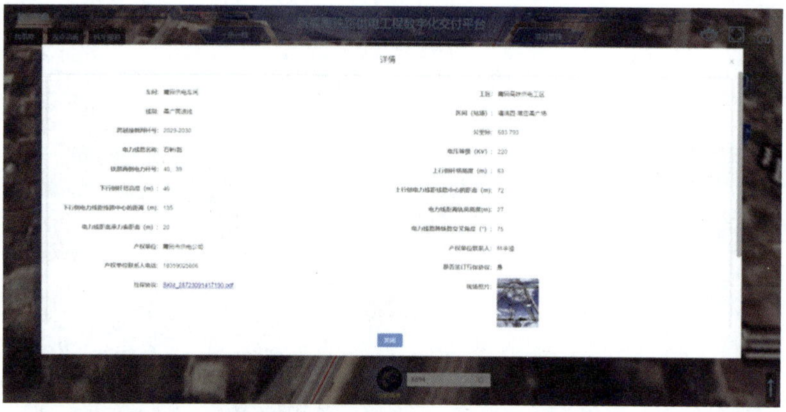

图 2-56　上跨电力线详情

第3章 建造数字化

铁路供电工程建造具有较强的专业性和系统性，按设计要求完成设备静态建造后，其动态性能必须满足供电能力和用户需要。同时，涉及与路基、桥梁、隧道、通信、信号等多个站前站后专业的配合，需要大量的设备、机具以及诸多单位和人员的协同工作，具有较强的协同性。通过数字化管理与工程智能建造过程的高度融合，形成了直观化、可视化、智能化的施工方案和工艺工法，确保了静态施工质量的一次成优。通过实时监控施工现场，及时发现处理潜在的问题，提高工程的安全、质量和效率，确保项目符合设计、相关法律法规和标准规程的要求。通过不同部门和团队信息的共享，加强了项目团队之间的协作，更准确地预测和控制了成本。

3.1 数字化管理

数字化管理依托 BIM、GIS 等技术，实现了 BIM 构件库、BIM 参数化建模、BIM+GIS 轻量化等技术与铁路供电项目不同施工阶段的深度融合，开发了基于 BIM+GIS 工程项目管理平台，实现了项目管理过程中的生产要素、管理要素信息与 BIM 模型信息在施工过程中的融合。

3.1.1 施工进度

工程的进度计划、进度控制、进度形象等采用 BIM 技术进行管理。进度计划编制方面，根据项目特点和进度控制需求，划分项目各专业，建立项目工作分解结构编码，并与构件编码建立映射关系，将工作计划单工点与该工点作业队建立映射关系，建立含计划数据的进度模型。进度控制方面，对实际进度的原始数据进行收集、整理、统计和分析，并将实际进度信息附加或关联到进度模型。如对支柱基础、支柱、拉线、腕臂支撑、定位装置、补偿装置等接触网设备进行构件化工程分解和编码。施工时，通过完成的接触网工程实体构件编码关联 BIM 的 ID，展示工程进度，如图 3-1 所示。将工程实际进度与计划进度进行对比，达到滞后预警值时，进行相应的报警，指导管理人员对人、机、料、财等资源进行调配，与施工进度匹配，辅助施工管理。

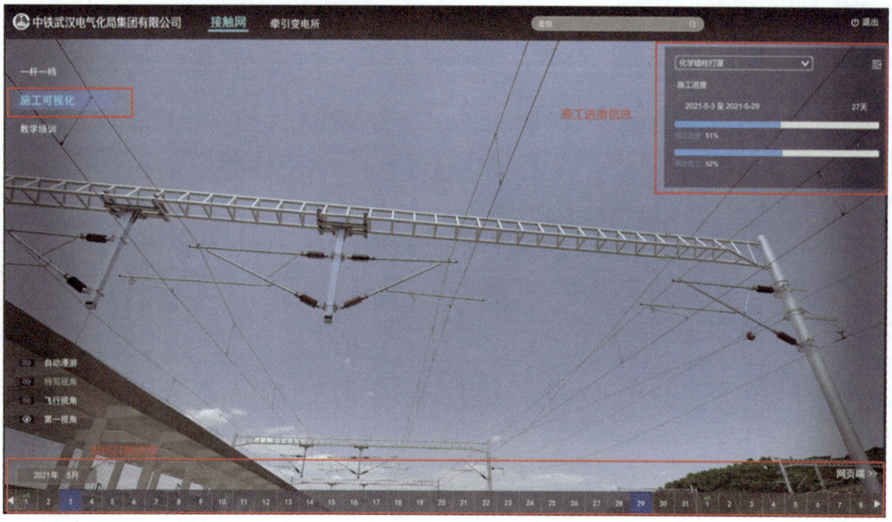

图 3-1　基于 BIM 的施工进度管理

为解决高速铁路四电接口组织实施过程中存在的问题，满足四电接口工程组织检查效率需求，采用 BIM 技术进行四电接口管理。通过里程关联数据，定制好接口检查中的各项要点，搭建接口标准化问题库；定制涵盖“发起-处置-销项”的接口检查全闭环管控流程。通过手机微信端或 Web 端在平台中输入相应问题信息，自动关联到对应的车站、区间、站点，减少现场填报工作量。可利用里程数据关联 BIM＋GIS 三维标签，进行可视化管理，如图 3-2所示。

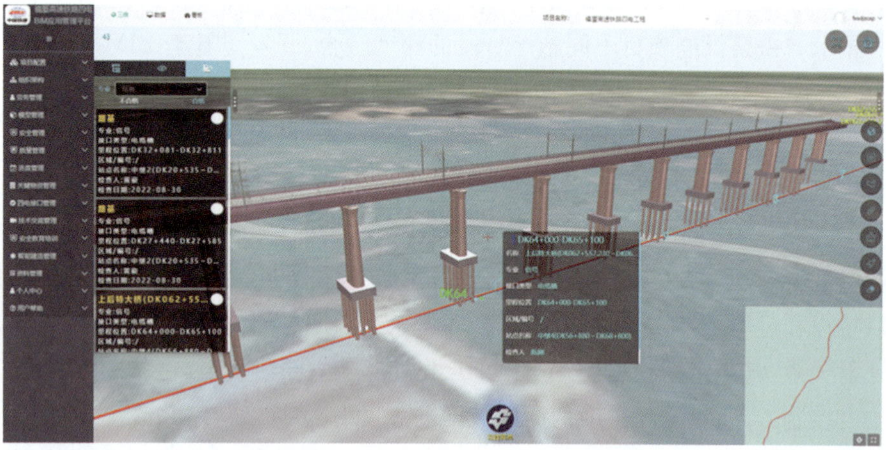

图 3-2　基于 BIM 的四电与站前接口工程管理

3.1.2　施工过程

工程项目施工过程中，施工组织、关键工序及新技术、新工艺、新材料、新设备等采用

BIM 技术进行施工模拟作业。施工单位根据施工组织模拟成果对工序安排、资源配置、平面布置等进行协调和优化，同步更新相关模型信息。施工模型根据施工组织和施工图创建，与施工工艺信息关联，输出资源配置及施工进度计划、施工模拟分析报告、可视化信息等资料，指导模型创建、视频制作、文档编制和方案交底等工作。重点工序根据模拟任务调整施工工艺模型范围，且满足模拟过程涉及空间碰撞时，确保足够的模型细度及工作面。模拟过程涉及与其他施工工序交叉时，保证工序间时间逻辑关系合理。设备基础施工模拟包括开挖量、开挖顺序、开挖机械数量安排、基坑支护类型等。设备设施安装模拟包括安装位置及高度、安装尺寸、吊装运输路径和预留孔洞等。线缆敷设模拟包括电缆沟走向、线缆支架布置、线缆敷设路径等。架空供电线施工模拟包括供电线路径走向、绝缘距离、开关位置、上网引线连接等。

牵引变电所与一般的工业与民用建筑不同，其建设项目的设计施工属于特殊工业建筑设计施工，场地平整工作量大，土方挖填量严重不平衡，地上设备及附属建筑较多，对施工工艺质量要求较高。利用 BIM 技术，优化基础排布，精确控制标高，合理预埋隐蔽工程部件，指导实际施工，如图 3-3 所示。

图 3-3　基础 BIM 模型与现场安装

通过精准的 BIM 模型，预览设备支架安装方向，模拟检查电缆沟侧墙与变压器前的电缆架构基础碰撞情况，调整安装走向、修改架构设计方案、优化配合关系，解决相互间的冲突，确保变压器前架构电缆垂直引入电缆沟，满足设计要求。如图 3-4 所示。

牵引变电所电缆敷设是变电所施工的重点，施工过程中的电缆布线及敷设方案是影响后续施工、运营维护的关键环节。应用 BIM 技术对电缆布线施工进行指导，对电缆夹层的电线电缆相关径路、设备布置图、接口及交叉等部位预先规划，电缆敷设分侧分层、弧度自然、走向合理、标识清晰、控制电缆与电源电缆分色区别，实现实体工程布局规划合理美观、电缆敷设自然一致，便于后期巡视检查、维护保养和状态评估，为运营维护的数字化奠定了基础，如图 3-5 所示。

图 3-4　架构 BIM 模型与现场安装

图 3-5　电缆夹层 BIM 模型

牵引变电所设备的放置位置精度对工程质量影响较大，要求设备模型的本身及相对位置精度准确。对设备进行 1:1 建模，通过审核的设备族收入 BIM 族库。将设备进行模拟布设，设备族的外形尺寸和放置的位置、数量、方向，要和现场实际设备的安装完全一致，特别是变压器与架构之间，优化布置图，确保设备到位连接时的精确性，导出设备布置图，指导施工，如图 3-6 所示。

牵引变电所设备基础和电缆布线对设备和土建工程定位精度要求高，形成了一个连环的位置精度需求链。经过碰撞检测，发现冲突点及设备间空间不足等问题，通过模型预览的方式灵活地对设备布局进行优化，避免无效施工。优化后的变电所整体布局模型，如图 3-7 所示。

图 3-6 变压器 BIM 模型与现场安装

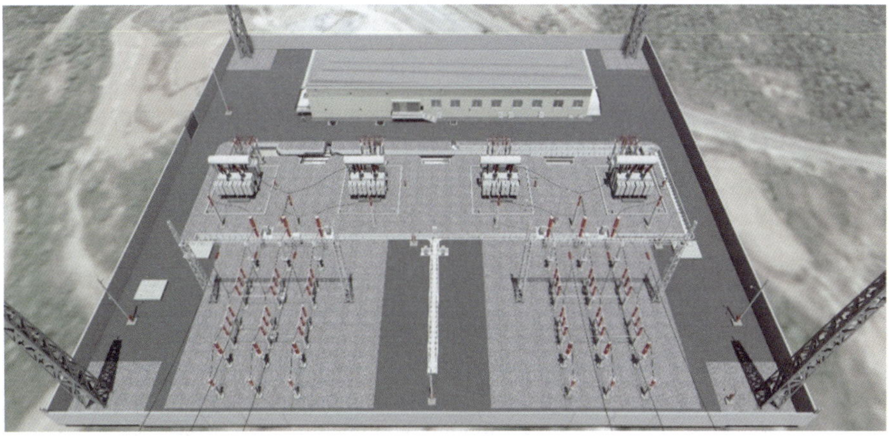

图 3-7 整体布局 BIM 模型

3.1.3 施工质量及安全

工程质量和安全问题是高速铁路工程建设中的核心问题，采用 BIM 技术进行辅助管理。按照质量验收计划和验收标准，在相关模型元素上附加或关联质量验收信息、质量问题及其处置信息。在相关模型中附加或关联包括安全管理过程的安全措施、安全隐患分析及事故处理等信息。基于模型对施工质量、安全要求进行技术交底，附加信息动态管理，并支持查询和浏览等。

人员态势监测数字化技术，运用人员态势感知、虚拟现实（virtual reality，VR）、监测预警等技术，以人员培训与作业质量数字化监管系统为支撑，在人员施工过程中实现多维监测、智能网联、精准管控、协同服务。设备运行交互数字化技术，基于机械化新设备运行传感器与动态监测系统，将现场设备运营信息、监测数据等实时采集传输至管理平台，随时掌握机械运行状态。借助 VR、增强现实（augmented reality，AR）、介导现实（mixed reality，MR）、手势交互、语音交互等新技术的应用，实现数字孪生系统人机交互作业质量管控。融合企业资源计划（enterprise resource planning，ERP）和供应链管理（supply chain management，SCM）技术，建立高铁工程施工材料数字化管理系统，实现材料质量数据的实时上传、实时监控和统一管理。材料运营调度数字化技术，采用数字运营和生产调度技术，健全施工材料信息通报、监测预警、应急处置、预案管理等工作机制，实现材料设计、整合、管理与验收的智能化。环境识别预测数字化技术，通过把空天光学遥感技术、异物入侵智能识别技术、智能喷淋系统等植入高铁工程施工周围环境，形成自然环境智能识别控制的物联网，实现对周围环境物理实体的全面感知、实时预测监控。

基于BIM+GIS模型的施工人员、设备管理，通过接入人员、大型机械设备的定位数据，实现人员、大型机械设备位置实时监测。接入大型机械设备上的视频信息，在模型上查看行驶及施工状态，做到人员、机械位置可视化，行车、施工可视化。此外，根据上道任务计划，结合作业区间机械设备的运行计划，在上道作业前给出风险提示，对施工人员与危险源的距离进行预判，并提前预警。如图3-8所示。

图3-8 基于BIM+GIS的人员和设备管理

智能安全帽，内置全球定位系统（global positioning system，GPS）+北斗天线，具备实时监控、语音对讲、轨迹回放、电子围栏、群组通话、安全报警等功能，适用于工班长、安全员、技术员。作为调度指挥大数据平台集成的单兵工具，用于远程技术支持，视频化调度指挥，实现对作业过程的实时控制，如图3-9所示。

依托数字化技术，形成智能感知、智能搜索、智能分析和智能决策的施工质量管理体系[11]。具体包括：人员信用评价机制建立，通过构建各参建企业信息化信用评价体系与人员诚信智能评价机制，基于大数据分析平台细化人员管理，各参建企业协同合作与监督交底；智能工艺工装改进与应用，施工单位建立先进工艺工装数据库，收集行业内先进的设备、施工工艺、工装，并归纳整理存入信息档案；企业通过组织技术咨询专家组对现场施工工艺进行会诊，整合工艺会诊及改进清单，上传至质量管控平台报监理单位及质检单位审查；施工全过程质量追溯，过程动态控制聚焦关键工艺和业务流程，依托有序可控的工序链智能控制，融合关键施工过程的实时动态分析、实时预测预警和人机交互协同控制，使施工过程在数据来源可查、质量问题可溯、过程动态化管控的智能管理体系内运行；动态监理与检验控制，通过监理规划及实施细则的在线审批，监理日志、巡视记录的在线填报及检验批监理日志的自动汇总导出，实现监理范围的信息化转变。通过人控、机控融合促进施工过程重要信息协同管理，在质量检验批审核时形成检验批汇总表，提交监理单位验收，减少工序质量控制的人员参与；数据实时动态处理，按照铁路工程质量管理过程中产生大量实时数据的时效性、分散性特征，把实时数据类型划分为图像数据库、视频数据库、音频数据库、文本数据库等，并统一访问引擎，实现质量管理流式数据的抽取与汇聚整合。

图 3-9　智能安全帽

3.2　智能建造

为响应和贯彻落实创新驱动发展、数字化发展、绿色发展及数字强国和科技强国战略，国铁集团大力开展智能高铁 2.0 科技攻关，包括智能建造、智能装备和智能运营等相关内容，在供电系统构建“智能、绿色、创新、融合”的智能建造技术体系是其重要组成部分。

在目前已开展的机械化、自动化施工技术及装备研究的基础上，统一整合智能仓储、智能预配、智能安装、测量与验证于一体的智能建造技术，使其具有高互通性和可移植性，实现施工建造流程的信息集成，推动建造的标准化、信息化、智能化，提高建造的质量和效率，主要环节如图 3-10 所示。

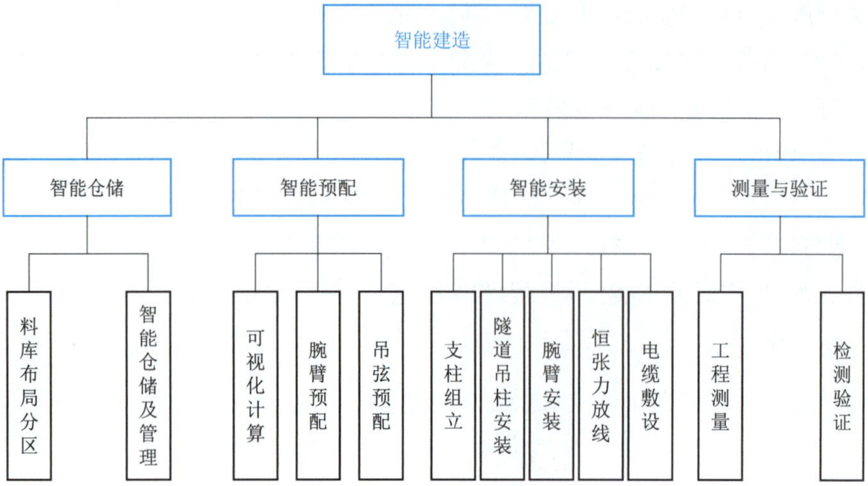

图 3-10 智能建造

3.2.1 智能仓储

工程施工过程中，在物料管理方面，利用二维码标识，从物料出厂、进场验收、存储、发料，到现场安装等各个环节做到有迹可循，与施工记录形成闭环管理，实现施工过程数据信息的全方位采集及数据贯通，流程如图 3-11 所示。

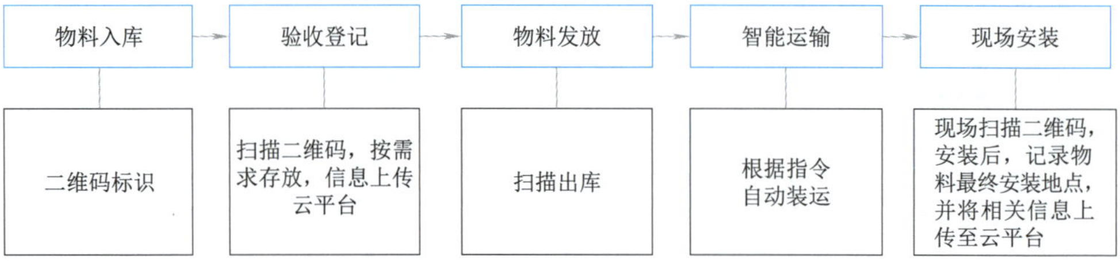

图 3-11 物料管理流程

对物料和各装备关键信息进行采集、共享，根据现场需求指令，对物料、接触网零部件入库、检索、出库等进行智能化调度指挥。对预配生产线所需的物料自动分拣入一级料库，一级料库到二级料库实行自动转运，同时对二级料库的整体布局和存放载具进行设计研究，高效存放接触网预配零部件，完成入库材料的登记、分类、保存、出库检索，实现接触网零部件智能化管理，如图 3-12 所示。根据料库整体空间布局规划路径，控制叉车将带有零部件的载具运输到预配生产线。

3.2.2 智能预配

目前已有适用于不同速度等级、钢材质和铝合金材质、传统结构和简统化结构的接触网腕臂预配生产线和整体吊弦预配生产线，采用 BIM、机器视觉等技术，通过数据驱动完成自动化组装、与料库的自动化衔接、成品的自动化存放转运等，实现了智能预配。

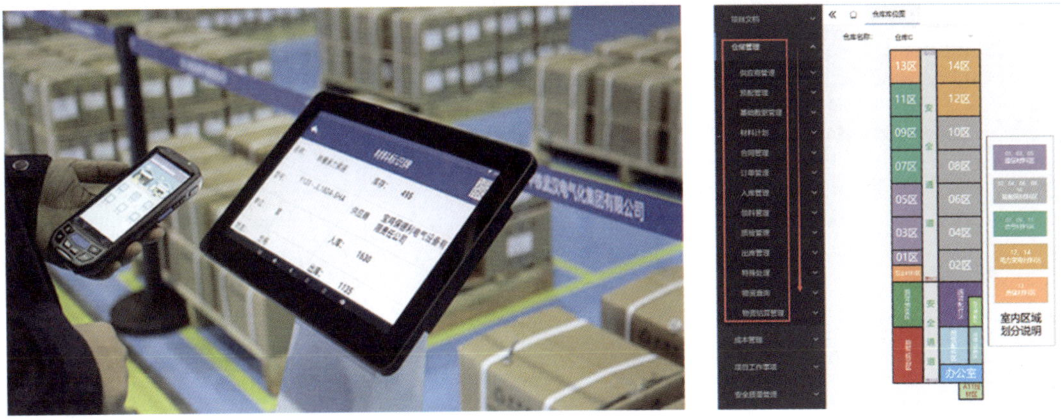

图 3-12 智能物资管理系统

通过 BIM 模型数字化，将预配所需的测量数据导入接触网可视化计算平台，如图 3-13 所示，通过高效的预配算法实现接触网预配的可视化计算，生成三维模型，如图 3-14 所示。结合验收标准、测量方案及自动化预配装备，制定预配数据内容、格式及精度等技术要求，为预配计算及现场参数标定提供依据。

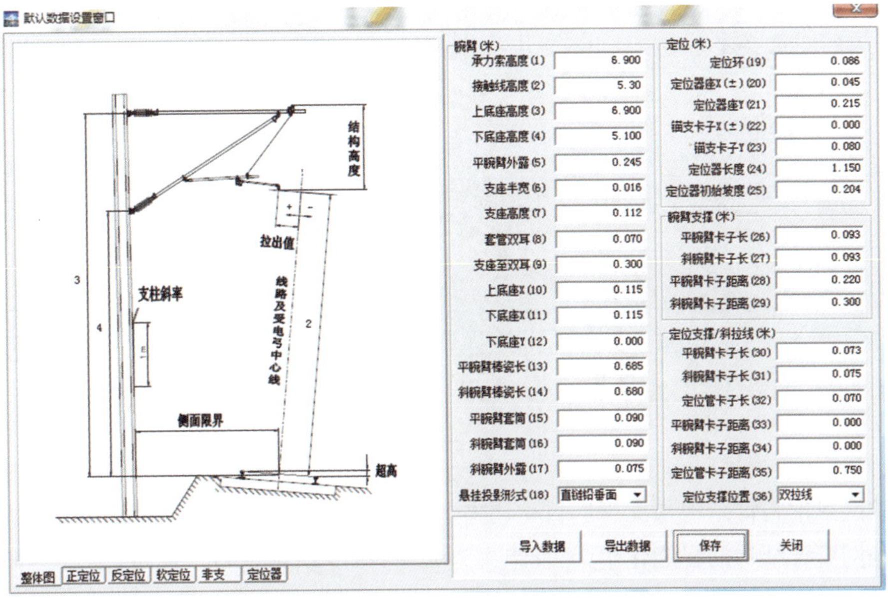

图 3-13 接触网可视化计算平台

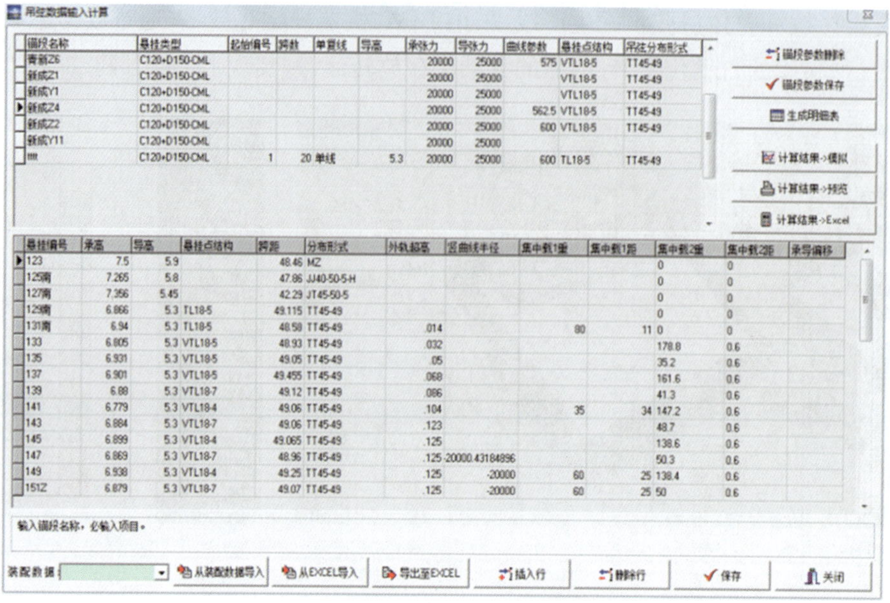

图 3-13　接触网可视化计算平台(续)

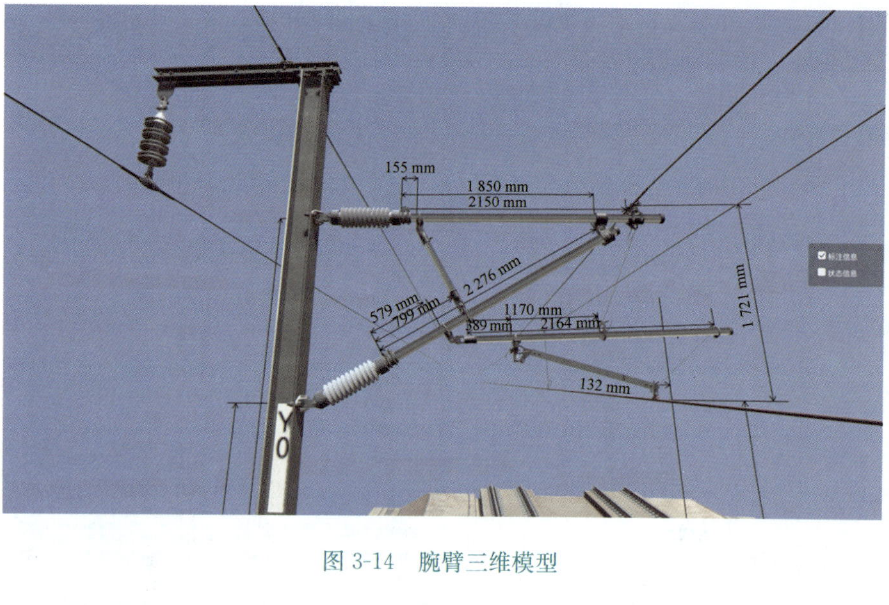

图 3-14　腕臂三维模型

高铁接触网腕臂结构预配工厂自动化生产线应用激光测距、机器视觉、信息化等技术，实现接触网腕臂结构的智能化生产，杜绝人为偏差，减少现场调整工作量，降低现场安装劳动强度，提高预配效率和质量，如图 3-15 所示。基于 BIM 技术的腕臂模型验证信息管理技术，实现腕臂预配数据自动导入 BIM 模型验证准确性，确认后自动发送到生产线进行预配，同步生成二维码，将项目名称、支柱号、型号、腕臂预配数据、零配件厂家信息、预配时间、负责人等装配信息及检测结果上传至云端数据库，与“一杆一档”运维基础数据相匹配，实现腕臂预配信息可追溯，为竣工交付工程数字资产和运营维护提供支撑。

图 3-15　腕臂结构预配工厂自动化生产线

高铁接触网整体吊弦预制工厂自动化生产线，应用计算机信息技术、精密液压技术、电气自动化技术、精密机械传动技术，根据吊弦工艺要求，将铜绞线、心形环、压接管、压接端子等零部件进行组装，通过自动送料、测量定位、断线裁剪、穿套压接、标识，实现预制过程全自动生产，提高了预制精度和工作效率，满足了现场一次安装到位的需求，如图 3-16 所示。吊弦预制生产过程中利用数据平台，标识吊弦安装位置，管理锚段、支柱号、吊弦编号等安装信息，对吊弦生产信息进行分析、决策、控制管理。

定位装置预配包含定位管本体预配、定位管支撑预配、斜拉线预配等，通过自动送料、测量、切割、打孔、定位，精密紧固、铆接或压接、自动标识及包装等，实现预配过程全自动生产，保证了定位装置定位支撑尺寸偏差、紧固力矩值等技术指标符合产品技术要求和验收标准。

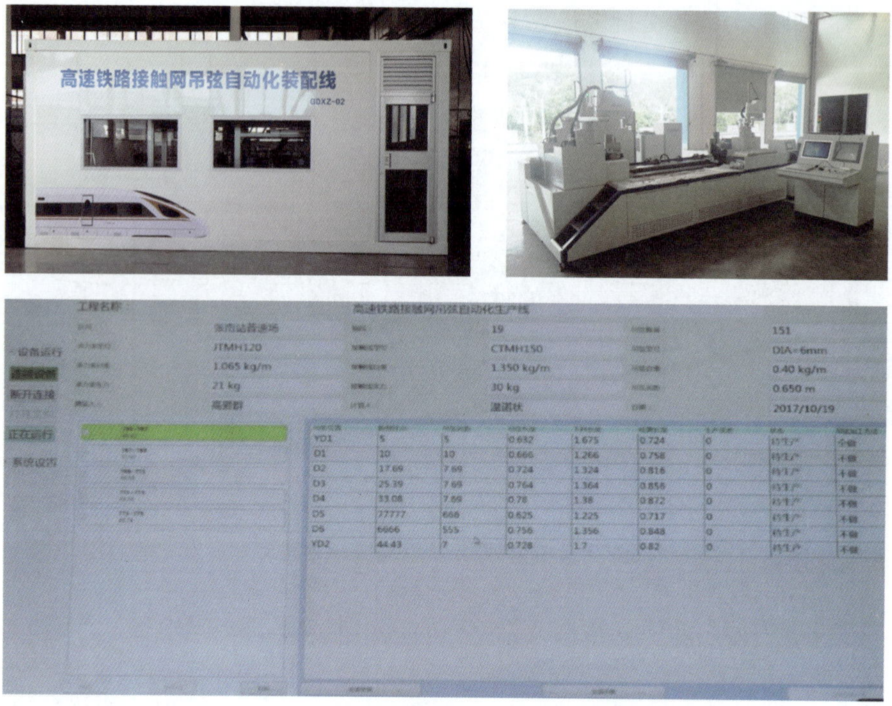

图 3-16　整体吊弦预制工厂自动化生产线

下锚拉线预配平台如图 3-17 所示，下锚拉线预配数据采用专用工具精确测量、专用软件计算，根据计算结果，进行自动测量、自动拉力控制、自动断线、自动弯制、自动绑扎、自动标识等，实现预配过程全自动生产。下锚拉线预配装备长度符合现场安装要求，安装后其支柱受力情况满足验收标准。

图 3-17　下锚拉线预配

母线预配包含硬母线、软母线、接地铜排或扁钢预配等，硬母线和软母线预配平台如图 3-18 和图 3-19 所示。预配数据根据测量数据或建模参数采用专用软件进行计算，根据计算结果，进行自动送料、测量、裁剪、铣角、标识等，实现预配过程全自动生产。母线预配装备长度满足现场安装要求，线夹定位准确，终端压接质量可靠，裁剪断面整齐，具有防散股措施。硬母线及接地铜排或扁钢预配弯制角度、弯曲半径、孔距符合设计文件及验收标准要求。

图 3-18　硬母线预配平台

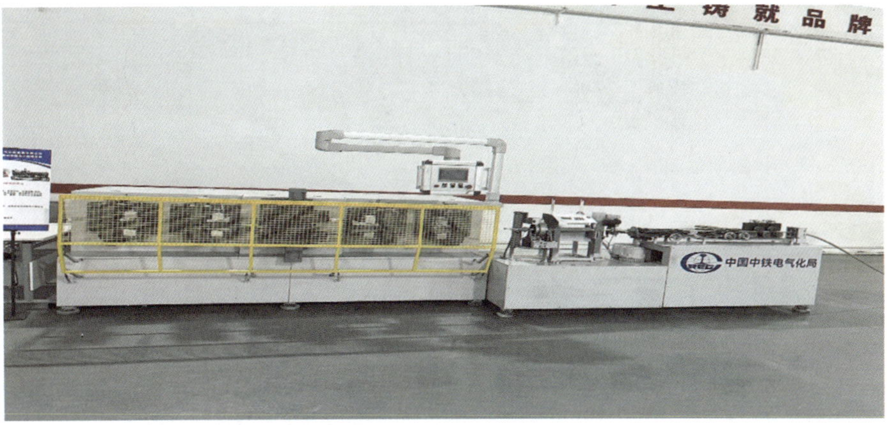

图 3-19　软母线预配平台

弹性吊索工厂化预配采用专用装备，预配长度误差满足安装要求，具有防散股措施。软横跨吊索工厂化预配装备，根据现场测量数据采用软件精确计算，预配断线装置实现断线截面平整，具备防散股功能，回头长度及整体预配长度误差满足安装技术要求。接触线中心锚结绳的线夹压接模具与线索和钳压管相匹配，压接模具可更换，压接形式和压接质量满足验收要求；中心锚结绳长度满足现场安装要求，并具有防散股措施。设备引线预配装备实现人工或机械自动测量，人工辅助机械自动断线，断线截面平整，具有防散股措施，引线长度现场一次安装到位。支柱及设备接地线采用专用工具断线、压接，压接质量可靠，长度满足现场施工需求。

3.2.3 智能安装

根据数据管理平台的指令和现场的接触网预配成品件等物资，按照支柱组立、吊柱安装、腕臂安装、恒张力放线、电缆敷设、隧道壁钻孔、接触网几何参数检测等关键工序进行数字化、自动化施工作业。同时将必要的施工安装数据和装备运行参数及时反馈至数据管理平台，对下一工序的施工条件进行判断和辅助决策。

接触网支柱组立装备，包括自行走车体及底盘，利用工业机器视觉技术实现机械臂精确引导及其控制，高效可靠抓取支柱并精准对位，实现支柱抓取和安装的自动化，实现无线操控、车辆状态监控、位置定位等功能，提高施工精度和效率，如图 3-20 所示。在支柱组立安装过程中同时对基础施工情况进行检测和测量，与数据管理平台进行对接，共享安装数据和测量信息。

图 3-20 接触网支柱组立安装

吊柱安装装备主要包括隧道内自动行走机构，吊柱抓取安装位置定位机构，多关节机械臂、锚栓、自动装调螺母垫片结构，轻量化作业平台及液压电控系统等，如图 3-21 所示。具备自动抓取、自动对位、吊柱防脱落等功能，机械臂可多角度转动，满足吊柱安装位置要求，实现垫片、螺母及调平垫片的自动抓取、放置，并利用磁铁吸附调平垫片，实现智能安装调平，确保隧道接触网吊柱安装质量、提高安装效率。

基于双工业机器视觉引导对位及控制技术的多自由度机械臂接触网腕臂安装装备如图 3-22所示，实现腕臂与支柱预留孔位的高精度对位及自动安装，提高作业流畅性和效率。采用具有限位、保护、急停、自锁等功能的刚-柔多自由度机械臂，实现自动抓取及自动对位、安装等，满足腕臂连续化安装作业需求。

图 3-21　隧道吊柱安装装备

图 3-22　接触网腕臂安装装备

恒张力放线车采用自动控制技术保持恒定张力，具备接触线平直度校正，张力自动检测，架线长度自动测量，数据存储及显示，车辆状态监控、位置定位等功能。储线盘可根据位移传感器信号在垂直钢轨方向水平往复移动，始终保持接触线与张力轮位置对正，如图 3-23 所示。

图 3-23　恒张力放线装置

采用激光视觉和双机械臂协同控制技术的吊弦安装装备如图 3-24 所示，包括车体、升降平台和拧紧工装。对机械臂协同控制，一个机械臂通过激光和视觉相机引导作业的方式依次将吊弦夹装在承力索线与接触线上，另一个机械臂借助安装在末端上的拧紧工装，将螺纹卡子穿进承力索吊环内，并把前一机械臂在预配工装内的紧固螺丝按扭矩标准拧紧。利用激光测量技术进行定位点和安装后的位置复测，准确记录各个吊弦的安装位置、螺栓扭矩等数据。

图 3-24　吊弦安装装备

电缆敷设装备具备车辆状态监控、位置定位、数据显示、故障提示、超速预警等功能，速度可调，操作简单，可实现电缆自动敷设、自动导向出线，满足电缆最小弯曲半径及允许拉力要求，避免对电缆的损伤，符合电缆产品技术要求和验收标准，如图 3-25 所示。

图 3-25　电缆敷设施工装备

隧道壁钻孔装备具备自动控制、自动识别等功能，实现精准定位，可多钻头同步钻孔，并配备吸收粉尘处理装置。钻头自动调整，保持钻孔与隧道壁垂直。钻孔深度及孔径符合设计要求、方便现场安装，如图 3-26 所示。

图 3-26　隧道壁钻孔装备

综合接触网作业车组，提供接触网支持结构和悬挂结构全部工序的作业条件，满足安装质量要求。配备的各工序施工智能化专业工器具，可实现接触网工程安装和检测的流水线作业。配备作业安装数据和检测数据存储装备，可实现数据即时传输与存储，如图 3-27 所示。

图 3-27　综合接触网作业车组

高铁锂电精密拧紧工具，如图 3-28 所示。用于接触网吊弦安装中，由精密拧紧设备、止转工装专用套筒、冬季保温装置及其他附件组成，包括上、下吊弦拧紧两部分。实现了吊弦安装紧固力矩的精准控制，从根本上解决了人为因素带来安装精度不可控的问题。

图 3-28　高铁锂电精密拧紧工具

轻型数显式弹性吊索安装仪，如图 3-29 所示，用于接触网弹性吊索的安装。由铝合金卡块、张力显示仪、调紧螺母以及棘轮扳手组成。可通过数字显示方式实现张力连续性调节控制，调节速度快，省时省力，安装精度可控。

图 3-29　轻型数显式弹性吊索安装仪

吊弦间距安装测量仪，如图 3-30 所示，可满足接触网高空作业时操作人员单手完成吊弦间距测量的轻便仪器，提高了测量速度及吊弦安装效率，节约了人工成本。

图 3-30　吊弦间距安装测量仪

背负式锂电电连接压接设备，如图 3-31 所示，用于电连接高空安装。由液压泵、压接模具、锂电电池以及背具等组成。改变了传统的发电机+液压泵+压接钳的操作方式，具有智能保压、存储数据等功能，确保了压接效果，有效降低操作人员劳动强度。

图 3-31　背负式锂电电连接压接设备

3.2.4　测量与验证

基坑定位、线路放样施工测量采用北斗测量系统、全站仪、激光测量仪等专用工器具，满足复杂线路条件的测量要求，携带方便，操作简单，具备快速测量和自动记录功能，测量精度满足技术要求。匹配数据管理系统，实现测量数据实时存储、上传、导出、访问等功能。

腕臂吊弦定位仪，如图 3-32 所示。由激光光束发射器、刻线直尺及固定装置组成，在施工中准确测量腕臂偏移量和吊弦安装位置，为后续弹性吊索、吊弦等安装提供可靠保证。

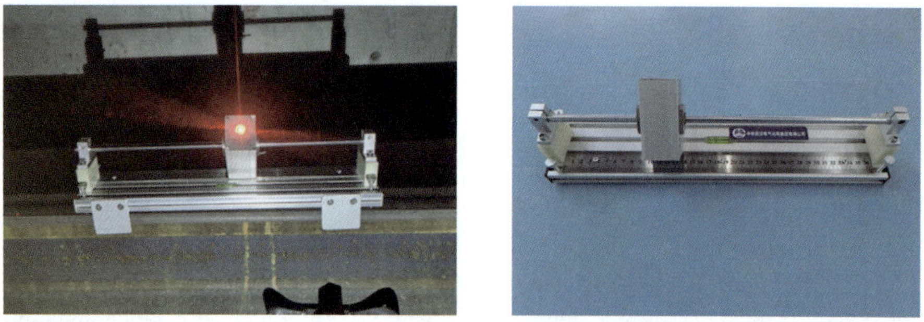

图 3-32　腕臂吊弦定位仪

接触网施工参数一体化测量装置，如图 3-33 所示，基于北斗定位技术，实现长距离、多支柱、多股道连续测量，满足无轨工况下自动计算支柱基坑位置坐标，并进行高精度放样。自动测量接触网腕臂、吊弦预配基础数据，自动计算支柱公里标、侧面限界、跨距等，并支持数据导出功能。

接触网隧道自动测量仪，如图 3-34 所示，能够自动测量隧道高度、吊柱的安装位置，并计算出吊柱安装底板与水平面的夹角，提高测量效率及测量精准度。

便携式接触网悬挂状态巡检智能小车，适用于施工中、预验收阶段的检测，可快速组装拆卸，使用方便灵活，具备推行和电机驱动自走行模式，如图 3-35 所示。能自动连续测量接触线高度、拉出值、双支接触线水平距离和垂直距离，拍摄接触网腕臂和吊弦高精图片，自动识别缺陷。

图 3-33　接触网施工参数一体化测量装置

图 3-34　接触网隧道自动测量仪

图 3-35　便携式接触网悬挂状态巡检智能小车

接触网精调完成后，使用接触网综合检测车进行接触网悬挂状态检测，包括接触悬挂区域高清成像及接触网静态几何参数，如图 3-36 所示。根据高清成像数据，采用图像自动识别等技术，发现安装缺陷，形成接触网状态报告，生成“一杆一档”运维基础数据。

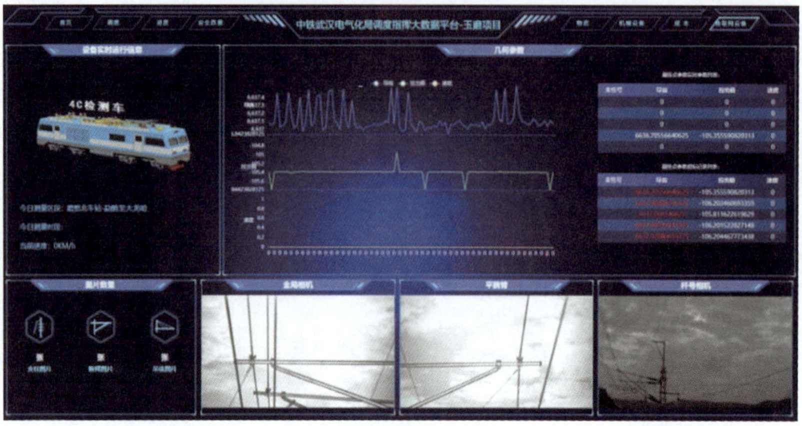

图 3-36　接触网检测参数

3.3　数字化竣工交付

在设计建模的过程中，将设计信息添加到 BIM 模型中，通过信息化的手段，将设备的出厂信息和二维码绑定，通过扫描二维码可调阅设备的厂家、生产批次、出厂编号、型号、材质等基本信息。在设备安装、调试过程中，将有关信息补充到二维码中。对设计期 BIM，经过轻量化处理后，进行数模分离，将 BIM 属性信息与设计信息、出厂信息、入场检验信息、安装信息、验收信息等相结合，按照“一杆一档”运维基础数据的要求进行重新组织，实现基于 BIM 的设计、施工数据集成，完成数字化竣工交付，如图 3-37 所示。

通过工程竣工的数字化移交，将供电系统 BIM 承载的设计、建造过程信息无缝转移到运维阶段，完成建造 BIM 向运维 BIM 的转化，融合运维阶段的各类检测和维修信息后，实现了运维期基于 BIM 的数字化管理，为供电设备的全生命周期管理奠定了基础。

供电数字化竣工交付系统，将 BIM 模型与供电设备信息台账相互融合，支持多种类型一杆一档、一台一档文件的上传，实现建造运维两个阶段一杆一档、一台一档信息的兼容，具备支柱信息快速查找定位、台账信息可视化调取查看、整锚段调取设备安装生产参数等功能，使用方便，如图 3-38 所示。

隐蔽工程数字化交付系统，将隐蔽工程记录植入平台 BIM 模型中，在平台中查看模型与记录资料，开发地形隐藏功能，便于人员查看线缆敷设情况及隐蔽工程三维模型，实现 BIM 模型与隐蔽工程的数字化竣工资料移交，如图 3-39 所示。

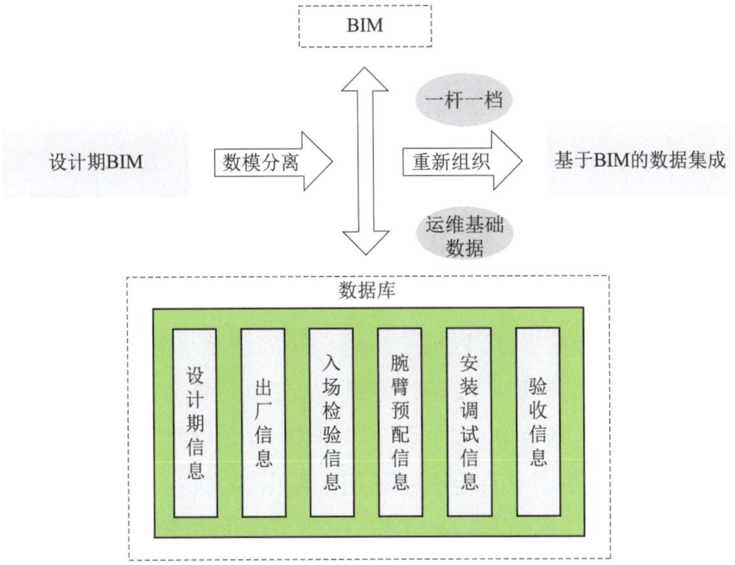

图 3-37　数字化竣工交付

图 3-38　供电数字化竣工交付系统

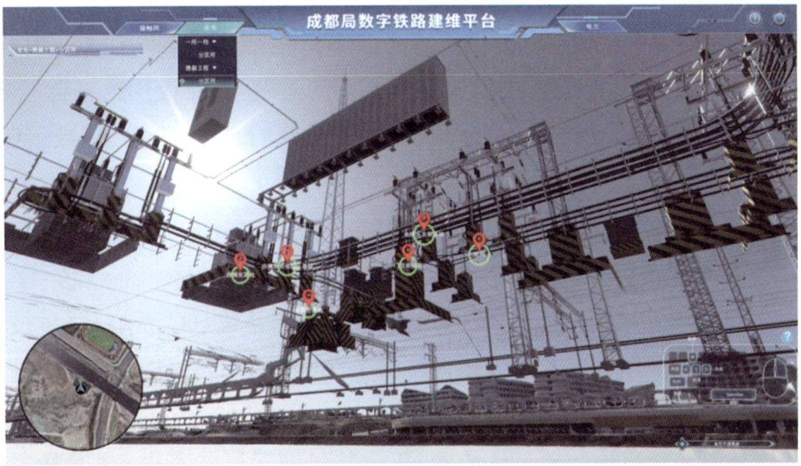

图 3-39　隐蔽工程数字化交付系统

第4章 运维数字化

随着我国铁路电气化营业里程,特别是高速铁路的快速增长,供电设备体量不断增加,供电量成倍增长,铁路运输的依赖程度越来越高,加之运行场景丰富复杂、受运行环境影响因素增多,设备运维难度、运维效率、安全压力与日俱增,必须充分利用科技手段满足运维需求,数字化是必由之路。铁路供电专业积极利用大数据、物联网、人工智能等数字化手段,精准掌握设备变化状态,精确开展运行维护工作,构建了供电安全检测监测系统、智能牵引变电所、智能供电调度系统、智能运维综合应用等系统,把设计、建造、运维数据贯通起来,实现了数据的交互、共享和循环利用,充分盘活了数据资产,深化了数据资产管理与分析,初步构建了“数字赋能、智慧运维”发展新格局。

4.1 供电安全检测监测系统

供电专业建成了规模最庞大、检测项点最丰富、智能化水平最高的供电检测监测系统(6C系统),实现了对电气化铁路供电设备进行全方位、全覆盖的综合检测监测,每年检测线路上千万公里,及时发现供电设备零部件松、脱、卡、磨、断等各种缺陷,减少了供电故障的发生,保障了运输的畅通,为运维管理提供了有力支撑。建成了6C系统数据中心,有效解决了数据格式不统一、数据归集不方便、数据共享困难等难题,广泛应用数据智能分析算法,深度挖掘数据价值,提升了精准分析、安全预警、趋势研判的水平,为构建“数字赋能、智慧运维”新格局奠定了良好基础。

4.1.1 检测监测装置

2012年,铁道部发布了《高速铁路供电安全检测监测系统(6C系统)总体技术规范》(铁运〔2012〕136号)。2014年,6C系统各装置技术条件发布。6C系统包括对接触网状态参数及弓网受流参数进行检测的“弓网综合检测装置(1C装置)”、对接触网运行环境和外部环境进行检测的“接触网安全巡检装置(2C装置)”、对接触网运行状态进行监测的“车载接触网运行状态检测装置(3C装置)”、对接触悬挂及零部件状态进行检测的“接触网悬挂状态检测监测装置(4C装置)”、对受电弓滑板状态进行监测的“受电弓滑板状态监测装置(5C装置)”、对接触网特定位置振动特性、线索温度、补偿位移、绝缘状态等接触网技术状态进行监测的“接触网地面监测装置(6C 装置)”[12]。2024 年,在总结高速铁路供电检测监测工作发展十多年历程的基础上,国家铁路局发布了《电气化铁路供电安全检测监测系统技术要求》,国铁集团发布了《电气化铁路供电安全检测监测系统高速弓网综合检测装置(高速 1C)》等九项技术标准,铁路供电检测监测系统在高速、普速全面推广,掀开了检测监测技术发展的新篇章。

1C 装置包括高速弓网综合检测装置和普速弓网综合检测装置。高速 1C 装置是安装在高速综合检测列车上的固定检测设备,随着综合检测列车的运行,测量接触网几何状态参数及弓网受流参数;普速 1C 装置是安装在接触网检测车、检修作业车或其他专用轨道车辆上的固定检测设备,测量参数与高速 1C 装置基本相同。1C 装置主要用于新建线路联调联试、运营线路周期性检测、三级修大修后的检测验收,检测数据用于评价接触网状态、指导接触网的运行维修。1C 装置如图 4-1 所示。

(a) 装有1C装置的高速综合检测车　　(b) 车顶设备

图 4-1　1C 装置

接触网几何参数检测通常采用立体视觉测量方法,由车顶视觉测量模块、车内系统控制模块以及车底运动补偿模块三部分组成。检测时,通过摄像机获取的测量对象像素坐标,结合事先在测量范围内均匀分布的标定点信息,基于三角测量原理计算得出相对于车顶坐标系的接触线高度和拉出值。同时也可进行车体振动位移补偿信号的处理,与车顶检测结果叠加,完成接触网静态几何参数的测量。弓网动态作用参数检测设备主要由检测受电弓、压力传感器、加速度传感器、紫外光传感器、高压侧数据采集处理单元、光信号传输装置、供电隔离变压器、低压侧信号处理单元等组件以及软件采集系统组成。通过对弓网接触力、硬点、燃弧等检测数据进行数字滤波,并根据各检测参数的测量模型进行计算处理得到弓网动态作用参数。1C 装置检测波形数据如图 4-2 所示。

2C 装置是临时安装在运营动车组、电力机车或其他轨道车辆司机室内的便携式检测设备,用于巡视检查接触网的技术状态,指导接触网的维修,如图 4-3 所示。利用图像采集设备和机器视觉技术,由高清成像相机、光源、GPS 模块、人机交互设备等采集并定位视频图像,拍摄接触网设施及相关周边环境,自动识别和判断接触网设备有无明显松脱、断裂、卡磨等异常情况,以及外部环境中有无危及接触网运行安全的危树、鸟窝等情况,图 4-4 为 2C 装置检测数据。

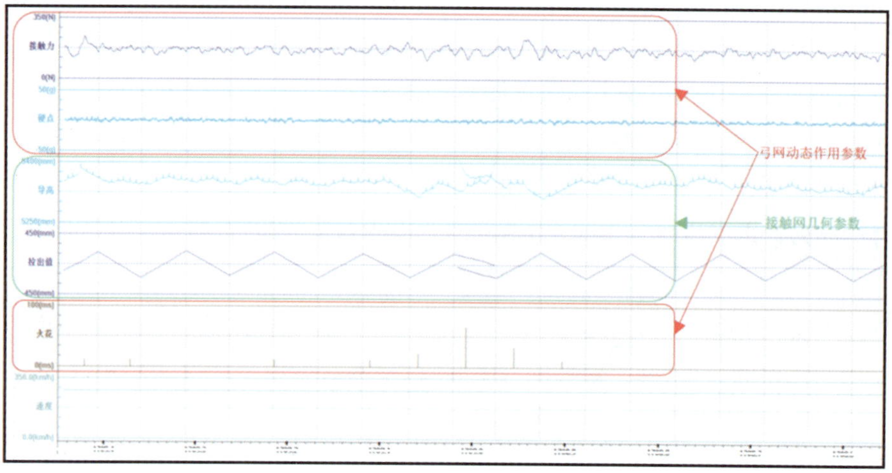

图 4-2　1C 装置检测波形数据

图 4-3　2C 装置

图 4-4　2C 装置检测数据

3C 装置安装在运营动车组或电力机车上，随着车辆的运行对接触网状态进行全覆盖、全天候的动态检测监测，实时分析处理燃弧、接触网温度、接触网动态几何参数等检测数据，自动识别燃弧异常、接触网温度异常、几何参数超限等缺陷，并实时无线发送报警数据。3C 装置的视频功能可替代动车组受电弓视频监控装置，满足机械师的共享共用。3C 装置车顶设备如图 4-5 所示，3C 装置检测数据如图 4-6 所示。

（a）装有3C装置的动车组列车　　（b）车顶设备

图 4-5　3C 装置

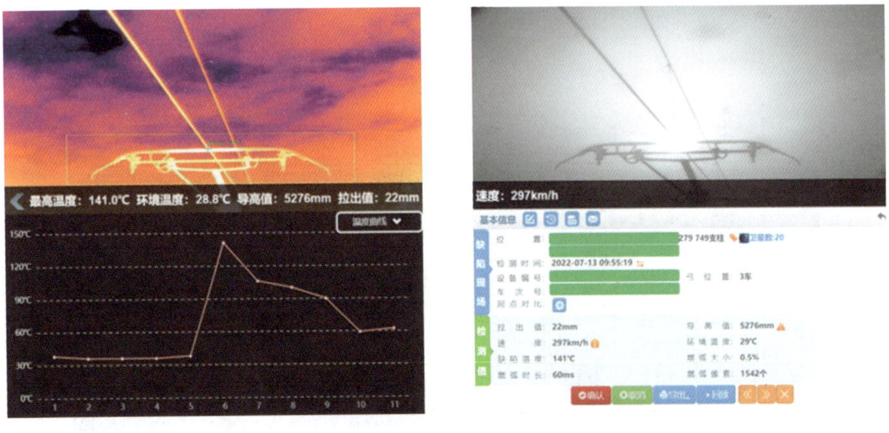

图 4-6　3C 装置检测数据

4C 装置安装在接触网检测车、作业车或其他专用轨道车上，包括高清成像检测模块及几何参数测量模块，如图 4-7 所示。高清成像检测模块采用激光摄像、动态拍摄、图像处理等技术，在行驶过程中自动识别支持装置位置，确定成像设备定点拍摄时机，使其拍摄的图像能够有效呈现接触悬挂、支持装置、附加悬挂、吊柱座等区域的零部件状态。利用图像智能识别技术，针对性地开展接触网零部件缺陷样本训练及参数优化，实现接触网零部件状态自动分析。几何参数测量模块综合运用机器视觉及数字图像处理技术，对拉出值、接触线高度、接触线间距、定位器坡度等接触网几何参数进行检测。同时引入车体姿态补偿设备，修正由车体振动导致的几何参数测量偏差。4C 装置检测数据如图 4-8 所示。

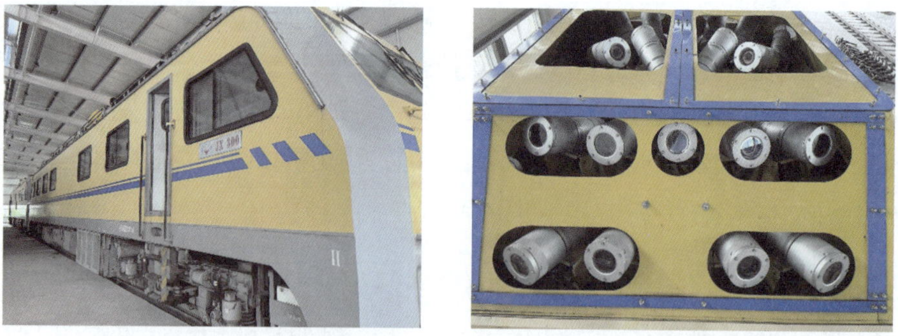

（a）装有4C装置的高铁接触网检测车

（b）车顶采集装置相机

图 4-7　4C 装置

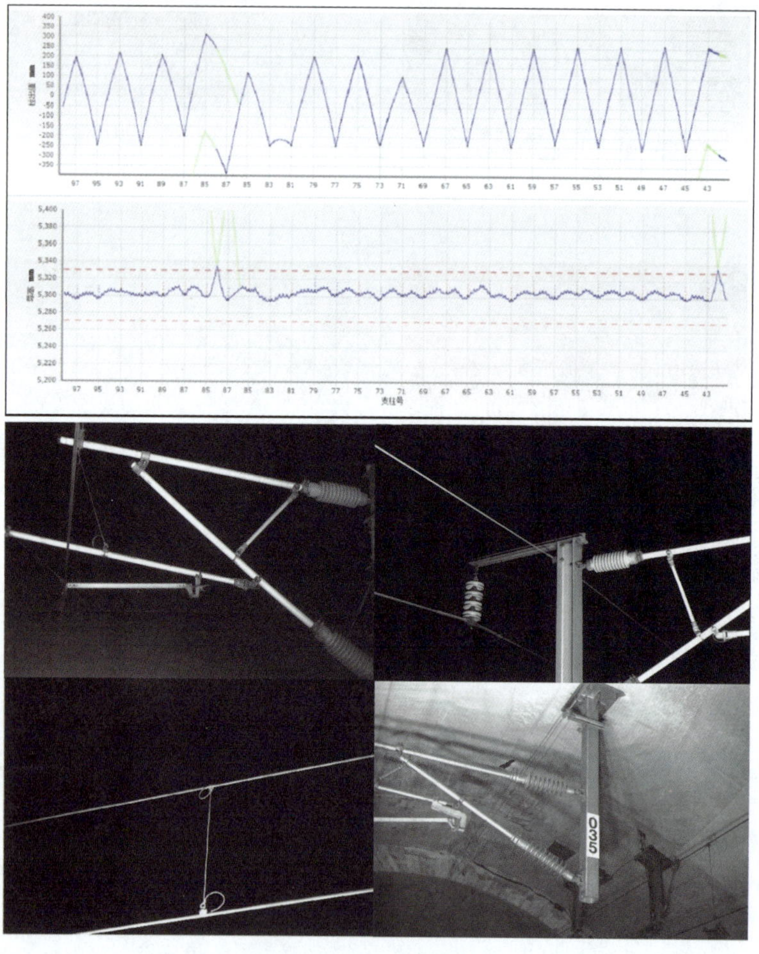

图 4-8　4C 装置检测数据

5C 装置安装在电气化铁路的设备管理分界、动车组（电力机车）出入库区域、车站、联络线等处所，采用图像采集设备对受电弓滑板、弓角进行状态监测，自动识别车号，分析处理受电弓滑板损坏、断裂和异物等异常情况，缩小故障查找范围。与机辆系统实现数据共享，方便了弓网间联劳协作。5C装置如图4-9所示，检测数据如图4-10所示。

图4-9　5C装置

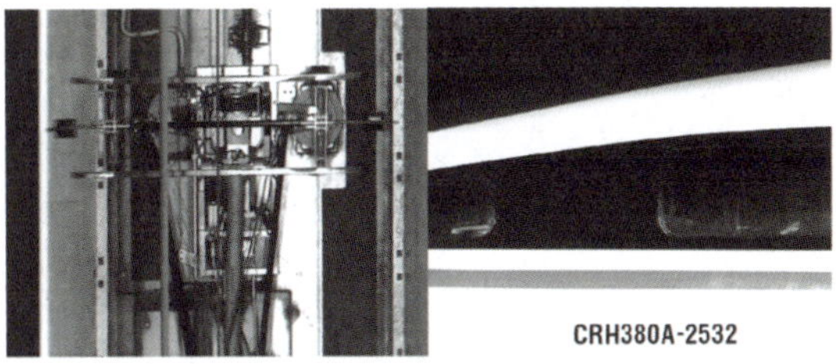

图4-10　5C装置检测数据

6C装置安装在特定位置，用于监测接触网张力、振动、抬升量、线索温度、补偿位移，以及供电设备的绝缘状态、电缆头温度等参数，实时在线监测、超限报警。6C装置如图4-11所示，检测系统架构示意如图4-12所示。

图4-11　6C装置

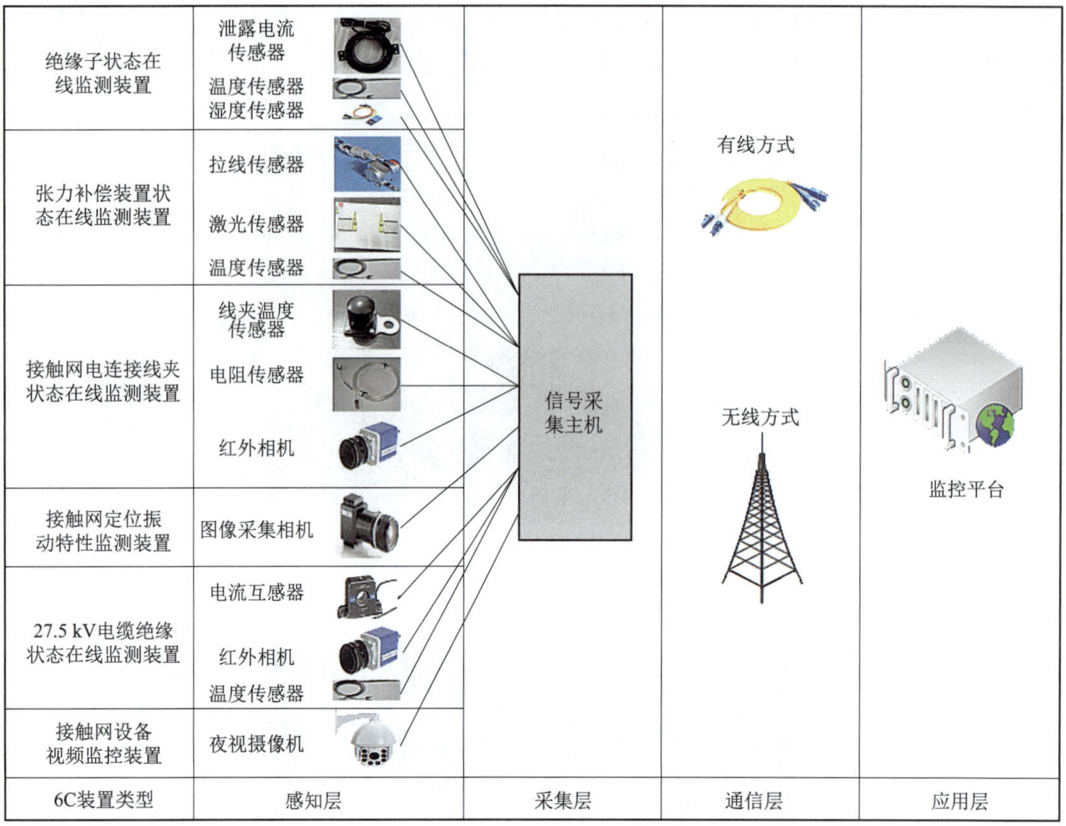

图 4-12　6C 装置检测系统架构示意

4.1.2　大数据应用

(1)6C 信息综合处理系统

随着 6C 系统广泛运用，大量分散的、独立的检测监测数据亟须进行数据集中、信息共享，利用数字化、可视化技术手段，建成 6C 信息综合处理系统，归集全路 6C 缺陷、原始检测数据、维修作业等信息，实现数据的集中管理、智能化应用，指导供电设备的运行维修。

6C 信息综合处理系统采用国铁集团、铁路局和供电段三级架构，如图 4-13 所示。

段级 6C 信息综合处理系统部署在供电段，有关科室、车间、工区设置终端，开展检测监测数据上传和分析应用工作，指导日常生产维修。主要功能包括：检测计划管理、数据接收及预处理、缺陷管理、数据展示、统计查询、数据转发等。

局级 6C 信息综合处理系统部署在铁路局，用于归集管理全局的检测监测数据，监督设备运用状态及检测计划执行情况。主要功能包括：数据接收与转发、数据展示、统计查询、综合分析等。

国铁集团级 6C 信息综合处理系统部署在武清主数据中心，归集管理全路检测监测数据，

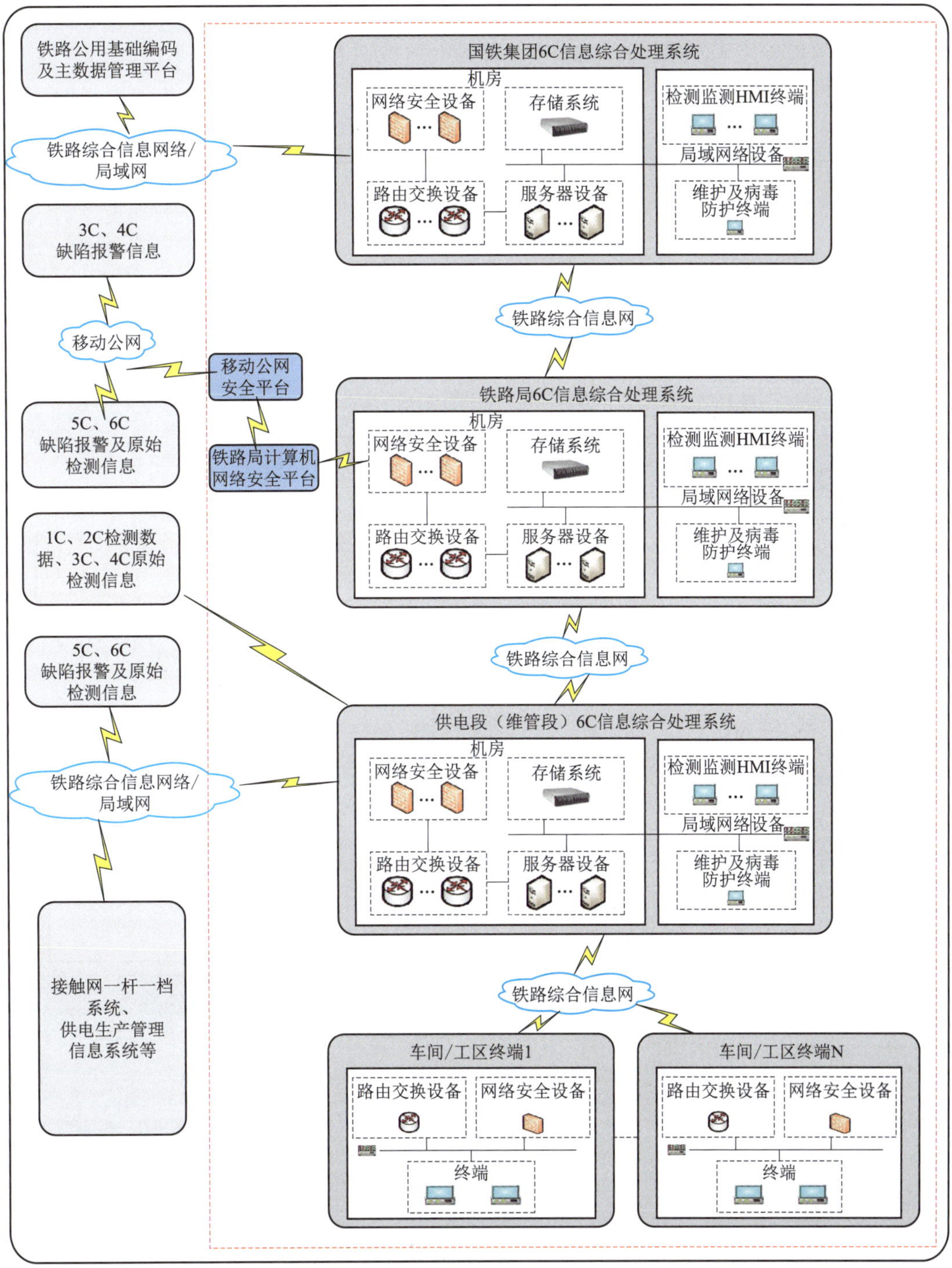

图 4-13　6C 信息综合处理系统架构

开展数据自动化治理和大数据分析运用，为设备运行维修提供决策支持。主要功能包括：数据接收与发布、数据展示、统计查询、综合分析、缺陷预警、设备状态评价、趋势分析等。

供电段 6C 信息综合处理系统采集 6C 各装置数据，通过应用接口实现数值、视频、图像等多源数据的规范接入，将缺陷数据和重要原始数据发送到铁路局、国铁集团 6C 信息综合处理系统，信息处理流程如图 4-14 所示。

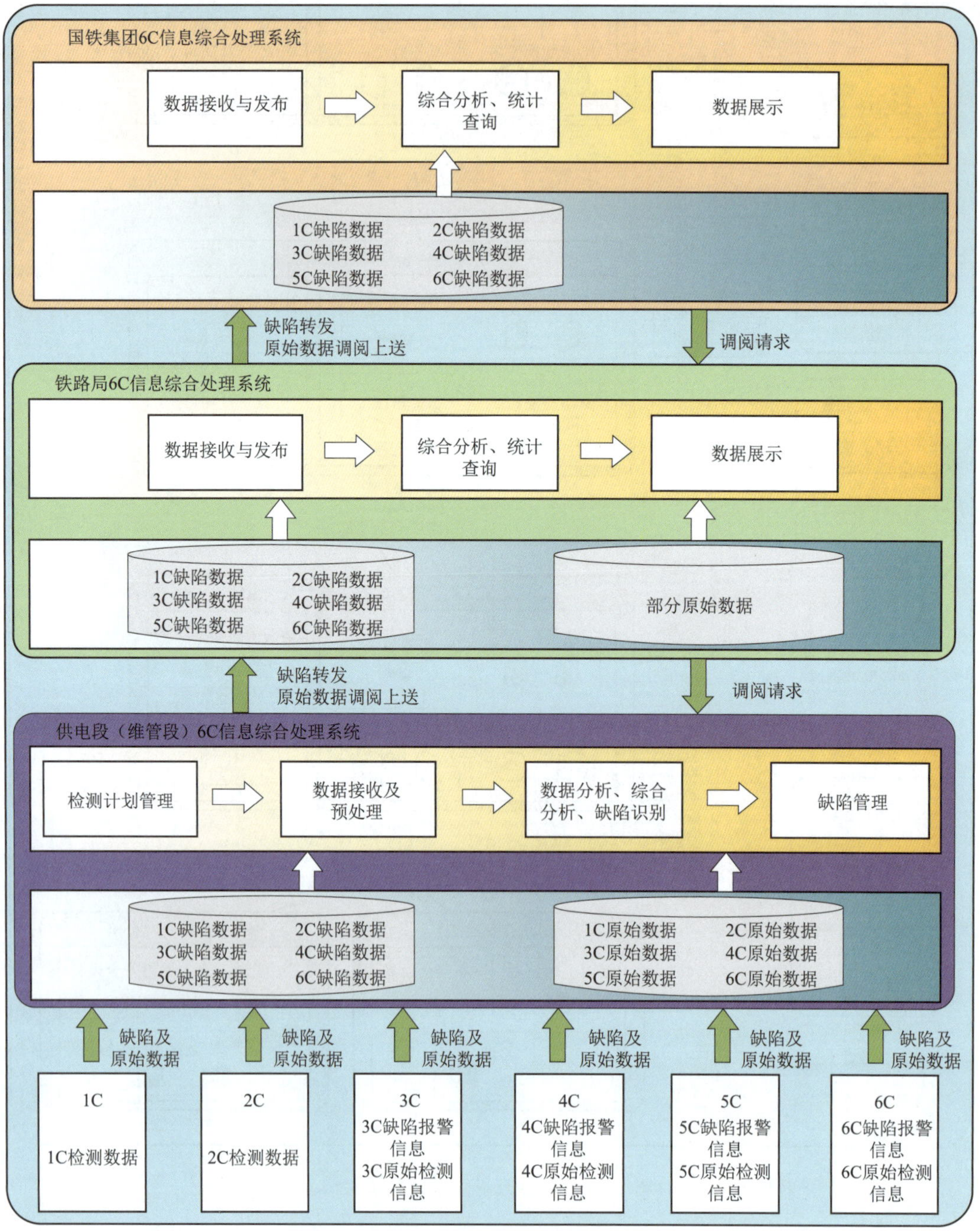

图 4-14　6C 信息综合处理系统信息处理流程

6C 信息综合处理系统实现了 6C 各装置海量检测监测数据的归集、存储、治理和融合分析，对设备质量和运行状态进行客观、准确的评价，可为设备维修、更新改造、大修提供科学依据，提高维护的精准性，增强维护的预见性和针对性，6C 数据中心如图 4-15 所示，通过数据接口将检测分析结果自动推送至供电生产信息管理系统，支撑运维生产作业，提高运维效率。

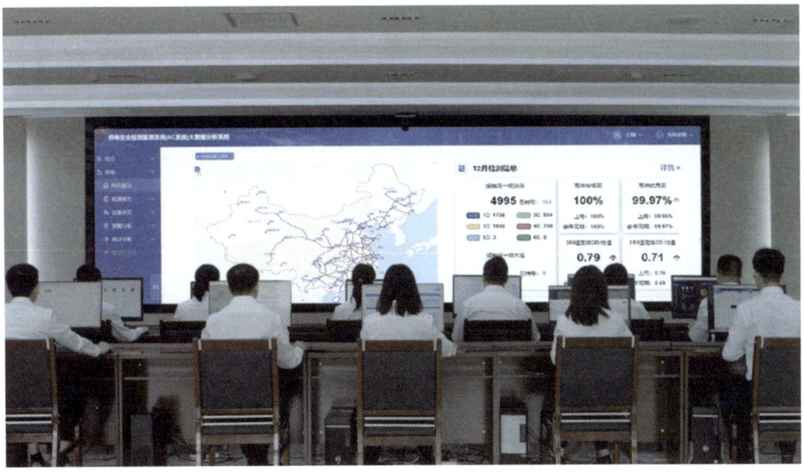

图 4-15　6C 数据中心

利用 6C 信息综合处理系统掌握供电设备检测监测数据分布特征，并以多种方式进行信息统计分析及可视化展示，以方便各层级的管理决策，如图 4-16 所示。

图 4-16　检测监测数据统计分析

基于 6C 信息综合处理系统的海量历史数据，可对设备状态进行长周期分析，跟踪设备状态变化趋势，制定维修策略，提升维修的精准性和针对性。如图 4-17 所示为某高铁线路缺陷分布情况，深色区域缺陷较多，接触网质量相对较差，浅色区域缺陷较少，接触网质量优良。如图 4-18 所示为某高铁线路接触网动态性能指数(catenary-pantograph dynamic index, CDI)分布情况,深色区域 CDI 均值较低,表明接触网动态性能良好,浅色区域 CDI 均值较高,表明接触网动态性能较差。

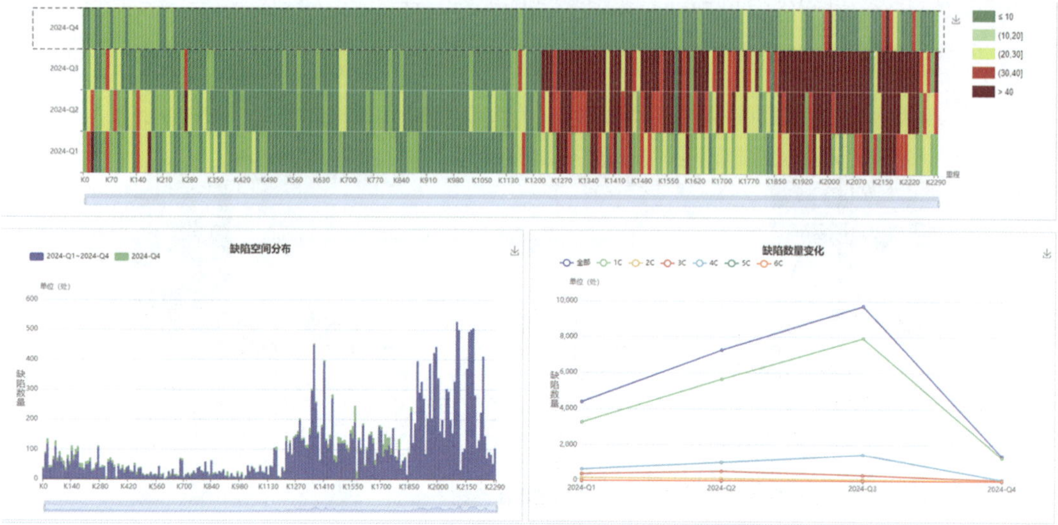

图 4-17　某高铁缺陷分布

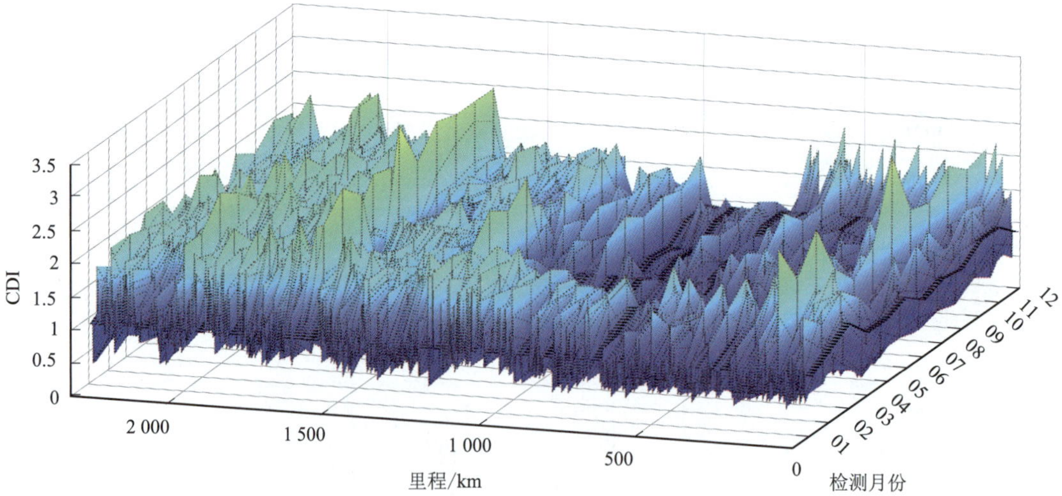

图 4-18　某高铁 CDI 分布

通过对 4C 检测缺陷数据进行大数据词云统计分析,能清晰直观地展示主要缺陷的类型、名称、位置等特征。如图 4-19 所示为某月某线缺陷。

(2)数据智能分析算法

以采集到的不同来源、不同类型的检测数据为基底,利用特征建模、机器学习等数据挖掘技术，获取其中隐含的有用信息、变化信息，通过这些信息来表征和描述设备状态的变化情况，与技术标准进行比对，对可能出现的设备故障及时做出预测预警，如图 4-20 所示。

图 4-19　缺陷大数据词云统计分析

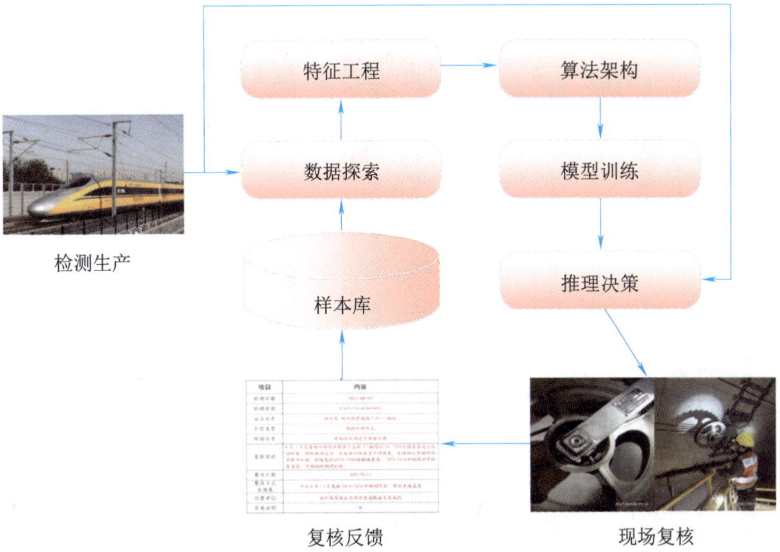

图 4-20　基于数据的故障预测预警

中心锚结及补偿装置状态异常可导致线索松弛，侵入受电弓动态包络线，在运行条件下可能引发弓网故障，造成接触网、受电弓损坏损毁，严重影响列车运行。中心锚结及补偿装置状态异常预警算法，以接触线高度和弓网接触力检测参数为基础，分析和提炼设备异常状态对应的数据特征，构造特征向量，利用机器学习算法训练分类模型，并由此实现对中心锚结和补偿装置异常状态预警。预警算法构建和运用流程如图 4-21 所示。

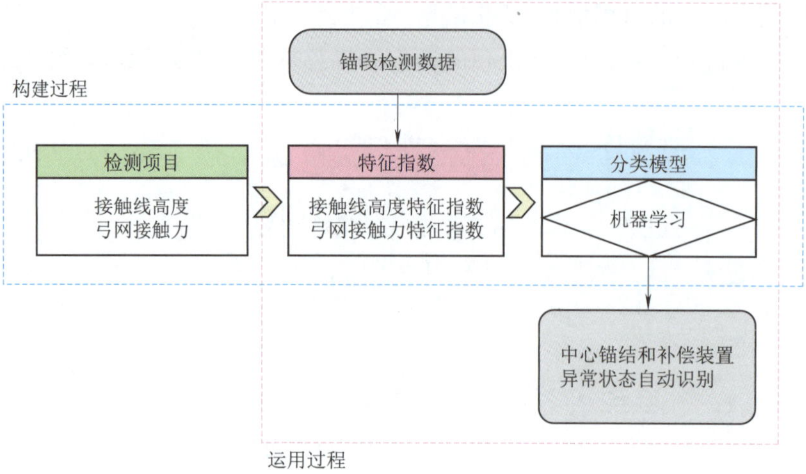

图 4-21　预警算法构建

2022 年 1 月起，利用预警算法对全路高铁接触网中心锚结及补偿装置状态异常开展预警，现场复核准确率 90%以上，有效发现了设备安全隐患，避免弓网故障发生。典型设备异常如图 4-22 所示。

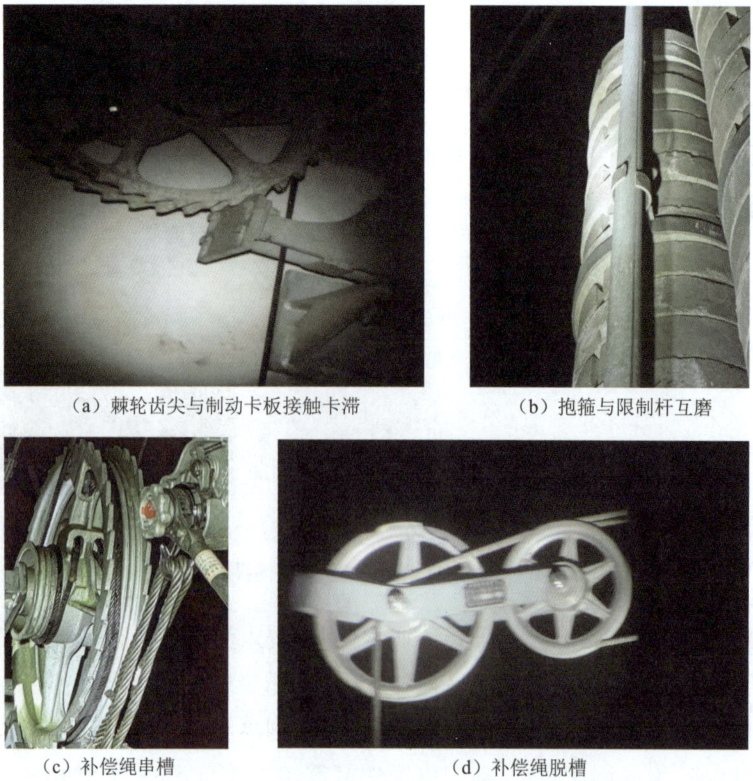

(a) 棘轮齿尖与制动卡板接触卡滞　(b) 抱箍与限制杆互磨

(c) 补偿绳串槽　(d) 补偿绳脱槽

图 4-22　中锚及补偿装置异常典型问题

定位器脱落、支柱倾斜、紧固设备松动、零部件偏移等问题会导致接触网几何参数变化，易侵入受电弓动态包络线，造成钻弓、打弓等故障。定位点接触线异常移位预警算法通过提取接触网几何参数变化特征，及时发现接触线位置的微小变化，在定位器、支柱等相关设备出现劣化迹象时进行预警。算法构建流程如图 4-23 所示。

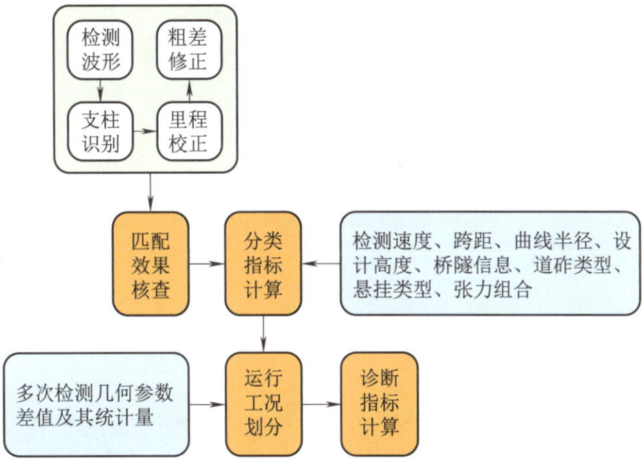

图 4-23　算法构建流程

2024 年起，利用预警算法对定位点接触线异常移位进行预警，发现了由冻害导致的支柱倾斜、温度变化引起的定位器偏移、振动引起的套管滑移等典型问题，提前发现安全隐患。典型设备异常如图 4-24 所示。

（a）支柱倾斜　　（b）定位器偏移

图 4-24　接触线异常移位典型问题

当定位器受水平方向的拉力较小时，可能导致定位钩与定位支座之间、定位器销钉与 U 型销之间异常磨损，严重时会造成定位器脱落，引发弓网故障。定位器受力状态异常预警算法利用拉出值检测数据特征，建立定位器受力状态与拉出值的关联关系，实现定位器受力状态异常自动识别，提前预警，服务接触网设备运行维修。识别算法计算流程如图 4-25 所示。

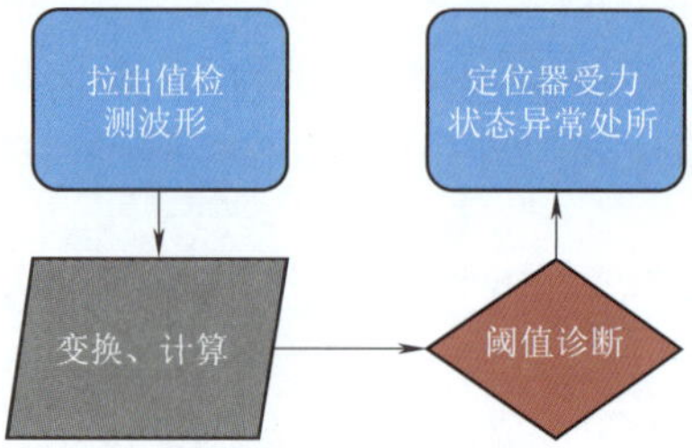

图 4-25 定位器受力状态异常识别算法流程

在日常检测、高铁接触网三级修修前鉴定中识别出定位器受力异常处所，对典型处所进行复核确认，发现定位器受力不良，定位部件普遍存在异常磨损情况。在新线联调联试中发现存在疑似受力状态异常位置并及时整治，有效规避了开通运行后可能出现的定位部件异常磨损问题。典型设备异常如图 4-26 所示。

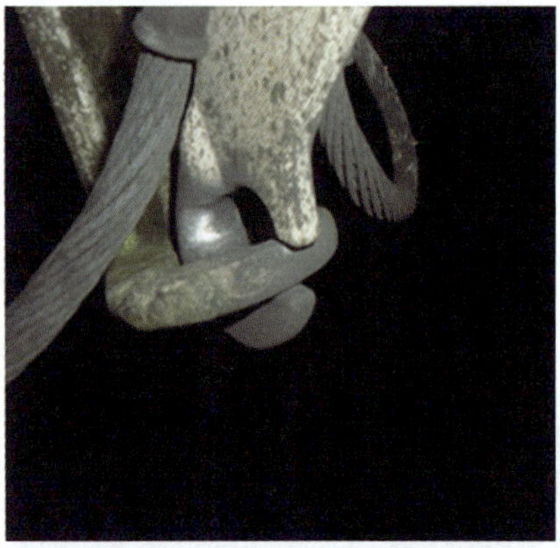

（a）定位钩与支座磨损

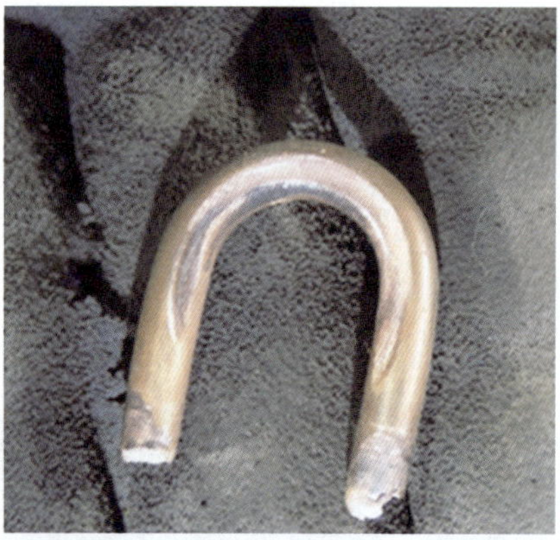

（b）U形销轻微磨损

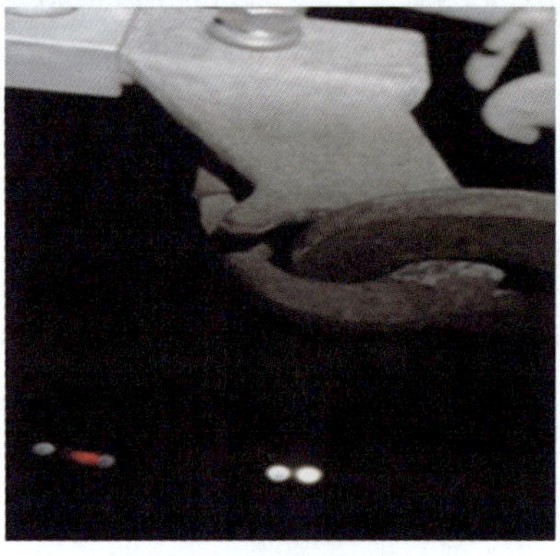

（c）定位钩磨损

（d）定位销钉与U形销磨损

图 4-26 定位器受力异常典型问题

4.2 智能牵引变电所

牵引变电所是电气化铁路牵引供电系统的重要基础设施。随着大数据、物联网、人工智能等技术的快速发展，智能牵引变电所应运而生。智能牵引变电所采用可靠、经济、集成、节能、环保的设备与设计，以全所信息数字化、通信平台网络化、信息共享标准化、高压设备智能化和运行状态可视化为基本要求，能够支持变电设备实时在线分析和控制决策，进而提高牵引供电系统运行可靠性及经济性。

智能牵引变电所由智能高压设备、广域保护测控系统、辅助监控系统及其他设施设备或系统组成，各组成部分及层级架构如图 4-27 所示。智能高压设备由高压设备本体、集成于高压设备本体的传感器和智能组件组成；广域保护测控系统由监控主机、远动管理机、保护测控装置、故障测距装置、网络报文记录及分析装置、时间同步系统及层间通信设备等设备组成；辅助监控系统由综合应用服务器、值班员终端、动环测控管理子站、视频管理子站、通信网关机等设备组成；其他设施主要包括交直流系统、计量装置等。

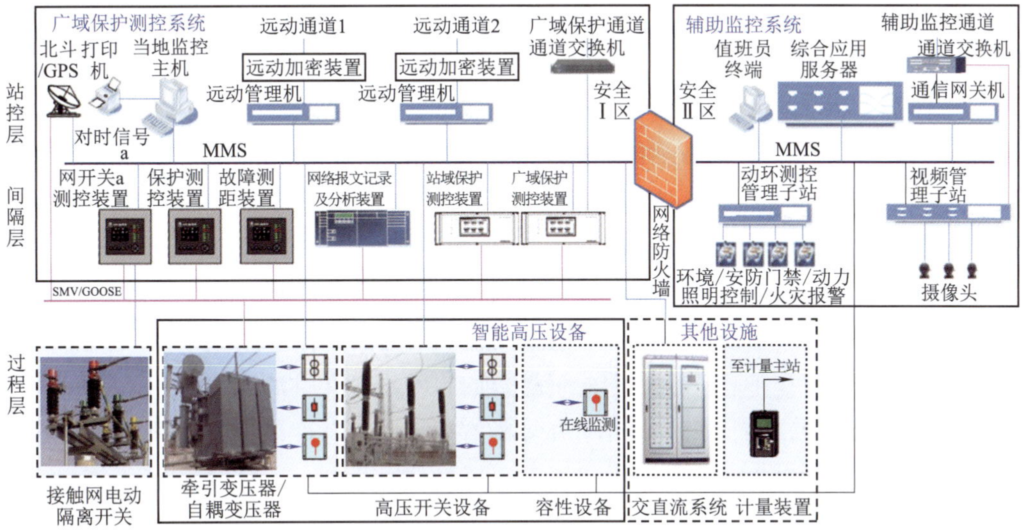

图 4-27 智能牵引变电所组成及层级架构示意

智能牵引变电所的通信网络和系统按逻辑功能划分为过程层、间隔层和站控层，过程层设备主要包括牵引变压器/自耦变压器、高压开关设备、容性设备（互感器、避雷器）等，实现电测量信息和设备状态信息的实时采集和传送，接收并执行各种操作与控制指令；间隔层设备主要包括就地保护测控装置、站域保护测控装置、广域保护测控装置、故障测距装置、网上开关测控装置等，实现保护、测量、控制、监测等功能；站控层设备主要包括当地监控主机、远动管理机、时钟同步系统等，实现面向全站设备的监视、控制、告警及信息交互功能，完成数据采集、数据处理、状态监视、设备控制、信息远传和运行管理等功能。

4.2.1 智能高压设备

智能高压设备主要包括智能牵引变压器和智能高压开关设备，具备数字测量、网络控制、状态评估、信息互动等智能化功能。

(1)智能牵引变压器

除传统的电力变换功能外，智能牵引变压器还集成了先进的监测、控制和自我诊断技术，以提高系统的效率、可靠性和安全性，如图4-28所示。内置传感器网络配备了温度、湿度、油色谱分析等一系列高精度传感器，用于监测油温和绕组温度、油位、压力、局部放电量等关键指标，实时反映变压器的健康状况；在线监测与诊断系统通过集成的监测设备，能够持续收集运行数据，利用嵌入式处理器或远程数据中心的大数据分析技术，实现故障早期预警和健康状态评估；通过以太网端口支持高速数据传输，通过内部网络实时查看设备状态，进行远程数据分析、专家咨询和故障排查，极大地提高了维护效率和便捷性；智能控制与保护算法根据实时负荷变化自动调节冷却系统的工作状态，优化散热效果；同时具备过载、短路等异常情况的自动保护功能，防止损害扩大。

图4-28 智能牵引变压器

相较于传统牵引变压器，智能牵引变压器通过实时监测和预警机制、智能控制与保护算法，在提高运行效率、增强设备可靠性、简化运维流程等方面具有显著的优势。近年来，我国已开展多项智能牵引变压器及相关系统的试点项目，特别是在京沪、京张、杭深高铁等标志性高铁工程中的应用，验证了智能牵引变压器的有效性和可行性，积累了丰富的实践经验，促进了技术的迭代和完善。

(2)智能高压开关设备

智能高压开关设备是确保铁路牵引供电系统安全、稳定运行的关键设施，通过智能化的设计和功能，大大增强了系统的控制性能和反应速度。智能高压开关设备主要包括断路器、接地开关、避雷器等。

断路器通过集成电子控制器，实现对断路器开合状态、电流、电压等参数的实时监测和记录，并上传数据采集与监视控制(SCADA)系统。

接地开关通过配置开关状态监测系统，对接触状态、接触电阻进行采集，实时显示接地开关的位置和状态；通过配置温度传感器，监控开关本体及连接部件的温度，防止因过热导致的性能退化或安全隐患。

避雷器通过配备在线监测装置，测量避雷器的泄漏电流及其谐波、阻性电流、容性电流、电压分布等参数指标，持续监控避雷器的工作状态和性能衰减情况。部分在线监测设备现场配置情况如图 4-29 所示。

图 4-29　在线监测设备现场配置情况

智能高压开关设备通过配备各式传感器，实时监测设备的运行状态，并支持数据上传SCADA 系统，实现数据记录与分析，为故障追溯、性能评估和设备优化提供依据。

4.2.2　广域保护测控系统

广域保护测控系统是以牵引变电所供电范围为单元，将各供电设施的二次设备经过功能的组合和网络通信，实现对牵引供电设施主要设备自动监视、测量、控制、保护以及与供电调度系统通信等综合性自动化功能的系统。广域保护测控系统提出由就地保护、站域保护和广域保护构成的层次化保护体系，解决了既有保护存在盲区和上下行线路无选择性等问题，实现了供电范围内故障的有选择性快速切除，系统架构如图 4-30 所示。

广域保护测控系统作为一种高度集成的自动化系统，由监控主机、远动管理机、保护测控装置、故障测距装置、网络报文记录及分析装置、时间同步系统及层间通信设备组成。

监控主机作为整个系统的核心组件，承担着至关重要的职责，对广域保护测控系统的正常运转起着决定性作用，其从各个分散的监测点收集实时的电气参数和其他相关数据，借助先进的数据分析技术和算法，评估系统的健康状况，预测潜在的风险点，为决策提供科学依据；通过与供电调度系统、信息系统之间信息交互，将内部的监测数据和分析结果上报至上级调度中心，并接收来自调度系统的指令，实现多层级协同作业；通过实施严格的身份验证、加密通信和入侵检测机制，确保数据完整性和系统安全；配备了用户图形化界面，显示详细的系统状态图、历史数据曲线、报警列表等内容，运维人员能够快速定位问题，执行必要的操作，提升工作效率。

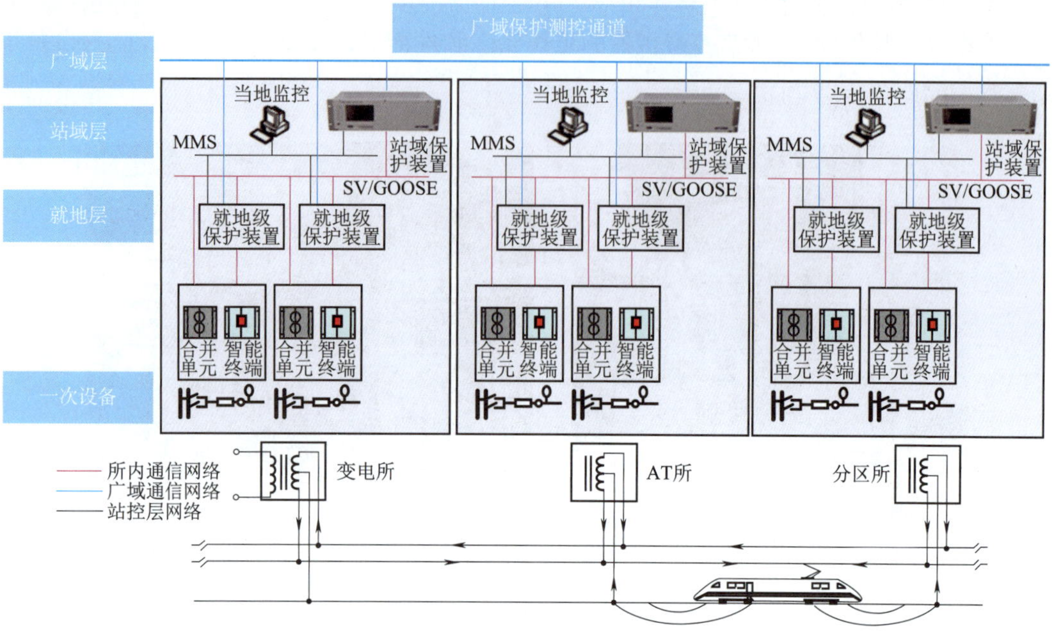

图 4-30　广域保护测控系统示意

相较于传统的故障测距计算方法，智能牵引变电所故障测距装置通过先进的信号处理和数据分析算法，能够准确区分真实故障与暂时扰动，大幅降低误判概率，提高故障识别的准确性。同时，故障测距装置能够在系统发生故障时，快速确定故障的具体位置，减少故障查找时间，实现快速抢修，缩短故障延时，降低故障对列车运行的影响程度。

4.2.3　辅助监控系统

辅助监控系统包含视频监控及巡检、环境监测、安全防范、火灾报警、动力照明控制等子系统，各子系统可以根据需要灵活配置，并实现报警、控制与联动控制、数据存储与上传、平台展示和报表等功能，为牵引变电所集中监控和运维提供支撑。辅助监控系统界面如图 4-31 所示。

系统采用分层架构，由间隔层和站控层组成，间隔层包括动力环境测控装置、视频服务器和辅助设备，站控层包括综合应用服务器、网络设备和值班员终端等。在满足接口条件的情况下，辅助监控系统也可接入智能一次设备的在线监测数据。系统架构如图 4-32 所示。

局级辅助监控系统可协议匹配 SCADA 系统，其中综合视频系统能够为 SCADA 系统提供遥视功能，具体体现在故障信息推送服务，正常或异常情况视频图像查阅服务等。各变电所均配置工业级监控终端机，方便查阅设备在线监测数据。变电所内配置有固定摄像设备和智能移动巡检设备，如图 4-33 所示，辅助监控系统平台能够控制设备开关及联动管理设备指示状态，具备设备运行参数信息分析决策等功能。各车间配有复示终端机设备，能够提供准确的所内故障信息，尽快策划故障方案，准备故障材料，缩短故障抢修时间，同时查阅所有设备电气参数以及远动数据，具备智能视频巡检、高效告警联动控制等综合业务处理功能。

图 4-31　辅助监控系统界面

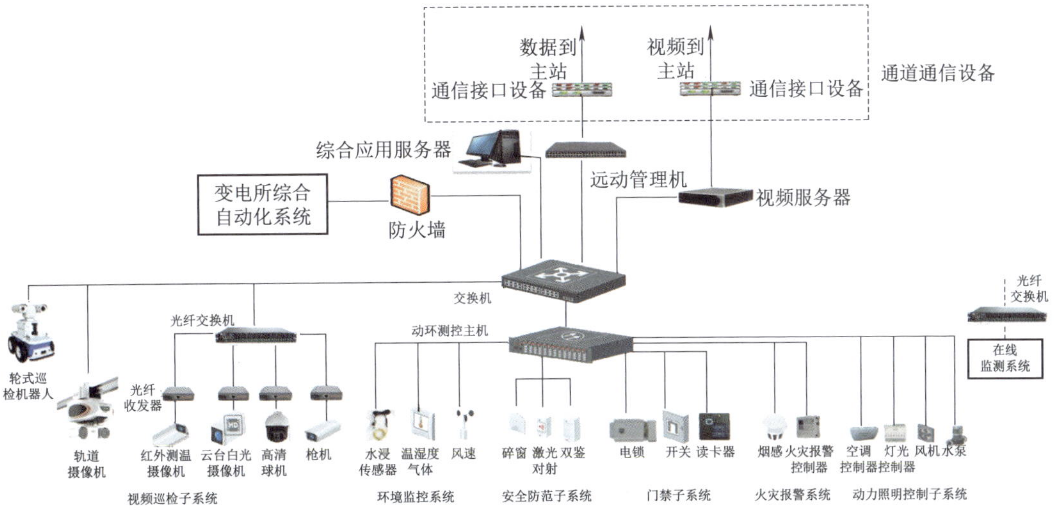

图 4-32　辅助监控系统架构

图 4-33　固定摄像及智能移动巡检设备

变电所在线监测方面，接地及回流智能监测子系统如图 4-34 所示，通过接地网状态监测单元、牵引变压器铁芯接地状态监测单元、回流电缆状态监测单元及前端传感器，实现对牵引变电所内变压器铁芯接地电流、土壤腐蚀状态、地网完整性以及牵引回流的在线监测。前端设备的监测信息通过后台服务器存储和显示，并根据设定的阈值触发告警。

图 4-34　接地及回流智能监测子系统

变电所视频监控及巡检方面，红外热成像测温系统是视频监控子系统的重要组成部分，如图 4-35 所示。红外成像采用非接触的方式实时监测设备温度及其运行状态，在设备发生过热故障时安全、精确定位故障点，有助于维护人员迅速采取措施，防止问题进一步扩大。红外热成像测温系统能够全天候监视牵引变电所一次设备主导流回路，采集变压器、互感器、避雷器、导线、线夹等设备的热像图谱，通过同类比较判断法、表面温度判断法、图像特征判断法等评估设备的运行状态，达到警戒值时进行告警。

图 4-35　牵引变电所实测热成像

4.3　智能供电调度系统

目前我国已建成世界上规模最大的铁路供电调度系统，是我国铁路供电专业在推动数字化建设工作中的重要成果，在实现供电系统安全高效运行控制、满足铁路运输用电需求、保障铁路运输畅通方面发挥着日益重要的作用。智能供电调度系统采用国铁集团一铁路局一供电段三级架构，如图 4-36 所示。

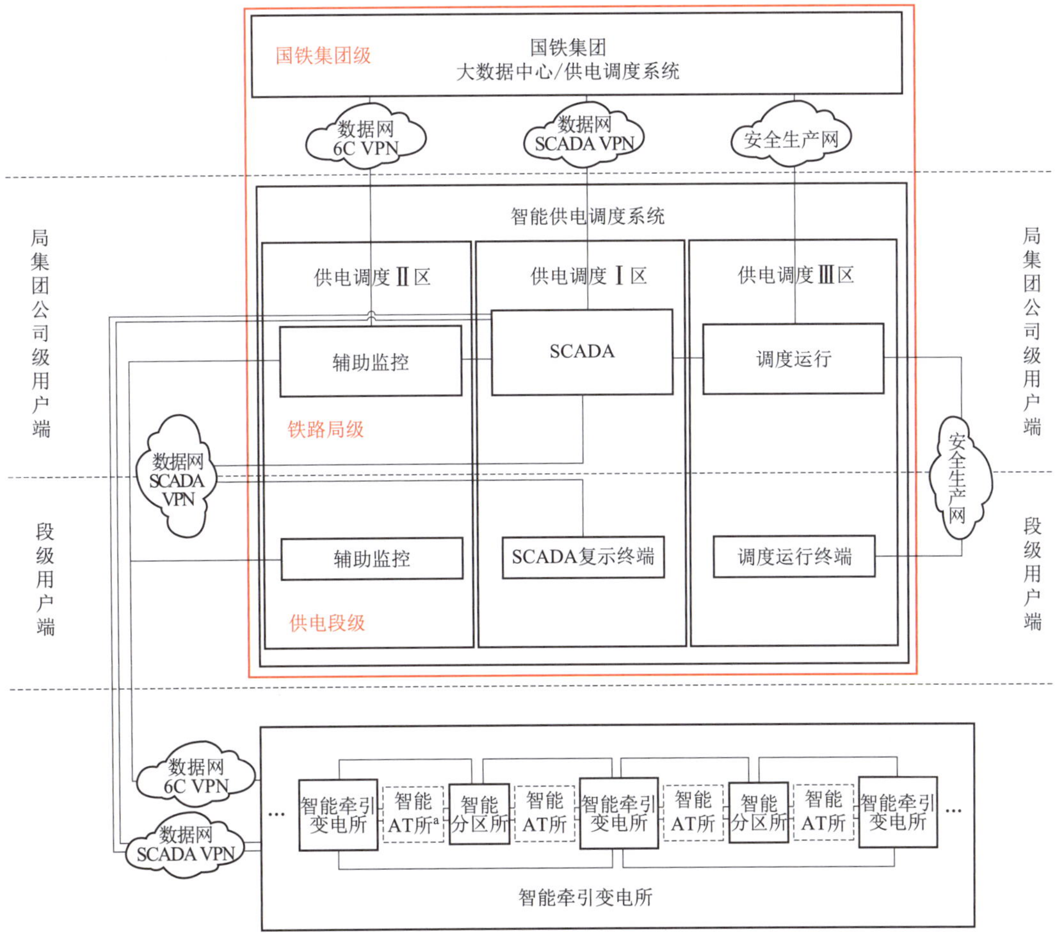

图 4-36　智能供电调度系统架构

智能供电调度系统按业务功能分为三个应用分区，分别实现 SCADA、辅助监控和调度运行，如图 4-37 所示。智能供电调度系统通过安全可靠的数字化技术，实现铁路供电专业内横向集成、纵向贯通，专业间高效协同的全新数字化管理模式。

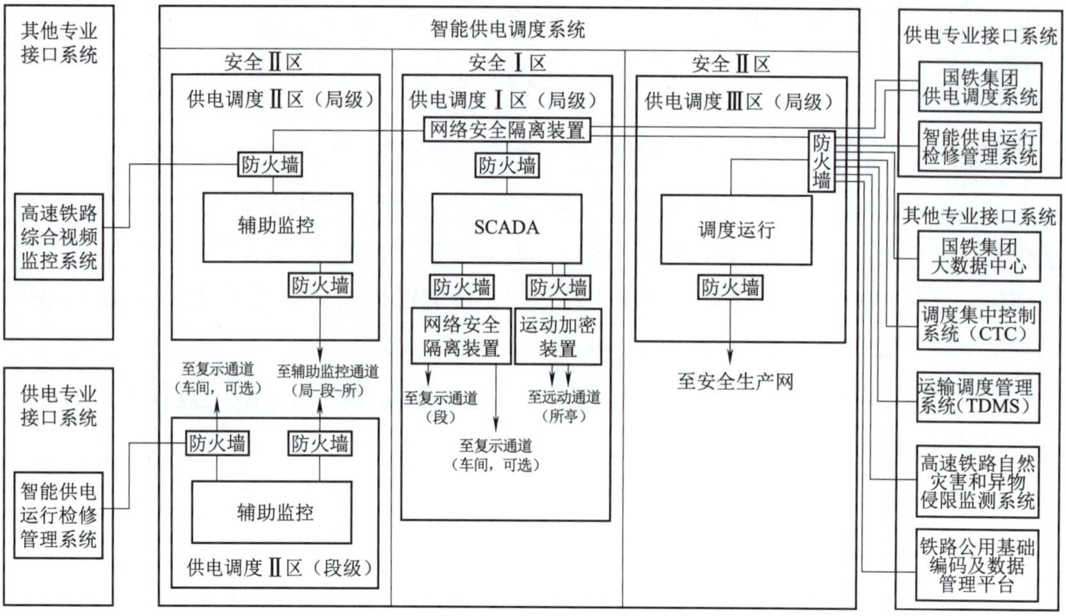

图 4-37　智能供电调度系统组成及外部接口示意

4.3.1　SCADA

SCADA 系统是基于大数据、人工智能等技术，以数据全景可视化、调度协同化、作业自动化、决策智能化为基本要求，实现对牵引供电系统的远程监控和辅助监控等功能，支持与其他相关系统的协调联动，进而提升牵引供电系统安全可靠、经济高效运行的调度控制系统。通过多信源数据共享及功能优化等技术手段，实现遥视、开关状态智能巡检、供电调度作业安全卡控、源端维护及自愈重构、供电系统运行信息全景化展示。

（1）遥视

通过与变电所辅助监控系统配合，集成变电所辅助监控视频调阅及报警功能，直观展示电子地图和 3D 模型，并在遥控操作以及开关跳闸情况下，自动推出相应的实时图像，展示牵引变电所重要信息，提升供电调度工作的能见度和工作效率，如图 4-38 所示。

（2）开关状态自动巡检

通过巡检序列智能算法，对重要开关状态进行智能巡检，提前发现开关位置异常状态，并进行预警、告警，消除安全隐患，如图 4-39 所示。

（3）供电调度作业安全卡控

通过与调度运行区应用系统互联，实现作业计划的自动核对、调度命令的自动生成。通过开关状态的智能检查，提供自动安全的程控倒闸操作，严格卡控停送电流程，规避错停、错送电事故的发生，如图 4-40 所示。

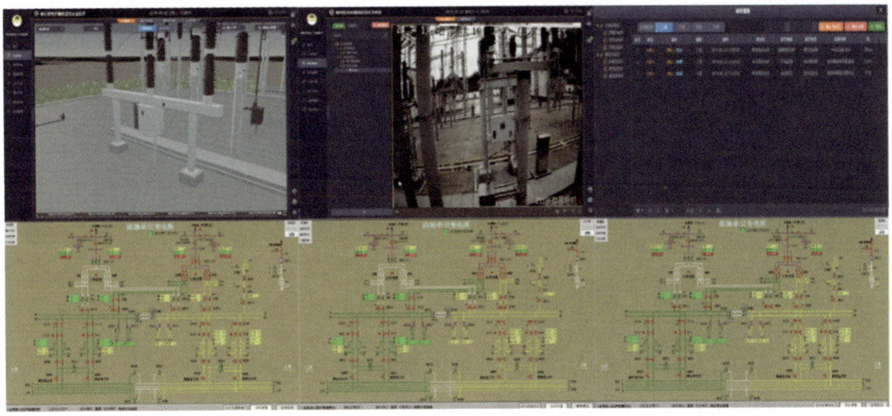

图 4-38 遥视

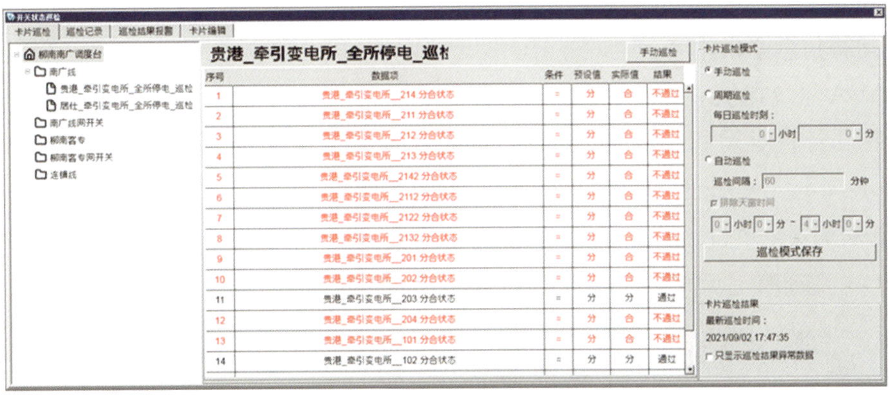

图 4-39 开关状态自动巡检

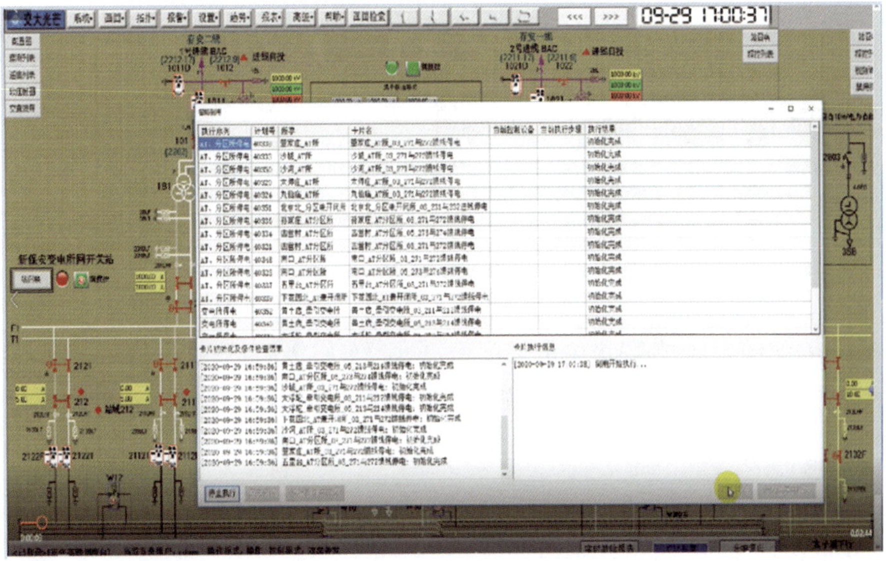

图 4-40 智能倒闸

(4)源端维护和自愈重构

SCADA 系统主站自动获取变电所主接线图，确保主站系统与变电所系统基础数据一致，汇集变电所上送的自愈重构动作序列，整合相关设备状态数据，向供电调度提供全景信息，支撑运行决策，如图 4-41 所示。

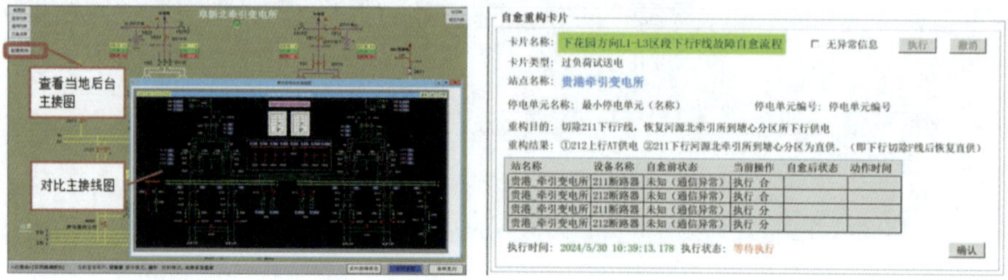

图 4-41　源端维护和自愈重构

(5)运行信息全景化展示

SCADA 系统提供牵引供电系统运行方式、重要开关、设备检修状态、供电臂末端网压以及供电设备自身运行工况的集中展示，通过与调度集中控制系统(centralized traffic control system，CTC)交互，提供以供电臂为单元的列车运行信息展示，支持调度决策，支撑铁路供电系统安全运行，如图 4-42 所示。

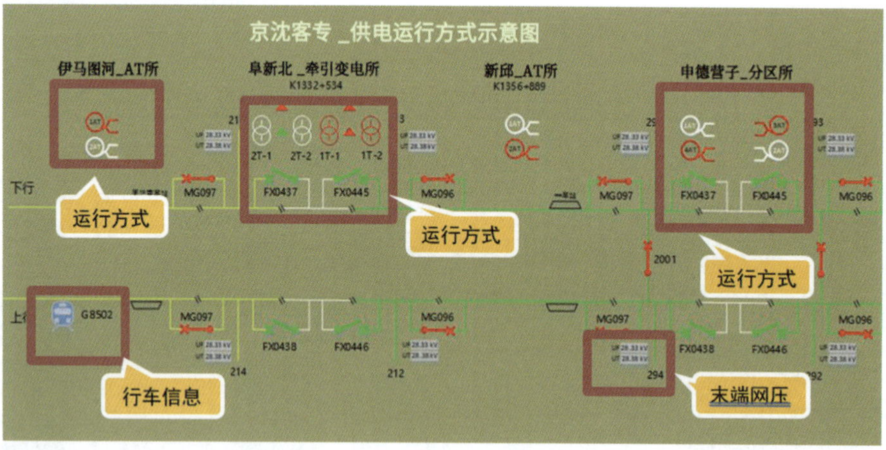

图 4-42　运行信息全景化展示

SCADA 系统统筹规划“局级供电调度用户、段/车间级用户、供电远动检测室用户”三类岗位的业务需求，对既有远动监控系统进行系统性优化升级，打造高效、协同、统一的控制和运行管理平台，提高供电调度系统的运行可靠性、稳定性和易维护性。

4.3.2　辅助监控

辅助监控系统主站与变电所辅助监控系统是支撑变电专业进一步深化修程修制改革及

实施变电所无人值班值守的重要装备。辅助监控系统主站由设置在铁路局调度所的局级辅助监控系统主站、供电段的段级辅助监控系统主站及车间工区的辅助监控终端构成。辅助监控系统主站通过辅助监控通道，实现与变电所辅助监控系统、两级辅助监控系统主站间的数据交互，通过通信技术、自动化技术、视频监控技术、图像压缩及人工智能技术，实现全景监控、视频巡检、智能识别、协调联动及实时报警等功能。

（1）全景监控

采用全景、多角度的实时视频监控，实现设备状态在线监测，如图 4-43 所示。

图 4-43　全景监控

（2）视频巡检及智能识别

通过科学规划摄像机点位及巡检路线，实现自动巡检、人工远程巡检及自定义巡检等，巡检过程标准化、自动化、可视化，有效避免因运维人员主观因素导致的巡检质量不高的问题，提高巡检结果的可靠性，如图 4-44 所示。

图 4-44　视频巡检及智能识别

(3)实时报警及协同联动

以设备实时监测数据为支撑,通过图像智能识别、视频联动、SCADA 数据融合分析等技术手段,实现所内设备状态的全息感知、实时报警及故障处置的协同联动,提升故障处置及应急决策的智能化程度,如图 4-45 所示。

图 4-45 实时报警及协调联动

辅助监控系统在保证安全、可靠供电的前提下,实现变电所日常监控巡视替代固定值班值守的管理方式革新,减员增效效果显著。

4.3.3 供电调度运行

供电调度运行区应用系统通过流程规范化、作业标准化、管理智能化等技术手段,提高供电调度工作效率,显著减少供电调度误停误送电、错发调度命令等隐患。供电调度运行区应用系统由国铁集团和铁路局两级系统构成,并在供电段、车间、工区、牵引变电所亭等处所设置系统终端。供电调度运行区应用系统通过与 SCADA、CTC/列车调度指挥系统(train dispatching command system, TDCS)、运输调度管理系统(transport dispatching management system, TDMS)、铁路供电管理信息系统(rail electric management information system, REMIS)、铁路时间同步网交互,在保证信息安全的基础上,实现不同信息系统间的信息共享、应急协同,提高综合调度组织及应急指挥的效率。

供电调度运行区应用系统由作业管理、值班管理、应急处置、质量分析、基础数据五大业务子系统构成。供电调度运行区应用系统通过智能审核和智能卡控,突出“技防”手段,确保停送电操作的准确性和安全性,实现对整个供电调度作业流程的统一管理,提高电调台、列调台、供电段、变电所、接触网工区之间的信息传递时效性。

(1)作业管理

作业管理用于供电调度天窗作业或紧急情况下停送电安全措施的过程控制,有效卡控停送电标准化作业行为。通过对接触网、变电所亭作业计划的智能化、流程化审核，使作业计划和各项命令的网络化签认、发布、实施以及安全措施得到有效管控，从而实现供电调度作业全过程的规范化、标准化，提高作业效率、质量与安全，如图 4-46 所示。

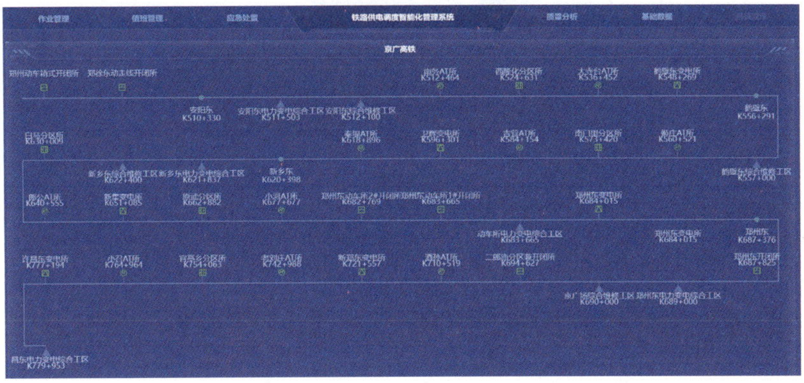

图 4-46 作业管理

(2)值班管理

值班管理用于供电调度员日常值班和交接班的过程管理，使供电调度员能够及时准确地掌握牵引供电运行方式、运行状态、运行数据、设备缺陷和安全信息，了解变电所、接触网工区应急值守人员和作业车、抢修汽车的值待班信息以及应急设备的分布与状态，卡控供电调度员日常值班和交接班过程的标准化作业行为，如图 4-47 所示。

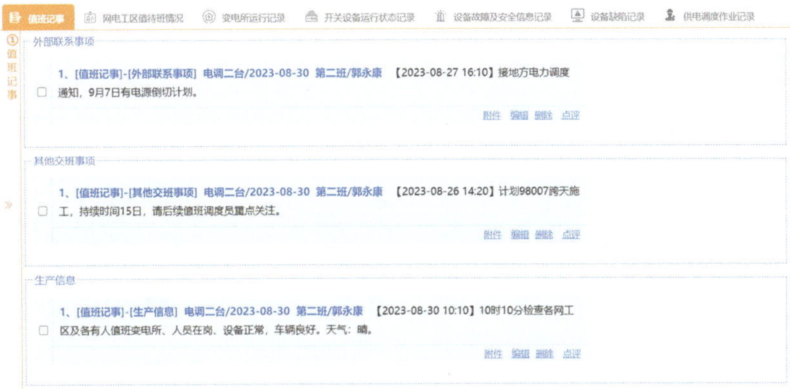

图 4-47 值班管理

(3)应急处置

当变电所、接触网发生故障时，辅助供电调度员进行决策。在应急处置过程中，对 SCADA 故障报文进行智能检索分析，自动判断过负荷跳闸、供电线故障、F 线故障、接触网故障、接触网分相区故障、变电所故障等跳闸类型，自动显示跳闸数据和故标位置，对供电调度处置方法和关键步骤进行智能化提示，如图 4-48 所示。

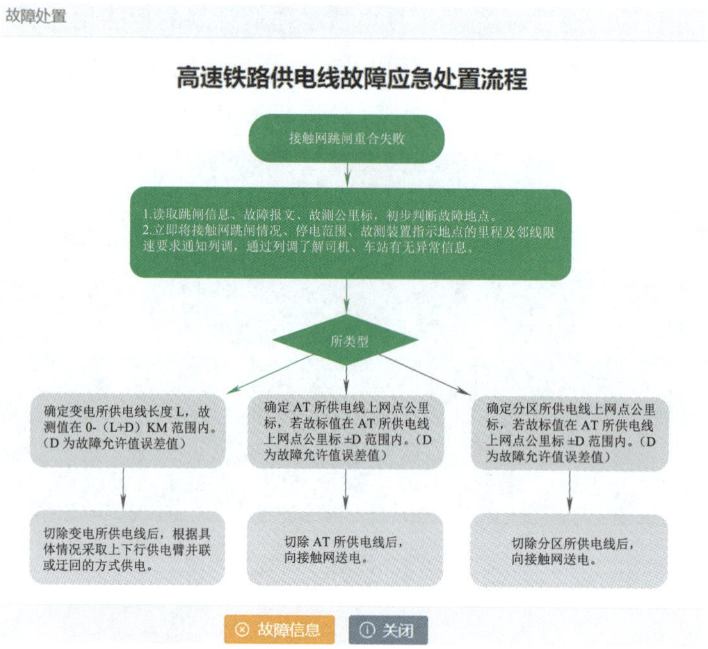

图 4-48　应急处置

应急抢修智能化管理系统，利用 GIS 技术精准定位故障点，立即组建段、车间、工区相关应急人员信息群，自动收集短路电流、故障类型、列车运行等情况，并发送应急群实现共享，应急现场的具体情况可通过移动设备实时更新。故障处理完毕后，系统自动生成故障报告，实现应急处置全过程的数字化管理。该系统可接入路内外、各专业、各部门的相关应急信息，实现信息快速联动。如图 4-49 所示。

图 4-49　抢修沟通群组

(4)质量分析

质量分析实现天窗兑现率、计划提报正确率、作业及应急处置关键环节时长、供电故障及运行等指标的自动统计分析,如图 4-50 所示。

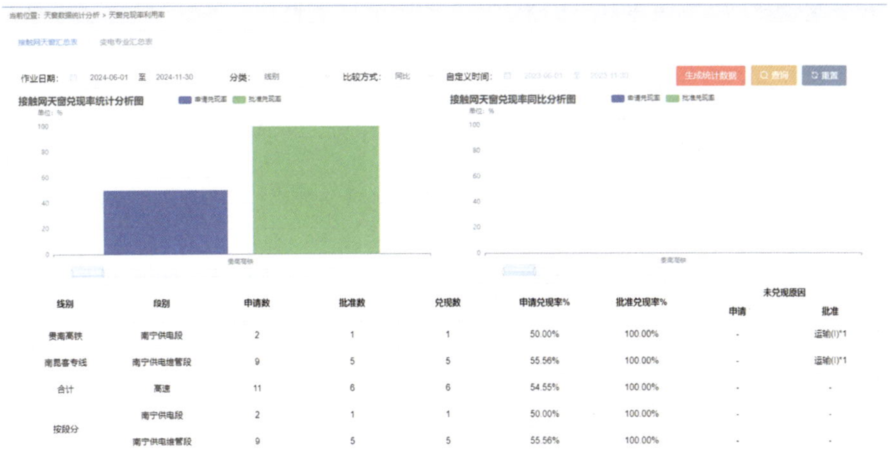

图 4-50　质量分析

4.4　智能运维综合应用

为实现对供电设备全生命周期的管理,建立了智能运维综合系统。该系统落实修程修制要求,按照“优化顶层设计、推动数据整合、支撑运维体系、促进改革提效”的原则,充分利用检测监测、智能装备、智能调度等多源信息,通过自动化、智能化等数字化手段,分析挖掘数据价值,评估设备运行状态,研判设备变化规律,提出故障预警,提供维修策略,实现了供电设备运行维护的精准性、精确性和高效率,是推动铁路供电专业实现数字化、提升专业管理水平、提高保障运输能力的主要目标和重要手段。

4.4.1　设备资产管理电子化

设备资产管理电子化,利用 5G、大数据等多种数字化手段,通过制定和执行标准化的设备管理流程,实现设备资产存储和管理的规范性和一致性,确保设备资产的有效利用,方便追溯设备资产的历史数据,为维修决策提供更加全面和准确的信息支持,提高整体运行维护效率。

智能运维管理系统汇集接触网、变电、电力、配电等专业设备,轨道车、6C 检测装置等装备,以及科室、车间、工区等组织机构,人员的职务、工种、技能等级、安全等级等信息,通过

“一张图”的方式呈现供电资产，掌握供电系统生产力布局情况，如图 4-51 和图 4-52 所示。系统导入“一杆一档”“一所一档”等设备信息，实现设备“底数清、一本账”及设备身份证管理。健全生产组织机构、职工信息，以及各专业技术资料、图纸、产品说明书、技术规格书、作业指导书、规章制度等，丰富了系统的资源库，实现了各层级信息管控运用的统一性、精准性和便捷性。

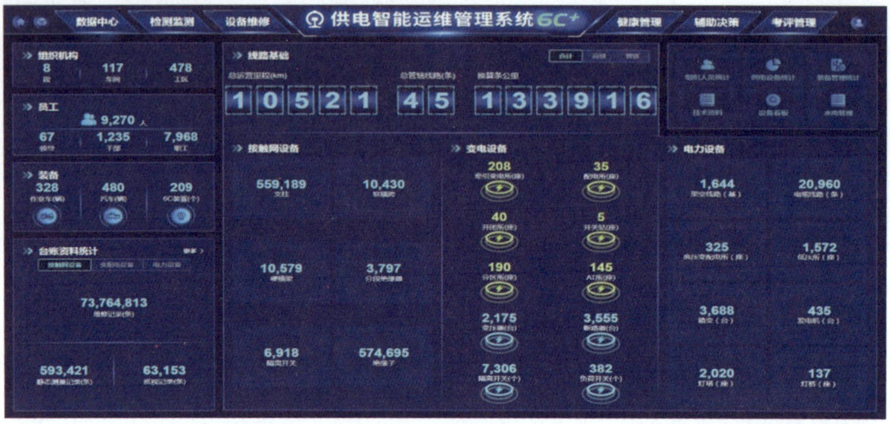

图 4-51　供电资产一张图

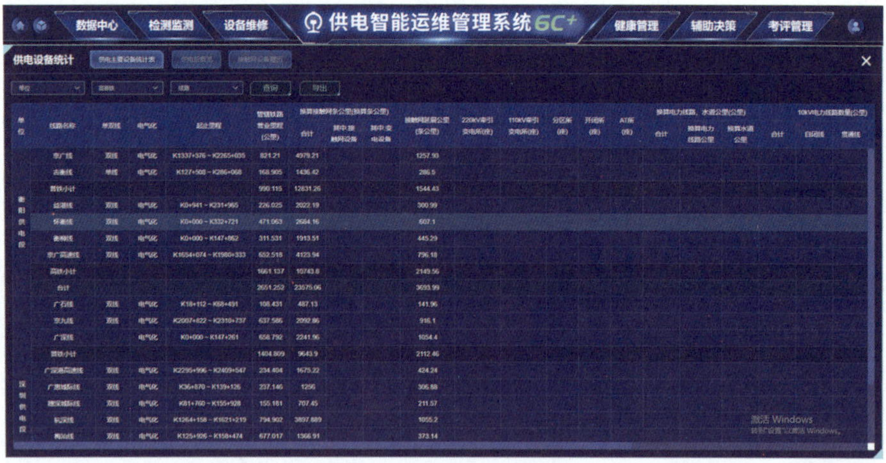

图 4-52　供电主要设备统计表

接触网专业设备履历以支柱为基本单元，以支柱基础、接触悬挂、附加悬挂、定位支撑装置、单项设备、其他设备等 6 大类及其所属小类进行维护和管理。变电和电力专业以单台设备为基本单元，分线路和所亭进行分层维护管理。各设备单元实现与动态运行参数、检测监测数据、维修作业信息等进行动态关联，实现设备闭环管理，形成全生命周期电子设备履历，设备资料调用更便捷，设备状态追溯更精准。支柱及变电所设备履历分别如图 4-53 和图 4-54 所示。

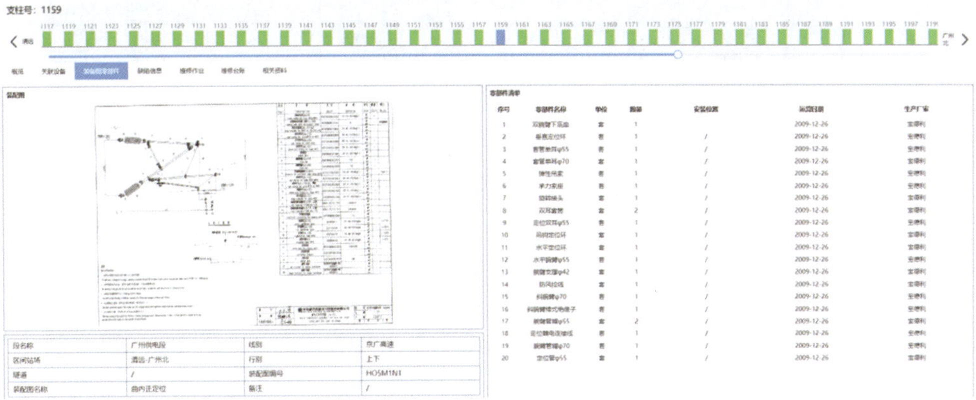

图 4-53　支柱设备履历

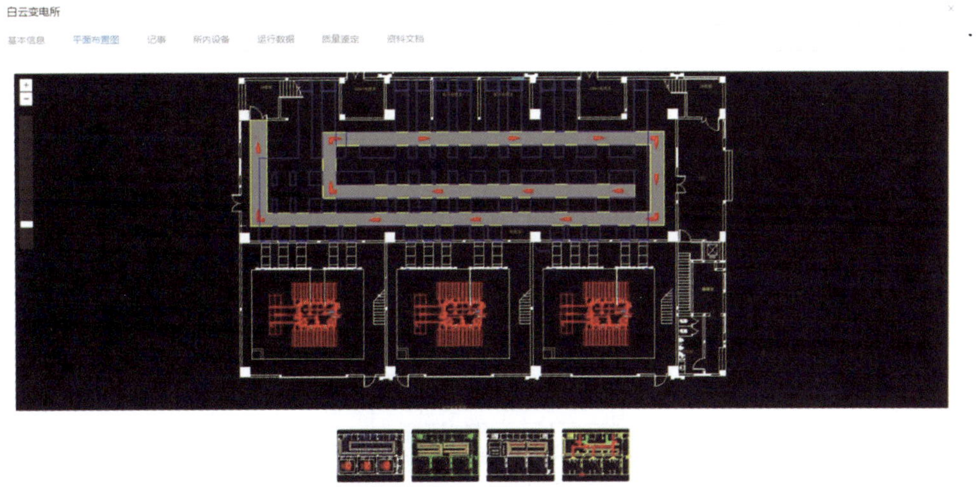

图 4-54　变电所设备履历

4.4.2　设备状态评估

依托基础台账、检测监测、运行维护等数据，利用大数据、人工智能等数字化技术手段，分析挖掘数据价值，评估设备运行状态，预测预警故障风险，支撑维修决策，实现供电设备运行维护的精确、精准和高效率。

(1)PHM 系统

PHM 系统主要包括数据采集模块、数据预处理模块、故障预测与健康评估模块、维修决策模块，通过采集、传输、治理、存储设备运行数据、事故故障数据、检修数据等，利用数据挖掘和智能算法动态掌握供电设备运行状态、评估设备健康状况、预测设备故障隐患，指导开展状态修和预防修，增强维修决策的主动性与科学性。PHM 系统界面如图 4-55 所示，PHM 系统架构如图 4-56 所示。

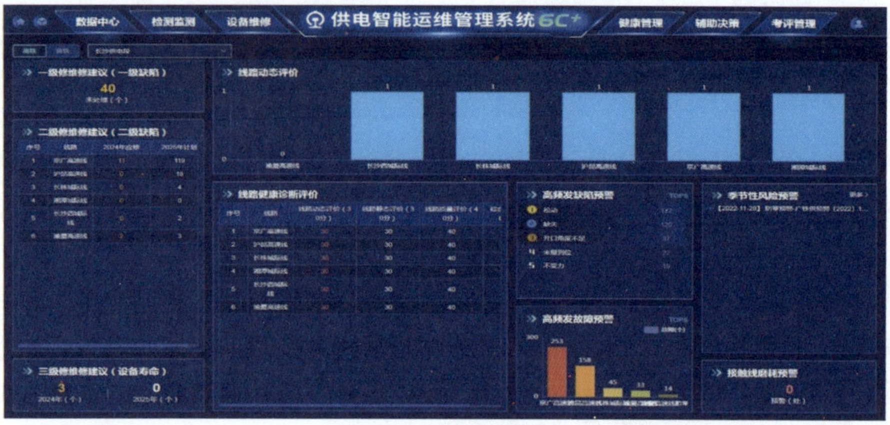

图 4-55　PHM 系统

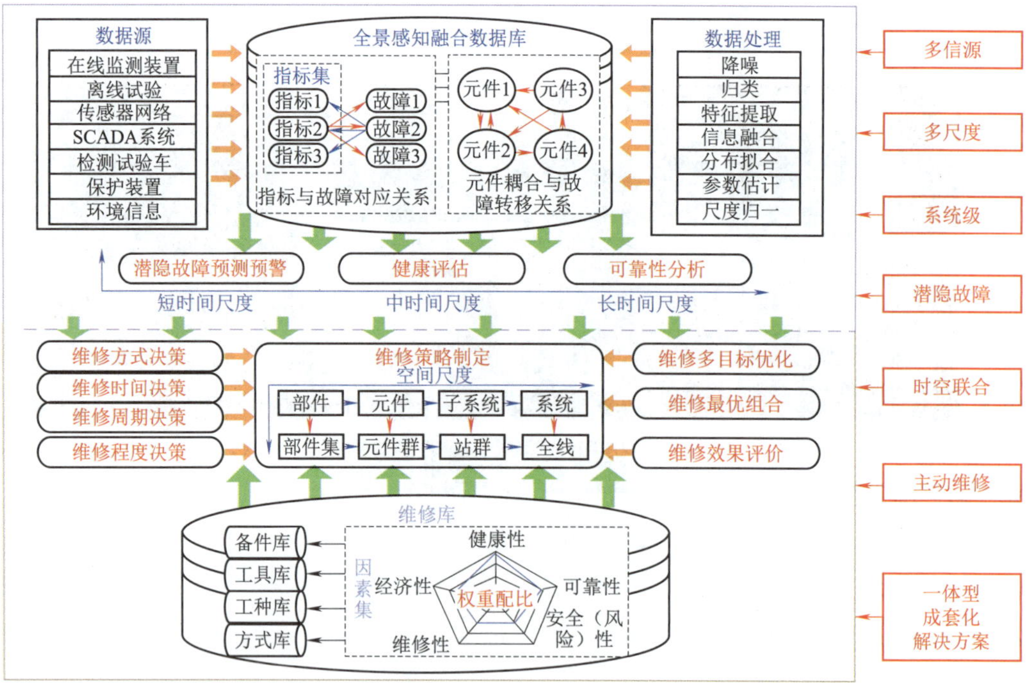

图 4-56　PHM 系统架构

数据采集是 PHM 系统的基础模块，包括高性能传感器和数据传输设备，实时获取检测监测、SCADA、检验试验、环境等多源设备运行数据，并传输至融合数据库中进行处理。

数据预处理是提高 PHM 系统准确性和可靠性的关键步骤，利用降噪、归类、特征提取、信息融合等算法，将采集到的原始数据进行处理，并提取故障状态的特征信息，减少噪声和冗余数据对后续分析的影响，提高数据质量和可用性。

故障预测与健康评估模块是 PHM 系统的核心，利用人工智能、机器学习、数字孪生等技术，建立健康评估模型，实时掌握设备的运行状态，根据预设的阈值或模型对设备的健康状态进行评估，及时发现潜在故障，并采取相应的维护措施，减少设备故障发生。

维修决策模块基于集成的预测与评估信息，运用大数据和维修决策模型，分析设备维修需求，制定合理的维修计划，包括维修时间、维修地点、维修方式以及所需备件和资源等，增强维修决策的主动性和科学性，实现设备状态修与预防修。

(2)数字孪生大模型

基于数字孪生大模型的供电设备状态监测，旨在掌握设备性能及状态变化趋势，使孪生模型能够自主优化迭代，为维修决策提供科学支持[13]。数字孪生大模型的关键技术包括系统感知与通信、数据中台、应用与服务等。通过精确的系统感知技术、高效的通信技术，支撑构建高保真、高可靠、高精度的数字孪生体。数据中台包括数据存储、数据质量管理、数据融合与集成、数据分析与挖掘，以及实时数据处理与决策功能。通过数据能力组件，将数据提供给应用交互层使用，实现数据与应用业务的完整闭环，提升业务创新和业务协同能力。

牵引变压器是牵引供电系统的核心设备，其工作状态关乎整个系统能否安全、可靠运行。牵引变压器数字孪生模型如图4-57所示，借助数字孪生技术，重现其运行场景，可进一步了解变压器内部运行状态，指导现场维护、故障预防性诊断等。

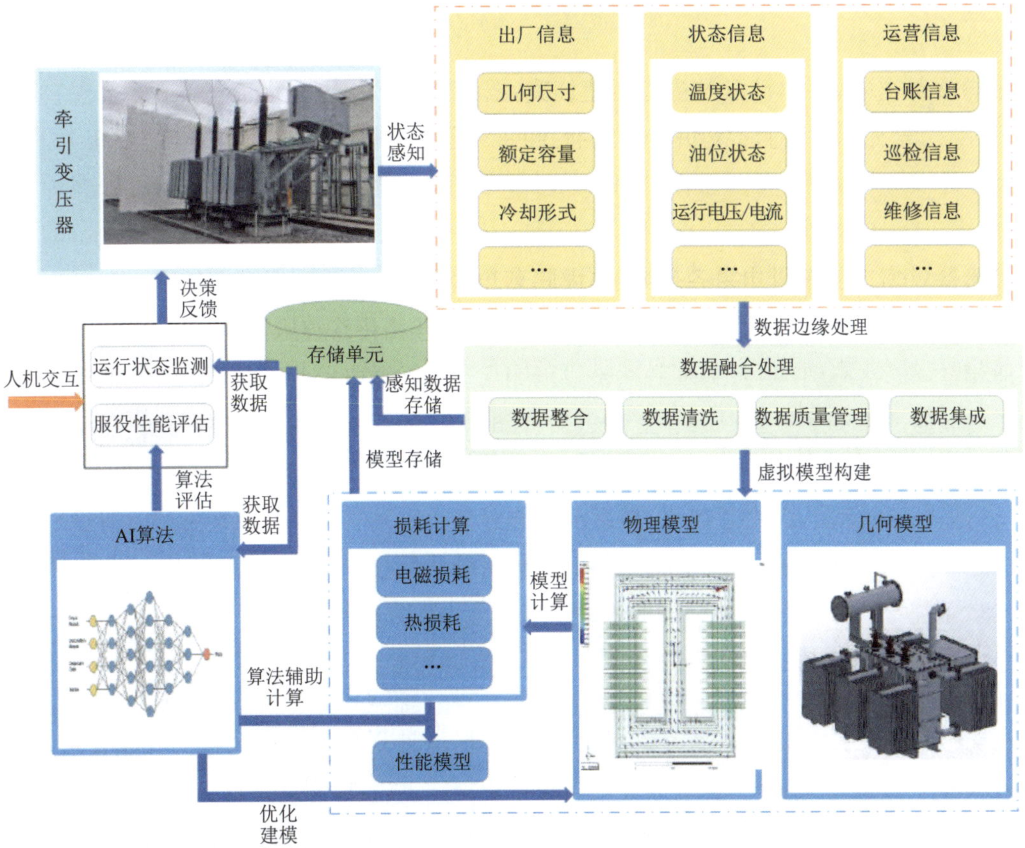

图4-57　牵引变压器数字孪生模型

结合数字孪生系统平台和三相铁芯 V/v 变压器几何模型，感知得到设备状态信息，构建电磁—热流多物理场模型，如图 4-58 所示。

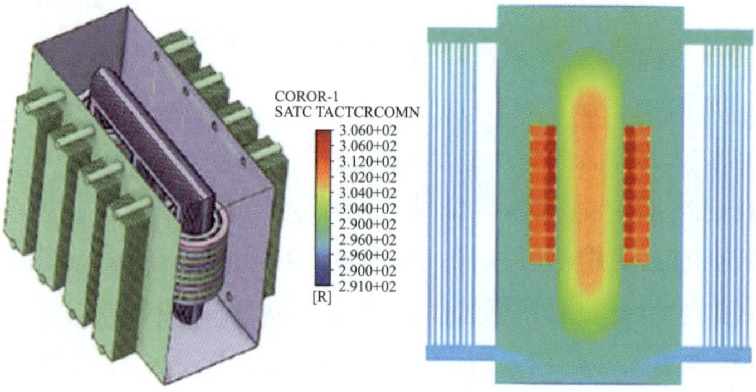

（a）变压器几何模型　　（b）电磁-热流多物理场模型

图 4-58　电磁—热流多物理场模型

将数字技术与数字孪生系统结合，支持实际生产中设备服役性能评估、故障预防性诊断、运行状态监测等业务需求。结合智能算法等对模型进行优化，提高数字孪生多物理场实时建模的精度与效率。

4.4.3　维修作业组织

设备维修作业组织是运维体系中的关键环节，通过融合大数据和人工智能等多种先进技术，建立作业组织管控智能化平台，提高作业计划、作业分工、作业过程管控等环节的效率与质量，提升供电设备维修的高效化、智能化和精细化。

按照年、月、周、日管理生产计划，生产组织单位根据需要，在过程中关联作业项目、设备、缺陷、检修台账，通过计划执行，实现生产闭环管理，生产计划流程如图 4-59 所示。

对国铁集团、铁路局或供电段下达的专项整治、重点任务，从线别、区间、站场、设备等维度，生成对应的专项任务计划，并可实时同步任务进度，如图 4-60 所示。

按照设备修程修制，从线别、区间、站场、设备多个维度生成年度轮廓计划。通过审核流转、兑现查询、统计汇总等功能，实现业务数据自动流转，按组织机构自动汇总工作进度报表，如图 4-61 所示。系统自动将年检修计划、专项任务计划分配至各月，各单位根据生产实际情况，将当月需解决的设备缺陷一并导入，可对周期性工作、专项任务进行调整，形成月生产计划。对月检修、专项任务、设备克缺等月计划进一步细化至每周，对每周的生产重点以及发现的典型缺陷问题进行汇总，形成周生产计划，周计划自动推送至施工调度管理系统，作为天窗作业计划编制的依据。日计划是对周计划的承接，由周计划自动创建日计划，自动生成作业表单方案，可根据临时缺陷处理情况进行调整，实现作业进度实时跟踪、作业质量精确分析和检查督促。

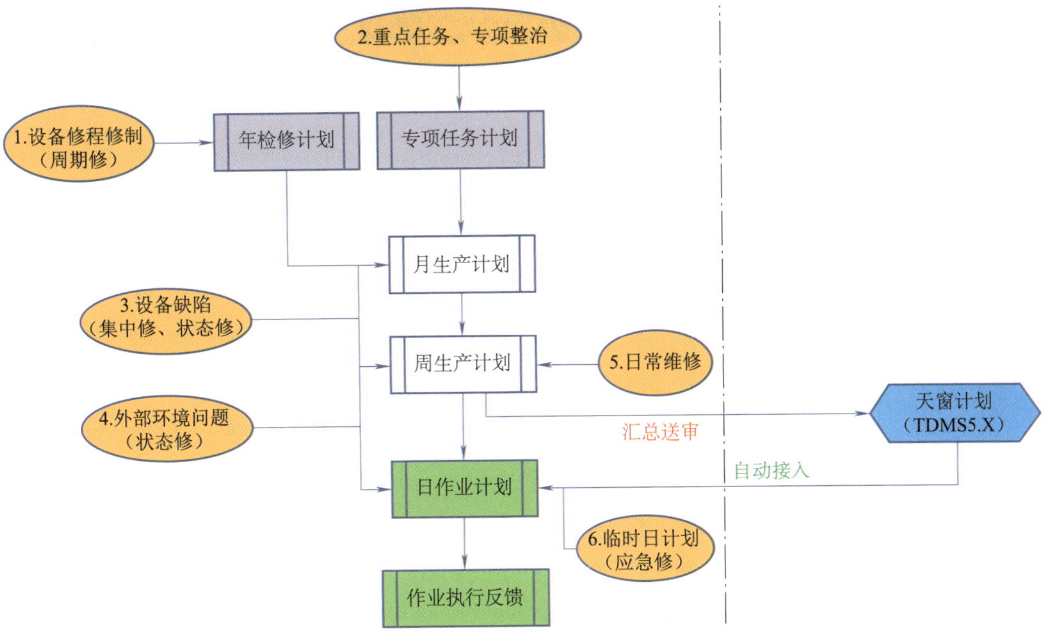

图 4-59　生产计划流程

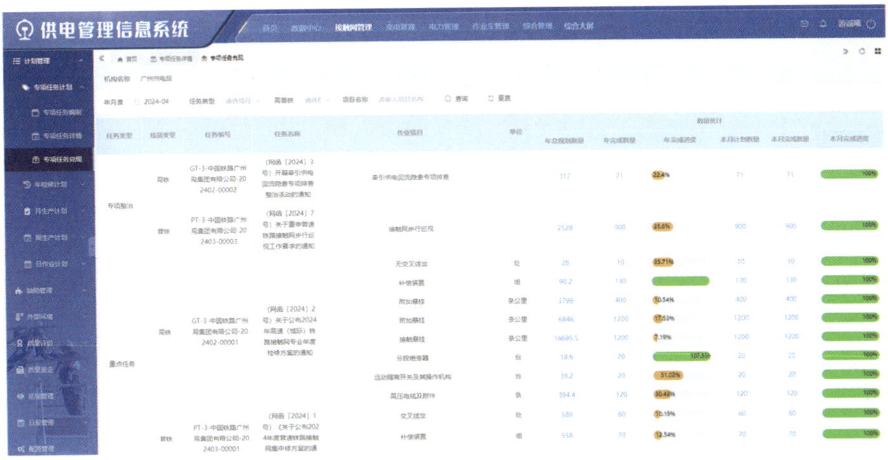

图 4-60　专项任务计划兑现

智能分工可自动识别作业范围，基于人员资质、安全等级，快速进行小组分工，并根据作业范围、作业项目匹配所需工具材料，识别安全质量风险和注意事项，自动生成预控措施，辅助生产作业组织。如图 4-62 所示。

通过导入工作票快速生成作业明示图等三维可视化分工文件，指导现场作业，如图 4-63 所示。

天窗作业方面，管控计划的编制、审核、下发权限，对人、机、料、法实施节点控制，卡控天窗、人员资质等安全项点，对计划执行过程进行动态闭环管理，如图 4-64 所示。

图 4-61　年检修计划编制

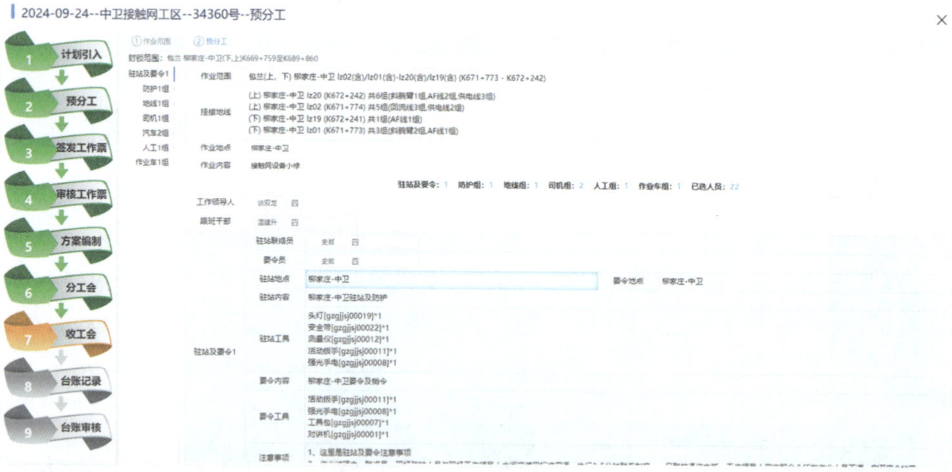

图 4-62　智能分工

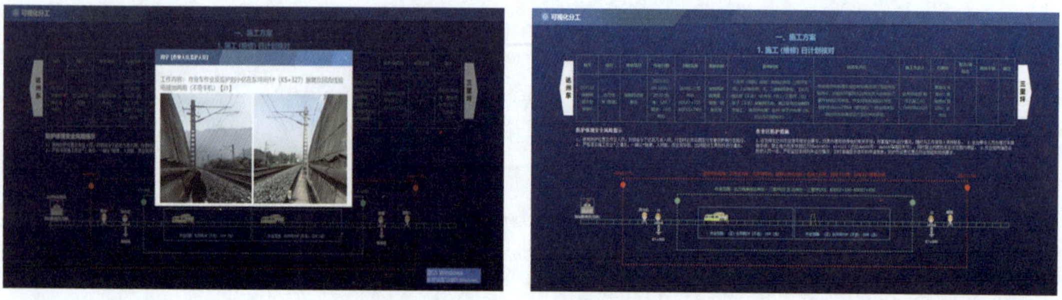

图 4-63　可视化分工

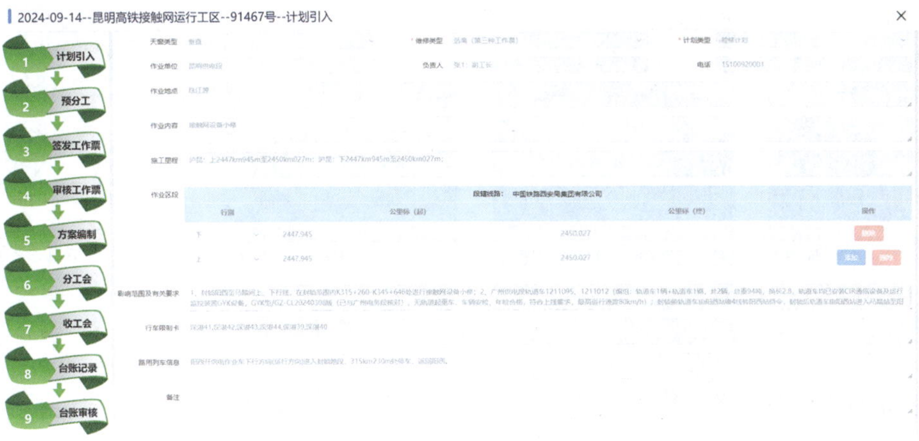

图 4-64　天窗作业过程

基于分工信息自动生成工作票，发票人与工作领导人协同审核签发，确保票据准确无误，如图 4-65 所示。工作票签发后，系统根据作业地点自动调取该范围内的设备缺陷、到期需要维修的设备、危险源、工作门位置等信息，自动生成作业方案，工作领导人可根据实际情况对作业方案进行适当修改。

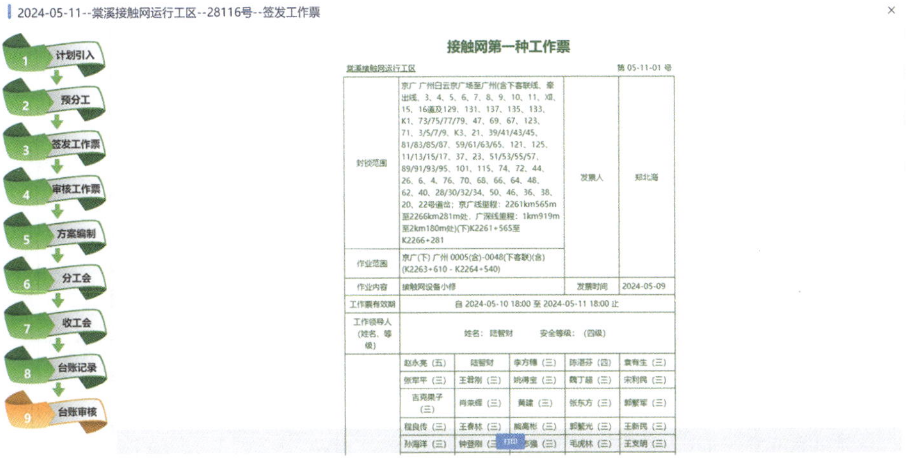

图 4-65　工作票

根据检修项目及检修数据自动生成设备检修台账，自动加载历史检修数据，对台账填写的数据进行阈值校验，确保数据的准确性与完整性。

现场作业人员通过作业终端 App，实现对天窗作业的要令销令、上下道、停送电、挂接地线等关键环节的流程卡控、实时监控，作业流程关键项点得到细化，作业过程关键环节得到管控，实现了作业全过程的规范化管理，如图 4-66 所示。

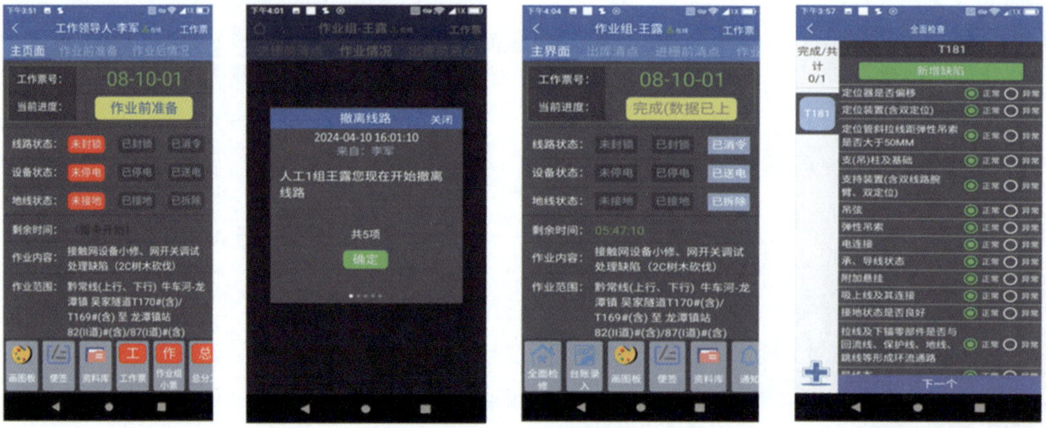

图 4-66　天窗作业管控

通过手持终端录入、接入 6C 信息综合应用数据等方式对缺陷进行统一归集管理，实现缺陷问题登记、审批、下发、整改、销号的闭环管理，与缺陷处理相关的工作票、作业分工单等信息可查询、可追溯，如图 4-67 所示。

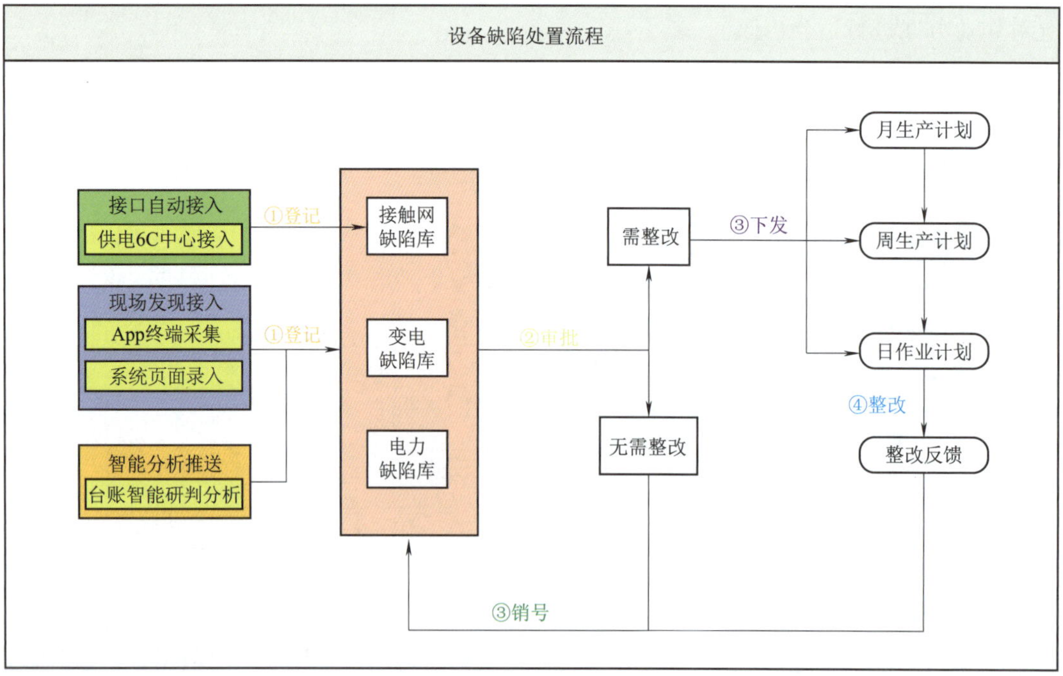

图 4-67　设备缺陷处置流程

自动生成作业检修完成情况报告，对作业过程进行追溯，如图 4-68 所示。

图 4-68　数据回放

4.5　数据资产管理

在数字经济时代，数据是新型生产要素，是数字化、网络化、智能化的基础。铁路供电专业依托空、天、车、地一体化的检测监测手段，利用大数据、5G、物联网技术，对检测监测数据、运行维护数据、台账数据、气象数据等多源海量数据进行了高效采集和集中存储，形成了供电运维数据湖。通过统一数据标准破除数据壁垒、协同多源信息化解信息孤岛、按需汇聚形成有价值的数据流、关联和支撑运维各环节全过程等一系列举措，实现了对数据资产的高品质管理。

4.5.1　数据归集

铁路供电专业通过建设 6C 信息综合处理系统、供电管理信息系统等，归集全路检测监测数据、运行维护数据、台账数据、气象数据等全方位数据，形成统一的数据管理体系与标准，支撑供电设备全生命周期管理。

6C 信息综合处理系统采用铁路公用基础编码格式，执行《铁路牵引供电设备设施单元划分》《铁路牵引供电设备设施编码暂行规范》等相关文件的要求，数据信息符合《铁路公用基础编码及主数据管理平台》的规定，实现全路每月 6C 缺陷数据的动态归集，同时管理全路 6C 装置运用情况。

铁路供电管理信息系统围绕“运检修抢建教研”和“设备全生命周期管理”的工作理念和要求建立，采用国铁集团一级部署，国铁集团与铁路局两级系统，国铁集团、铁路局、供电段、车间和工区五级用户，涵盖接触网、变电、电力、接触网作业车四大专业。系统与 6C 信息综合处理系统、运输调度系统、铁路地理信息系统等建立数据接口，实现了包括组织机构、人员、设备、地理信息等主数据，设备缺陷、生产计划、检修台账、作业管控等业务数据的多源数据互联互通与共享，通过国铁集团网络安全平台支撑一线用户移动端 App 数据接入与应用，进一步提升了数据的一致性、准确性，形成了数据的协同一体与上下贯通，如图 4-69 所示。

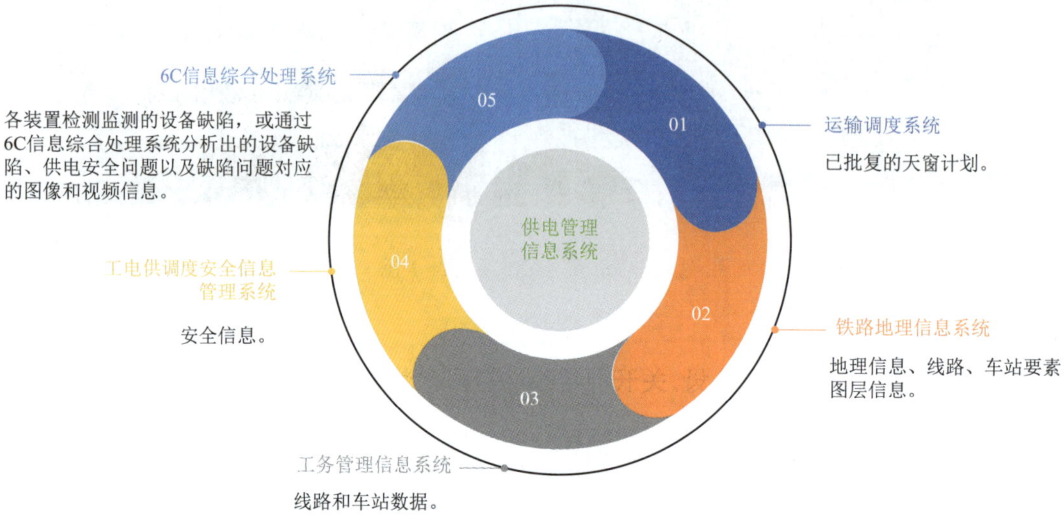

图 4-69　供电管理信息系统数据归集

4.5.2　数据治理

数据治理在铁路供电设备台账和基础数据管理中发挥着关键作用。数据治理的目标是统一数据标准、破除数据壁垒、化解信息孤岛，确保数据的安全性、有效性和合规性，支持系统各项应用，如图 4-70 所示。

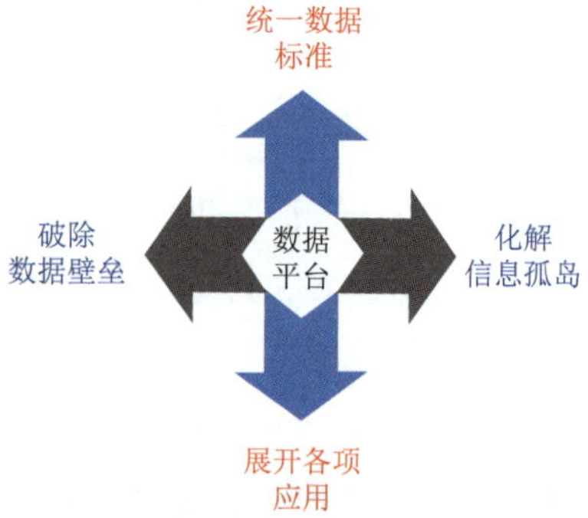

图 4-70　数据治理目标

根据信息技术数据质量评价指标中提出的指标框架，数据治理应包括规范性检验、完整性检验、准确性检验、一致性检验、时效性检验和可访问性检验[14]。

数据规范性检验根据应用需要，规范线路、车站、隧道、支柱、变压器等基础数据，包括数据格式、编码、定义等，确保数据的准确性和一致性。如编制《6C 系统数据缺陷描述规范化要求》，统一 6C 缺陷描述规则及 6C 信息综合处理系统接口协议，实现数据及时、准确上传。编制《铁路供电接触网数据规范（暂行）》《铁路供电变电数据规范（暂行）》《铁路供电电力数据规范（暂行）》，规范接触网、变电、电力设备数据分类、编码规则及设备数据表，从而实现铁路供电数据统一管理、深度整合和共享交互，供电设备分类划分树如图 4-71 所示。

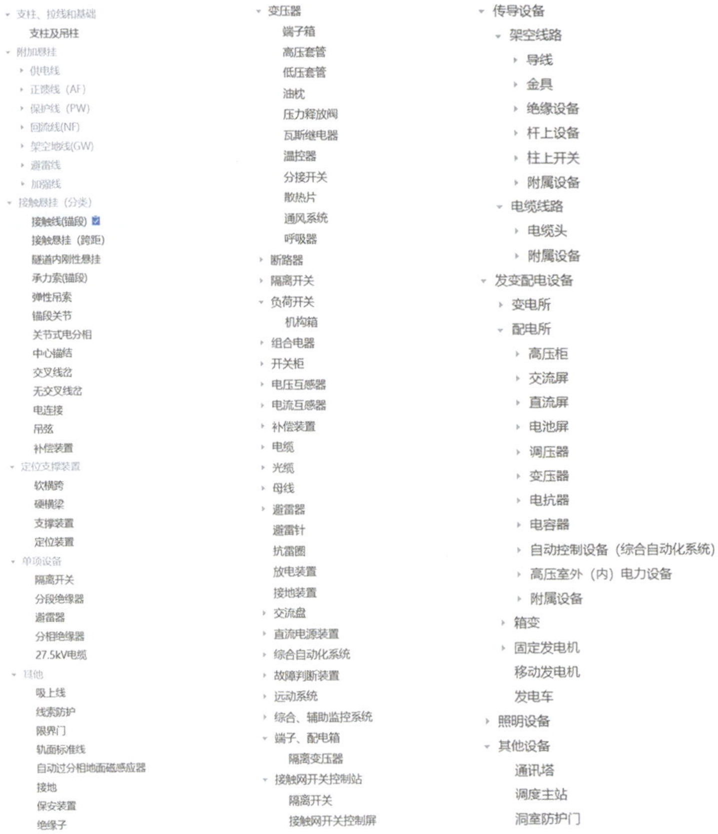

图 4-71　接触网、变电、电力设备分类划分树

数据完整性检验检查文件是否缺失，格式和命名是否符合规范等，确保供电设备台账、供电检测数据及其他业务数据的完整性。

数据准确性检验对供电设备台账和相关业务数据进行有效性检验，如接触网检测数据中的接触线高度有效范围不超过 7 000 mm，识别出的无效数据的将会自动标记范围和类型，确保数据的准确性和可靠性。

数据一致性检验检查数据在多个节点之间是否保持一致，如 6C 信息综合处理系统中的缺陷数据由不同单位汇集而来，从供电段到铁路局、铁路局到国铁集团，数据应通过对账机制来确保数据之间的一致性。

数据时效性检验检查数据的分析与上传是否遵守相应的时间要求，没有得到及时更新的数据可能失去参考价值，导致错误的决策。

数据可访问性检验确保归集后的数据必须可解析、可读取，发挥数据效益。

通过数据治理，可推动多源信息的互通和共享，打破信息孤岛，实现国铁集团、铁路局、供电段三级管理单位的数据互联互通，通过统一的数据标准和规范，提升数据的可用性，为大数据分析和数据挖掘提供基础。

4.5.3 数据应用

依托多源海量的台账数据、检测监测数据、运行维护数据，借助数字化手段，挖掘数据价值，为供电设备的状态评估、安全预测预警、运营维护提供有力支持，提高维修作业标准化、规范化水平，提升维修精准性。

依据设备台账数据，结合检测缺陷、生产维修等历史数据形成全生命周期设备履历，准确反映设备状态，便于关联分析、追踪历史数据、指导日常运营维护，提升设备管理效率和水平。

根据检测监测数据，融合设备运行、维修数据，对设备服役状态进行综合分析和评估，动态评价设备运行质量，研判设备变化趋势和规律，提示设备风险隐患，为供电设备精准开展周期修和大修技改提供决策依据，如图 4-72 所示。

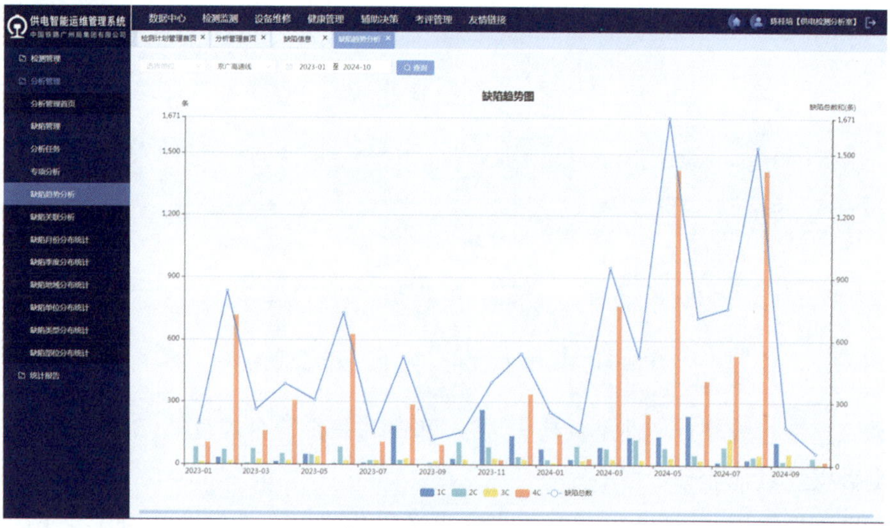

图 4-72　设备运行趋势分析

通过作业终端上传的设备参数、设备状态、开关作业门、挂接地线、材料清点等作业维修数据，掌握现场作业情况，卡控作业流程，规范作业行为，提高作业安全性和效率。同时积累处置经验，为后续设备维修的决策和作业组织的改进提供支持，如图 4-73 所示。

4.5.4 数据安全

数据安全涉及数据的管理和使用、平台建设、数据分类保护、数据共享、操作审计、存储安全、传输安全、备份与恢复、数据审计以及认证鉴权等多个方面。

各数据管理单位是数据安全的责任主体，要建立数据安全保障制度，健全数据安全管理机构和岗位，明确职责，投入必要的经费，采用安全保障技术，确保网络安全、存储安全、传输安全和应用安全。

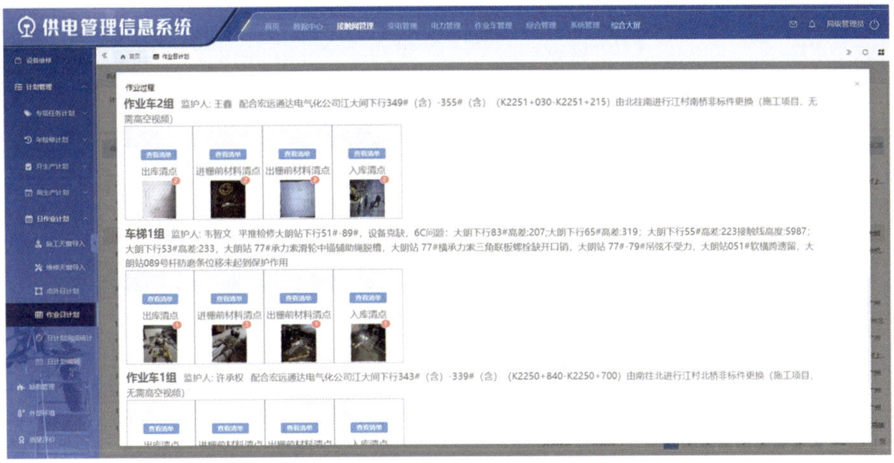

图 4-73　作业维修数据

依据网络安全等级保护和关键信息基础设施保护要求，构建安全技术、安全管理、安全运营的结合体系，确保网络安全。传输过程加密，确保数据在传输过程中的安全，使用超文本传输安全协议、安全文件传输协议等协议，禁止明文传输。在网络架构中划分安全域，为各区域分配不同的网络地址，对不同安全域采取不同的保护措施。部署安全认证网关，实现远程用户安全接入，确保用户、终端设备和访问权限的安全。

根据数据的重要程度和潜在危害，制定相应的存储策略。在存储核心数据、重要数据和敏感个人信息时，采用加密技术，防止数据被未经授权的访问或泄露。实施严格的访问控制，对核心数据、重要数据的重要操作设置内部审批流程或核验使用方式。对数据库权限和角色进行管理，限制用户访问权限，定期清理多余账户，及时安装补丁修复漏洞。

传输铁路数据需进行加密处理，以防止数据在传输过程中被窃取或篡改。部署安全加密隧道，如虚拟专用网络（virtual private network，VPN），对数据进行加密传输，确保数据传输的机密性和完整性，防止非法监听。

应用中遵循最小权限原则对数据使用进行控制，确保用户只能访问授权范围内的数据，对核心数据和重要数据的重要操作设置审批流程；使用日志审计，执行操作日志管理，记录至少 180 天的操作，监控操作过程；记录业务逻辑、数据访问，审核用户操作，密码安全存储，控制访问权限确保操作可追溯；按数据分级验证存储与完整性，验证数据来源，管理敏感数据，使用数据防泄漏、脱敏、数字水印等技术保护数据完整性。

铁路供电管理信息系统的网络方案基于主数据中心的网络条件进行设计，运行于铁路内部服务网应用类服务区。数据传输方式采用数字证书＋安全平台模式，移动端数据发送到国铁集团主数据中心外服网接收服务器后校验数字证书，认证通过后，通过安全平台将数据发送至铁路内服网接口服务器，在铁路内服网中共享数据资源。铁路供电管理信息系统网络结构如图 4-74 所示。

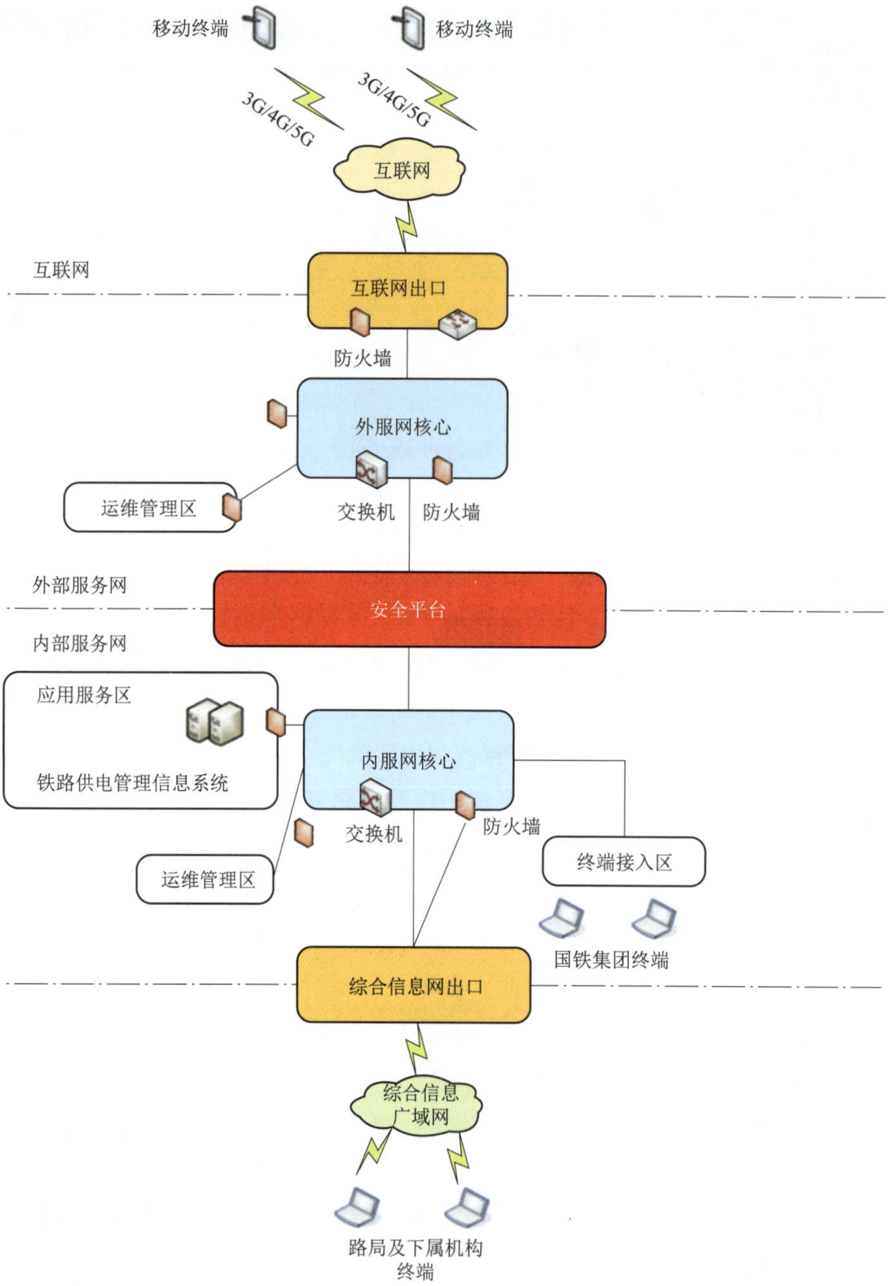

图 4-74　铁路供电管理信息系统网络结构示意

第5章　发展规划

《数字铁路规划》提出了数字铁路整体框架，以及夯实数字铁路建设基础、强化铁路业务应用数字化、强化数字铁路关键能力、营造数字铁路健康发展环境等任务目标。围绕着这些任务和目标，铁路供电数字化已取得了显著进展。设计方面，利用BIM+GIS技术构建统一环境的协同设计平台，运用仿真软件进行建模计算和多重方案比选，有效解决了设计过程中出现的各类碰撞问题，提高了协同设计水平，实现了数字化交付。建造方面，探索智能建造，构建安全指挥大数据平台，实行工厂化预配、数字化检验、设备电子化档案、资料数字化移交等全流程数字化管理，提高了建造的质量和效率，施工安全和质量工艺的管控水平明显提升。运维方面，建成了供电安全检测监测系统、智能牵引变电所、智能供电调度系统，研发应用了图像智能识别、状态预测预警等新技术，提高了设备状态精确分析能力和运行维护水平，实现了高水平的设备状态修、预防修。

未来仍要紧跟时代步伐，贯彻落实《数字铁路规划》，深化数字技术在铁路供电专业各阶段、各环节的应用，实现铁路供电专业全面正向设计、全工序智能建造、全方位智能运维，服务铁路高质量发展。为此，必须系统的、全方位的、全面的规划好铁路供电专业数字化建设的路线图、时间表和任务书，提出2025—2029年各个阶段的任务和目标，调动各方面力量，形成攻坚态势，稳扎稳打，确保期到必成，全面建成和实现铁路供电专业数字化。

5.1　路线图

5.1.1　贯通一条主线

如图5-1所示，通过构建统一的数据标准与规范，打破设计、建造与运维各阶段的数据壁垒，汇聚、整合各阶段产生的海量数据，确保数据在整个流程中的顺畅流动与高效共享，实现数据的全贯通，为设备的全生命周期管理奠定坚实基础。

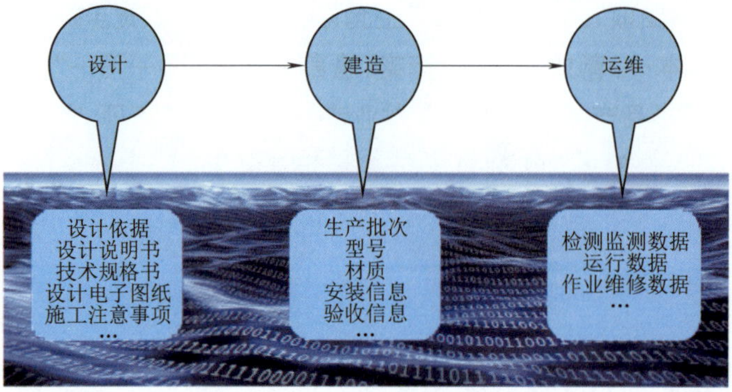

图 5-1　一条主线

5.1.2　构筑一个底座

如图 5-2 所示，充分运用 5G、AI、大数据、云计算等技术，建立具备安全、快速、高效传输通道，以及海量多源异构数据自动处理能力的数据平台底座，形成供电数据资源湖，实现数据资源按需主动推送，为供电数字化提供数据支撑。

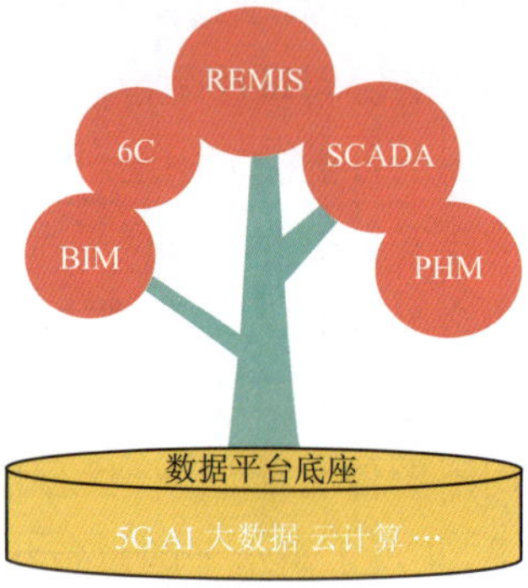

图 5-2　一个底座

5.1.3　深化五个系统

如图 5-3 所示，深化供电 BIM、6C、SCADA、PHM、REMIS 等系统建设，形成设计、建造、运维各阶段、全过程的 BIM 应用，全面感知并全方位监控设备运行状态，提高设备故障预警与寿命预测能力，实现供电设备一体化智能运维。

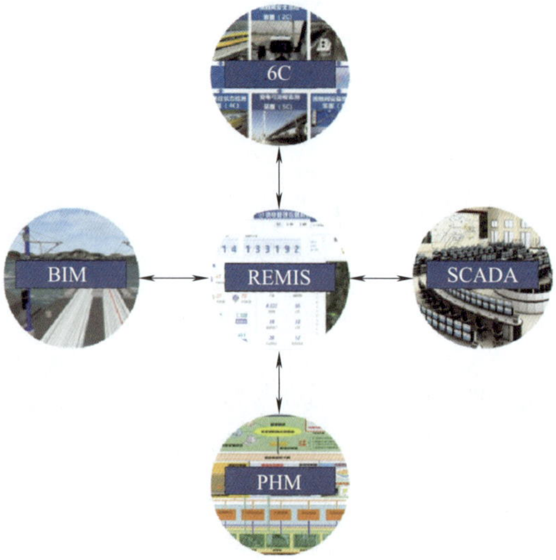

图 5-3　五个系统

5.1.4　搭建一个网络

如图 5-4 所示，充分利用设计、建造、运维阶段的数字化成果，挖掘数据价值，相互学习借鉴，不断实现设计、建造、运维水平的自我改进、完善和提高，形成各环节相互支撑、相互促进的生动活泼的良性网络构架，持续推动供电设备全生命周期数字化能力和专业管理水平不断提升。

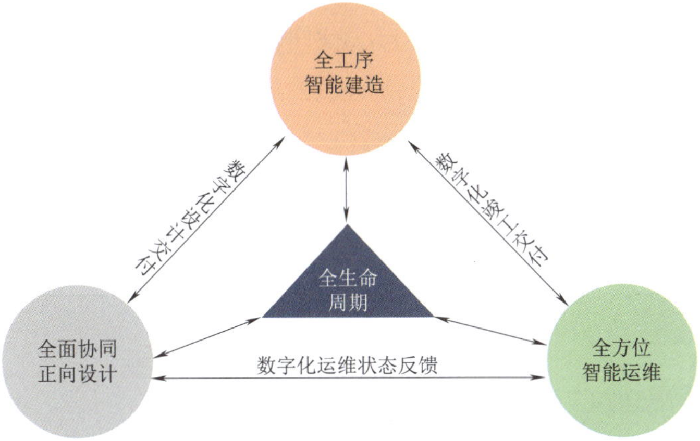

图 5-4　一个网络

5.1.5　融入一个平台

积极将供电专业数字化建设成果和相关数据接入中国铁路云平台，实现各专业数字化成果跨专业、跨领域共建共享。如图 5-5 所示，充分利用云平台的 GIS、运输、气象等信息，不断完善供电专业数字化建设成果、提高数字化建设水平，促进铁路供电专业高质量发展。

图 5-5　一个平台

全面落实铁路供电专业数字化建设的“1-1-5-1-1”路线，推动铁路供电专业数字化转型工作，实现铁路供电专业的数字化、智能化、现代化，持续保持世界领先水平。

5.2 时间表

根据线路图中提出的“1-1-5-1-1”建设目标，深入剖析各关键环节发展现状，充分考虑实际执行中可能存在的挑战，在此基础上，规划形成 2025—2029 年关键任务时间节点，如图 5-6 所示。通过明确的任务目标与预期成果，为铁路供电数字化全面转型提供方向指引。

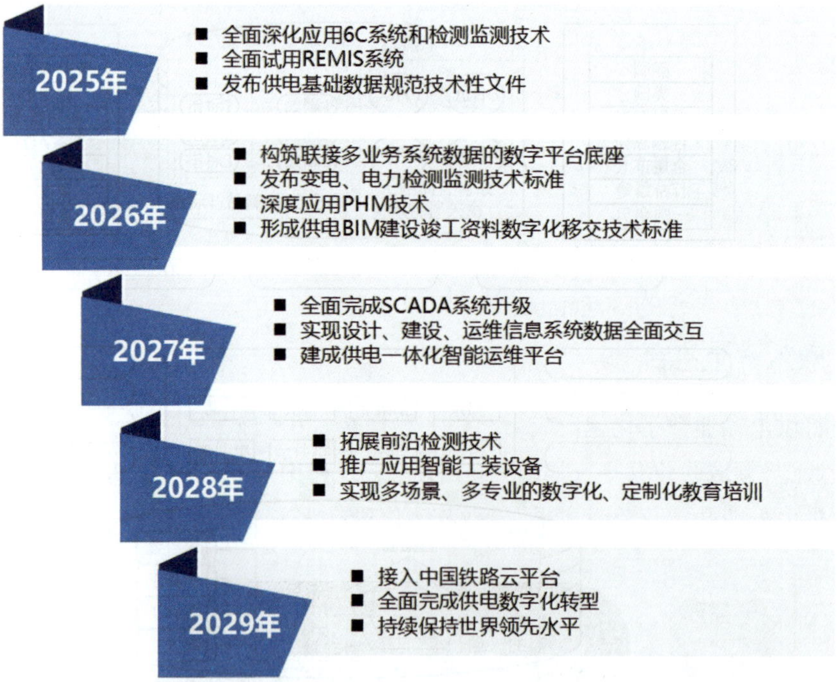

图 5-6　时间表

5.3 任 务 书

基于 2025—2029 年关键任务时间表，细化实施步骤，详细制定了各阶段任务书，见表 5-1。通过科学合理的任务安排，确保各项工作有序、高效推进。

表 5-1 任务书

时间	任务目标
2025 年	(1)按照检测短板全补强、检测范围全覆盖、检测分析全智能、检测功能全扩展、检测数据全共享的发展思路，推进检测监测技术在高速铁路的深化应用、普速铁路的全面推广，深入推进 2C、4C 智能分析，拓展 3C、5C 智能分析识别技术，提高供电 6C 服务运维、保障安全的能力； (2)推进变电、电力检测监测系统整体构架、具体项点、数据归集等研究，形成变电、电力检测监测系统技术条件，进一步丰富完善供电安全检测监测体系； (3)推广应用手持式、便携式检测装置，加大对车站侧线、专用线、联络线的定期检测，提高检测覆盖率，消除供电 6C 检测盲区； (4)推进牵引供电 SCADA 系统升级，拓展 SCADA 与 TDCS/CTC 等专业控制、信息系统的数据交互功能，提升防误停误送电技术水平； (5)推进 REMIS 系统全面试用，提升全路供电基础数据统一管理和现场生产信息化管理水平； (6)推进材料物资数字化管理，积极采用二维码、条形码等手段，对采购、入库、出库、安装、调试、运行、维护、报废等各环节实行基于数字化的全生命周期管理，提高材料物资数字化、信息化管理水平； (7)结合新线建设，扩大应用 BIM 建设竣工资料数字化移交，逐步规范数字移交工作标准，以信息化手段提升建维一体管理水平； (8)发布供电基础数据规范技术性文件，为统一供电信息系统数据库结构提供依据
2026 年	(1)全面推广应用 2C、4C 智能分析和 3C、5C 智能分析研究成果，建立突出隐患快速分析、提前预警、及时处置的安全风险管控机制，以智能化手段提升超前防范安全风险的能力。基于检测监测、设备台账等多源海量数据，构建供电专业知识图谱，提升供电设备安全预警和安全运行规律掌控能力。运用 5G、AI、大数据、云计算等技术，进一步拓展供电专业与机辆、电务、运输等专业信息化系统数据交互，接入外部环境、气象灾害等关联信息数据，建立具备安全、快速、高效传输通道，及海量多源异构数据自动处理能力的数字平台底座，形成有力支撑供电安全管理的泛数据湖； (2)发布变电、电力检测监测技术标准，全面推广应用变电、电力检测监测系统，研究和构建各类供电设备故障预测与健康管理数字模型，推进 PHM 技术深度应用，提升智能运维水平； (3)开展 REMIS 系统升级，完善变电、电力专业生产管理信息化功能板块并全面推广应用，收集梳理各局信息化系统中成熟应用的个性化功能插件，嵌入 REMIS 系统，促进 REMIS 系统更好服务专业管理和现场生产需求； (4)利用数字孪生技术，构建和丰富接触网、变电、电力等专业检修工艺、生产场景、典型案例的数字化孪生教材，打造更加贴近现场实际的数字化培训系统，提升教育培训效果； (5)形成供电 BIM 建设竣工资料数字化移交技术标准，规范移交工作，全面打通设计、建设、运维信息数据壁垒
2027 年	(1)基于 AI、5G、低空飞行器等前沿技术，进一步丰富供电 6C“无人化、智能化”检测分析手段，深度挖掘泛数据湖的数据价值，构建更加丰富的数字模型，全面打造涵盖设备质量评价、生产能力分析、安全风险研判、实施方案比选等专业管理和安全生产全要素分析研判功能的供电一体化智能运维平台，开创“数字赋能、智慧运维”管理新格局； (2)进一步丰富 REMIS 系统的智能化功能，推进实施涵盖计划编制、方案评审、现场作业、质量验收等各生产环节的信息化管理，全面提升现场生产安全质量和效率效益； (3)基于 BIM+GIS、数字孪生、人工智能等技术，探索构建以“数字接触网”“数字牵引变电所”“数字铁路电力”为主要构架的数字铁路供电； (4)全面完成 SCADA 系统升级，实现 SCADA 与 TDCS/CTC 等相关外部系统的数据安全交互共享，全面提升供电调度信息化管理水平； (5)深入推进基于 BIM+GIS 的设计、建设、运维信息系统数据全面交互，打造基于数据链条全过程管控的供电设备全生命周期管理机制

续上表

时间	任务目标
2028 年	(1)进一步拓展基于新技术、新装备的 6C 检测手段，研究应用超声波、射线、涡流等金属无损检测前沿技术，及时发现线材、零部件内部裂化隐患，提升通过检测监测防范突出风险隐患能力； (2)全面建设基于智能检测分析、智能 REMIS 系统以及远动控制、辅助监控等信息化系统融为一体的智能运维平台，进一步提升铁路供电数字化、智能化水平； (3)推广应用智能化作业平台、低空飞行器自动检测等智能工装设备，不断提升现场生产智能化水平； (4)基于数字化培训系统，构建各专业具体操作岗位的模块化培训子系统，进一步提升数字化培训的针对性、时效性
2029 年	(1)构建全流程数字化大模型、大系统，实现协同正向设计、竣工数字化交付与运维状态反馈，形成流畅的良性循环体系； (2)将供电数字化成果和相关数据接入中国铁路云平台，共享 GIS、运输、气象等信息，实现各专业数字化成果跨专业、跨领域安全共享，提高铁路供电专业大安全发展水平； (3)全面完成铁路供电数字化“1-1-5-1-1”建设任务，实现铁路供电专业的数字化、智能化、现代化，持续保持世界领先水平

第6章 数字化应用案例

6.1 智能京张

作为中国首条智能化高速铁路的京张高铁已于2019年12月30日开通运行，正线全长173.947 km，共有客运站9座，平面示意如图6-1所示。京张高铁集中展示我国智能高铁创新发展的最新成果，在智能高铁总体框架指导下，结合服务奥运的需求，实现旅客智能出行、铁路智能运输，其中多项智能技术的应用均为国内首次、国际领先。京张高铁智能化主要包括智能建造、智能装备和智能运营三大板块，具体涵盖智能工程建设与基础设施、智能出行、智能经营、智能列车、智能行车组织等方面的内容。

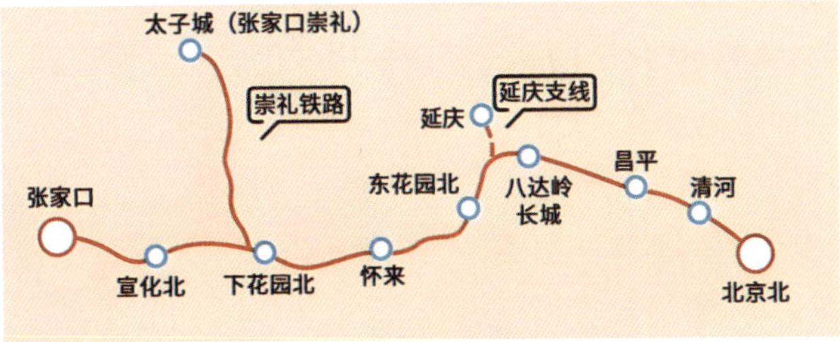

图6-1 京张高铁线路平面示意

智能工程建设与基础设施方面，应用BIM技术进一步深化施工设计，通过BIM模型和仿真模拟，对变配电所电缆布放、电缆沟、接触网隧道口等关键部位的附加线走向和隧道内大型设备运输安装等施工方案进行合理优化。对官厅水库钢桁梁等特殊区段，提前模拟设备、线索与钢桁梁的位置关系，重点对桁梁进出口腕臂及附加线吊柱位置进行优化，使附加线过渡更加顺畅，安装后各项绝缘距离全面达标，如图6-2所示。建设三维工程管理平台，优化施工组织，实现工程进度管理、质量管理的可视化、信息化和智能化。开展基于BIM技术的竣工交付标准研究，在竣工验收阶段，实现设计和建造数据的按需交付，形成现实和虚拟数字铁路的同步交付。在运营阶段，首次采用了以智能牵引供电设施、智能供电运行检修管理系统、智能供电调度系统组成的智能牵引供电系统，实现智能运营维护管理，进一步提高牵引供电系统的安全性、可靠性，降低故障发生的概率与风险，降低使用与维护的费用。

图 6-2 BIM 施工模拟

通过搭建重点工程结构安全监测传感器及网络，对关键设施、设备的运营状态进行实时监测监控。建立了八达岭长城地下站防灾疏散救援系统，对地下站的环形救援廊道进行了增强设计，完善了防灾体系，进一步确保铁路安全。京张高铁部署铁路统一的北斗应用服务平台，规划部署京张高铁地基增强基站，利用沿线铁路通信机械室网络、电源等资源，构建地基增强网络，为全线提供高精度定位服务；布设京张高铁隧道内相关设备，实现隧道内北斗模拟信号覆盖，通过北斗终端定位，信息回传铁路局生产调度指挥中心，实现人员区域标记、位置监视及防护辅助等功能，提高作业人员管理质量。

智能出行方面，采用全面优化完善的 12306 网站和票务自助服务系统，实现电子客票应用、全程个性化的精准服务，优化后的客票系统采用二代居民身份证、电子护照、手机二维码以及“人脸”等丰富多样的电子客票载体，使用自动识读、电子识别、生物特征识别等多维度的身份识别技术，智能配置和优化客运生产服务资源，实现旅客全程出行无纸化、业务办理自助化、客票销售线上线下一体化等服务。站内智能导航系统为旅客提供精准定位、路径规划、位置搜索、导航等服务，提升旅客出行体验，为旅客提供从出发、到站、乘车、出站全流程服务。为车站管理人员提供先进的旅客服务管理手段以及基于旅客行为数据的统计与分析。

智能经营方面，通过大数据技术的应用，实现客运产品设计、售票组织及相关延伸服务优化。在客运站内部署面对旅客的无线网络和运营服务系统，为旅客提供包括视频观看、音乐、阅读等车站局域网本地内容服务，以及正晚点、检票口位置查询等客运相关信息服务，同时为注册认证的旅客提供互联网接入服务，满足旅客出行中多样化服务需求，提高出行乘车体验。车站运营智能感知系统基于音视频融合分析、跨场景目标跟踪等技术，实现区域人数、排队长度、人流速度和方向的统计分析，以及突发事件、非法入侵、站台越界等异常行为的监控报警，为车站快速响应、协同指挥、智能调度提供有力支撑。

智能列车方面，采用复兴号智能动车组列车，分为“瑞雪迎春”“龙凤呈祥”两款，如图 6-3所示，在安全舒适、绿色环保、智能化、综合节能等方面进行全面提升优化。实现列车的自动驾驶，确保列车运营安全信息的自动判断和实时监测，实现旅客列车车内的无线网络覆盖及多样化的信息咨询服务。

图 6-3　智能列车

智能行车组织方面，构建基于人工智能的高速铁路智能调度指挥系统，实现进路和安全卡控、列车运行智能调整，搭建行车信息数据平台、行车调度综合仿真以及列车自动运行系统，实现京张高铁行车调度的智能化。

京张智能高铁是我国智能铁路最新成果的首次集成化应用，在列车自动驾驶、智能调度指挥、故障智能诊断、建筑信息模型、北斗卫星导航、生物特征识别等方面实现了重大突破，为构建智能铁路技术标准体系，初步形成智能铁路应用格局奠定了基础。京张高铁集中国铁路建设运营技术和管理水平之大成，全面展示我国智能铁路创新发展的最新成果，成为中国高铁从世界先进水平向世界领先水平迈进的标志性工程。

6.2　铁路供电 6C 大数据分析系统

为落实《新时代交通强国铁路先行规划纲要》要求，在国铁集团工电部指导下，以保障铁路供电安全持续可靠优质为目标，按照《铁路大数据应用实施方案》提出的“一数一源”“一点采集、全程应用”原则，建立整合多种检测监测数据，实现数据互联互通、关联分析的国铁集团 6C 大数据分析系统。通过数据资源的充分共享和高效利用，提升铁路供电设备的检测监测数据分析应用水平，为维修决策提供科学依据，保障铁路供电专业修程修制改革的顺利进行。系统主要功能包括数据归集管理、数据发布、数据展示、统计查询、综合分析等。

数据归集管理方面，对全路的组织结构、线路、区间（站场）、基本设备类型、缺陷类别定义等基础数据进行集中管理，并在数据变化时同步更新至各个铁路局。截至 2024 年底，18 个局级系统共计 100 个站段 6C 系统数据全部规范接入国铁集团 6C 大数据分析系统，累计归集缺陷数据 116 万条。基于归集数据，每月完成《6C 大数据分析系统运用报告》，总结缺陷受时间、温度、区域等因素影响的变化规律。在铁路内服网建成 3C 数据统一接收终端，配置 3C 装置数据传输卡，解决了既有互联网接收终端网络安全风险、不同供应商检测数据分散难以共享等难题，实现了 3C 数据从互联网到内服网的实时安全传输及分析共享，6C 数据融合应用能力进一步加强。

数据发布方面，接收各铁路局 6C 信息综合处理系统上传的典型缺陷及检测监测数据、检测计划、缺陷整改等信息，并向铁路局 6C 信息综合处理系统发布相关分析结果，如图 6-4 所示。

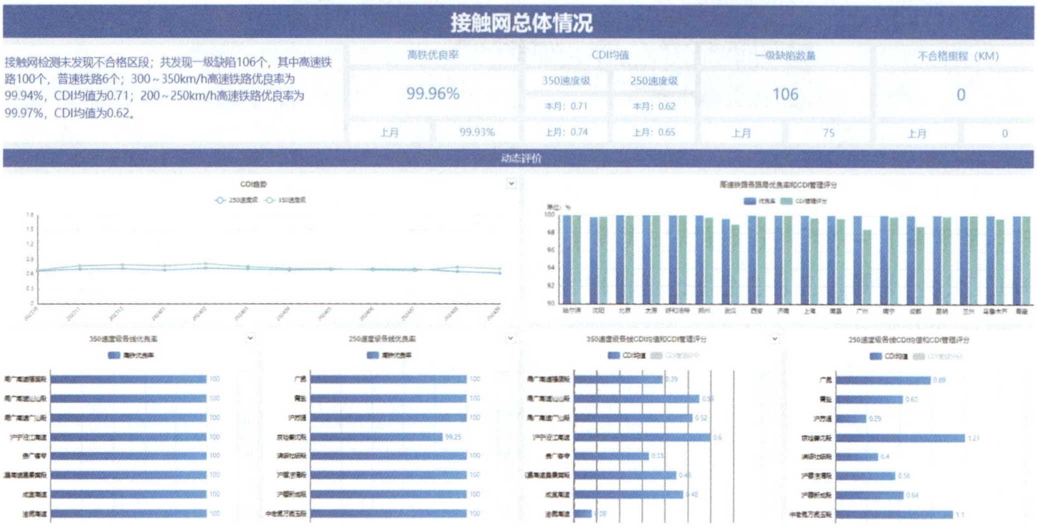

图 6-4　数据发布

数据展示方面，对 6C 系统各装置的缺陷和检测监测数据以报表、曲线、图像、视频等形式进行单独和综合展示。主要包括变化趋势展示、分布特征展示、检测监测原始数据调阅。如图 6-5 所示，以色阶图的形式展示线路的评价指标变化情况，横坐标为线路里程，纵坐标为检测时间，采用不同颜色区分数值大小，直观的展示线路设备状态在时间和空间上的变化情况。图 6-5(b)横坐标是线路各锚段，纵坐标为评价指标，展示线路各锚段在查询时间范围内的接触网动态性能。图 6-5(c)横坐标为查询时间范围，纵坐标为评价指标，展示整条线路在查询时间范围内的接触网动态性能变化情况。

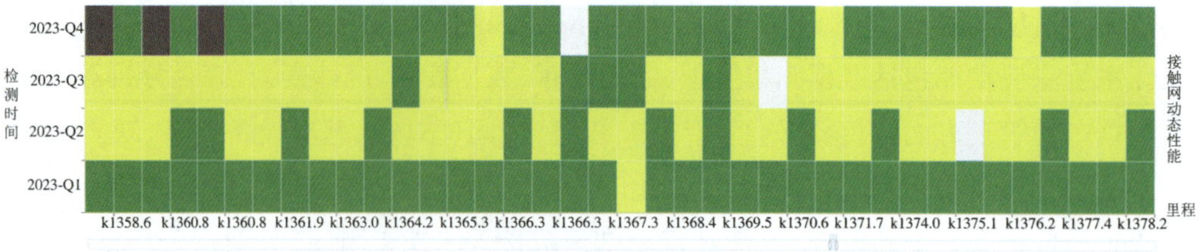

(a)CDI 色阶图

图　6-5

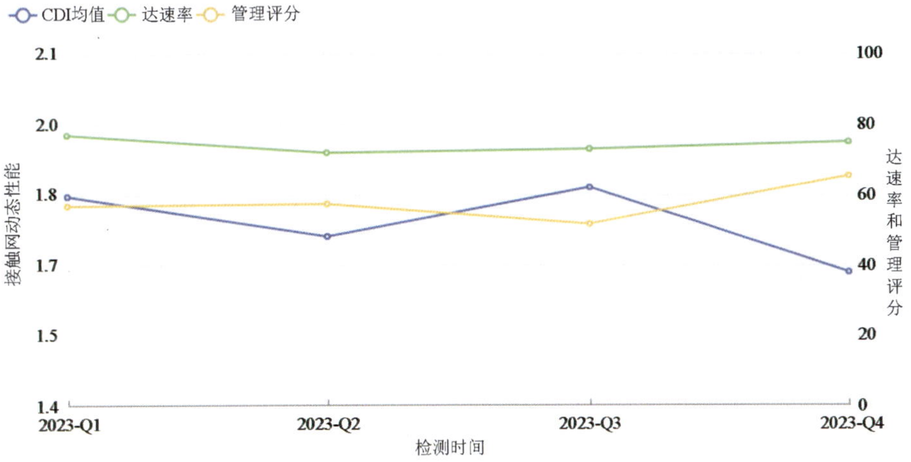

(b)CDI 变化情况

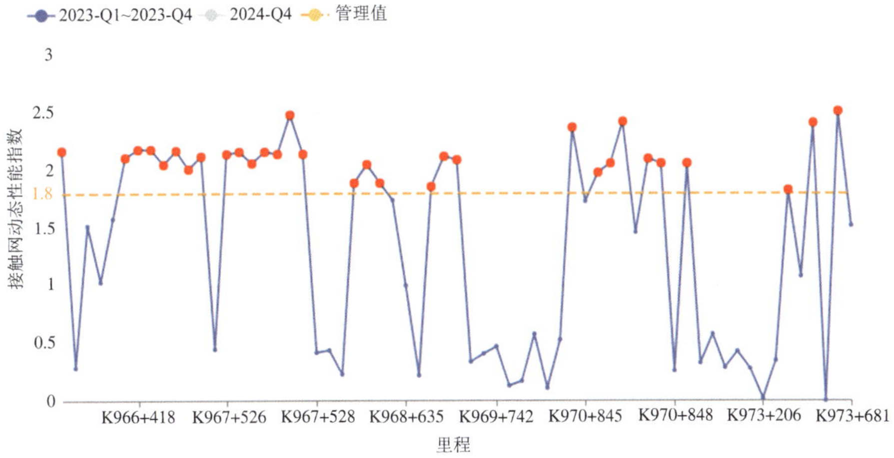

(c)CDI 空间分布

图 6-5　数据展示

统计查询方面,按线路、区间(站场)、里程范围、所亭、管理机构等多种条件对检测数据及缺陷进行统计和查询,如图 6-6 所示。

序号	线路	行别	局别	站段	公里标	发现日期	6C类型	缺陷类型	缺陷等级	状态	详情
1	京广高速	下行	北京局	石家庄供电段	K143+502	2024-09-28	综检1C	燃弧->最大燃…	二级	持续关注	
2	京广高速	下行	北京局	石家庄供电段	K139+273	2024-09-28	综检1C	燃弧->最大燃…	二级	持续关注	
3	京广高速	下行	北京局	石家庄供电段	K137+106	2024-09-28	综检1C	燃弧->最大燃…	二级	持续关注	
4	京广高速	下行	北京局	石家庄供电段	K109+124	2024-09-28	综检1C	燃弧->最大燃…	二级	持续关注	
5	京广高速	下行	北京局	石家庄供电段	K66+196	2024-09-28	综检1C	接触线高度->…	二级	持续关注	
6	京广高速	下行	北京局	石家庄供电段	K60+122	2024-09-28	综检1C	燃弧->最大燃…	二级	持续关注	
7	京广高速	下行	北京局	石家庄供电段	K23+325	2024-09-28	综检1C	燃弧->最大燃…	二级	持续关注	
8	京广高速	下行	北京局	石家庄供电段	K21+661	2024-09-28	综检1C	燃弧->最大燃…	二级	持续关注	
9	京广高速	下行	北京局	石家庄供电段	K19+717	2024-09-28	综检1C	燃弧->最大燃…	二级	持续关注	
10	京广高速	下行	北京局	石家庄供电段	K18+477	2024-09-28	综检1C	燃弧->最大燃…	二级	持续关注	

图 6-6　统计查询

综合分析方面，对检测监测数据进行对比分析、数据挖掘和智能分析。包括缺陷分布地点、发生季节，不同年限设备、同一设备连续状态变化的趋势，不同管理机构、同一管理机构内所有设备状态的变化分析等，并可实现线路设备质量综合评价，生成设备质量分析报告，指导供电设备维护。如图 6-7 所示，以 1C 检测波形数据为主，结合 4C 数据、6C 缺陷、评价指标、设备台账及气象等数据，实现接触网动静态检测数据对比、6C 缺陷融合分析。

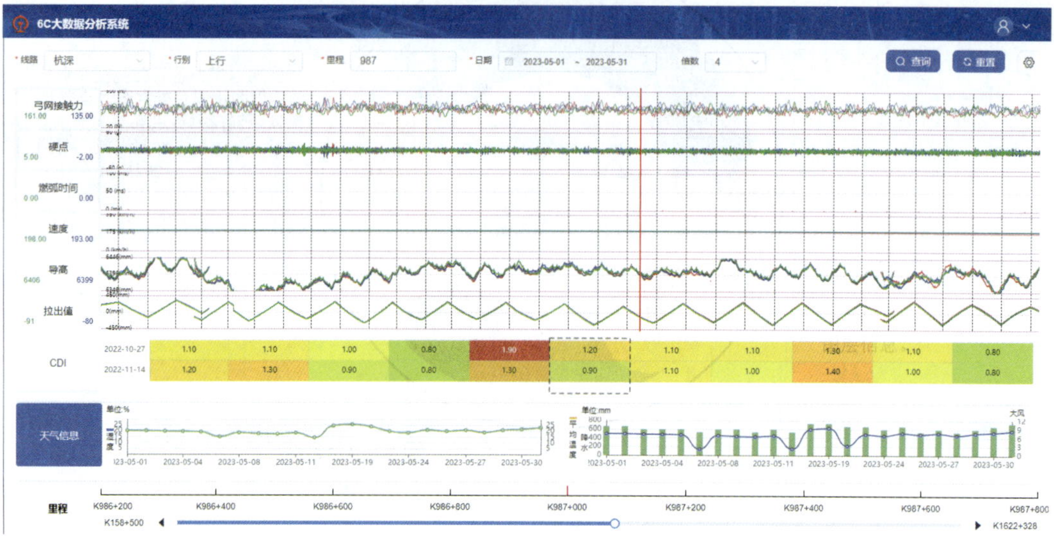

图 6-7　设备状态综合分析页面

基于检测数据特征的智能预警算法应用，包括补偿装置状态异常、中心锚结线索弛度、定位点接触线移位及定位器受力状态异常等。基于里程校正后的 1C 波形数据，结合基础设施台账信息，通过预警算法的自动调用，实现异常处所的自动识别。数据分析人员通过应用页面查看对应波形及历史检测数据，进行二次确认并下发至铁路局用户，相关人员复核确认后将现场实际情况及处置措施进行反馈，实现问题处所的预警、复核、处置及反馈的闭环管理。补偿装置预警如图 6-8 所示，预警准确率超过 90%，发现了因轴承损坏、补偿绳窜槽脱槽、补偿坠砣与外部异物接触等导致的严重隐患。定位点接触线移位预警，现场复核准确率达 95%，发现了因春融导致的支柱倾斜、螺栓松动导致的腕臂套管滑移、温度变化导致的定位器偏移等严重设备异常。定位器受力状态异常预警，在新线验收、接触网三级修精测分析中广泛应用，发现了定位钩、定位支座、定位销钉等部件严重磨损。

“4C 智能云”分析将图像智能识别算法部署在云端，算力和存储空间可进行集中管理与弹性扩展，具备图像数据在线上传、自动识别图像缺陷、漏采杆位自动定位、人工在线审核及数据分析自动汇总等功能，大幅提升图像分析效率，如图 6-9 所示。

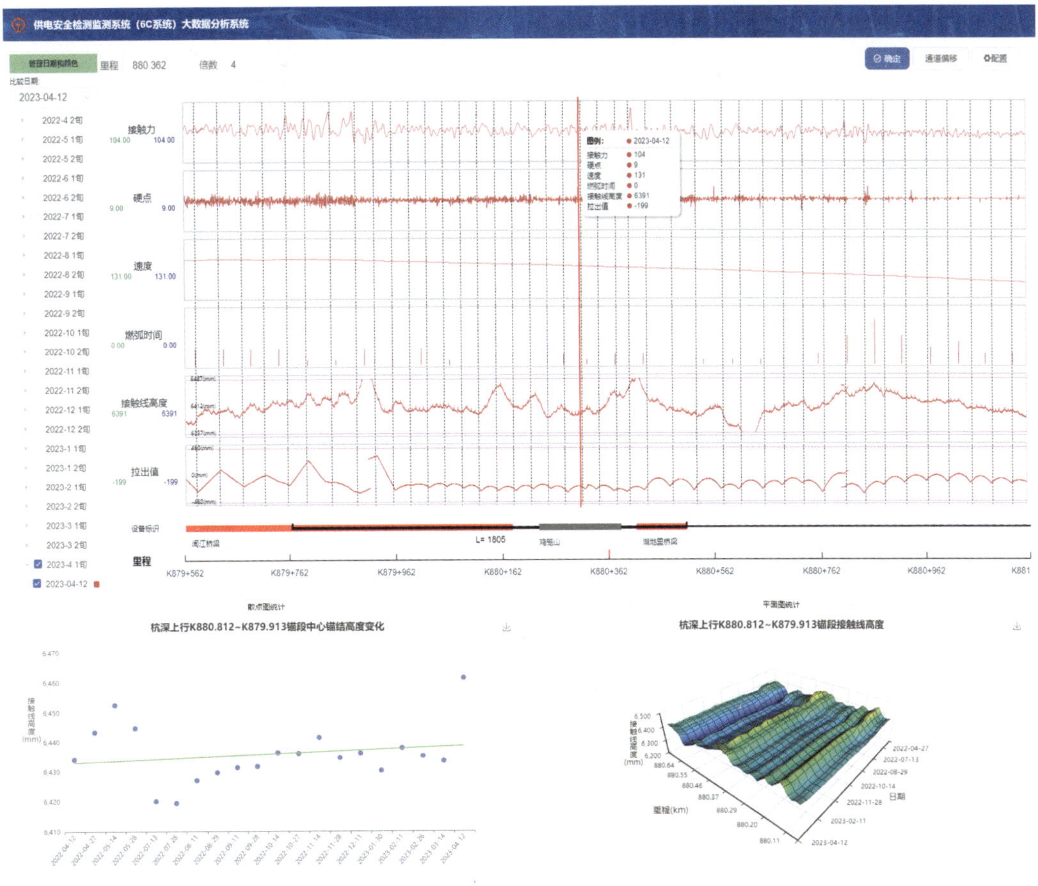

图 6-8　补偿装置异常识别预警

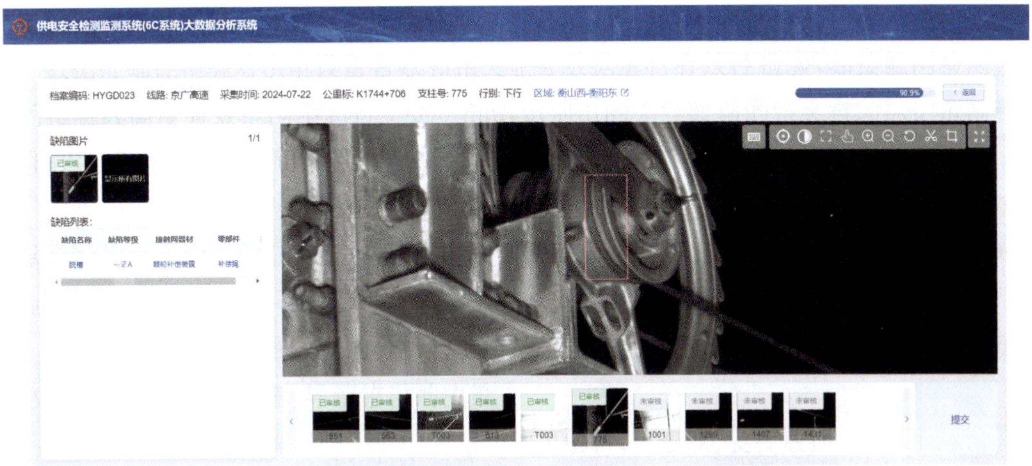

图 6-9　4C 缺陷审核页面

6.3 铁路基础设施检测监测数据平台

现有的数据管理方式已无法与工电供维修一体化改革、铁路高质量发展、提质降本增效等要求相适应，迫切需要建立检测监测数据综合性管理应用平台，打通数据传输通道，挖掘数据价值，为实施精准维修、评价作业质量提供有效支撑。按照国铁集团十四五规划要求，铁路基础设施检测监测数据平台（下文简称数据平台）于 2021 年 1 月启动建设，2024 年初步建设完成并开展全路试用。

现阶段数据平台的定位为“归集管理检测监测数据，提供数据综合分析服务”，如图 6-10所示。以全路检测监测数据资源为基础，叠加国铁集团专业部门和铁路局相关单位的业务信息，实现基础设施检测监测大数据汇聚、存储、共享、分析和应用的信息化平台，为国铁集团、铁路局和站段等相关人员提供大数据开放共享和融合分析服务。

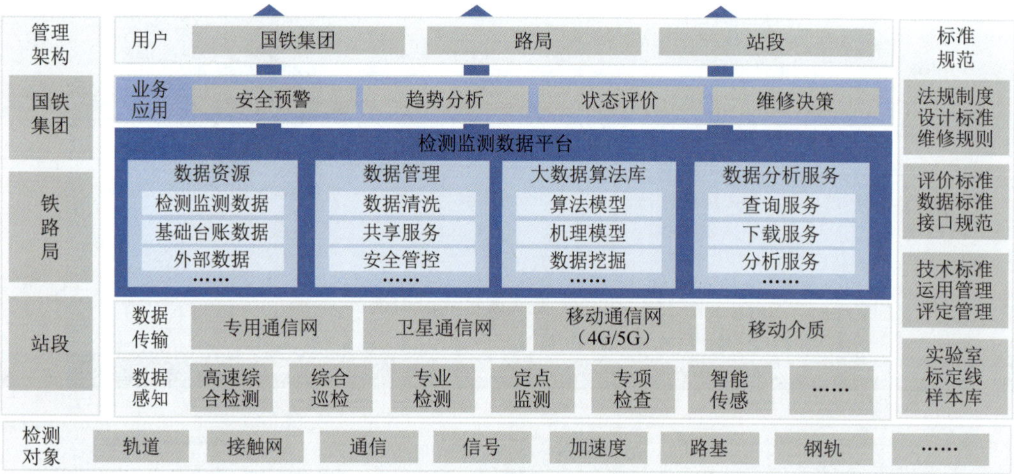

图 6-10 数据平台定位

数据平台总体目标，在深入分析国家和铁路数据发展战略、大数据和人工智能技术发展趋势的基础上，统一规划设计检测监测数据平台“四横两纵”总体蓝图，如图 6-11 所示。“四横”代表未来检测监测数据平台所要达到的能力，包括数据汇集与接入能力、数据存储与处理能力、数据服务与应用能力、支撑业务应用及智能化应用能力，“两纵”是为实现检测监测数据平台能力所需的两大保障体系，即数据治理体系和安全防护体系，通过“四横两纵”总体蓝图建设，助力检测监测数据平台发展愿景，支撑总体发展目标。

数据平台工务专业结合既有信息系统的建设情况，在已成熟运用的分析技术基础上，建设适用面更广并且处理能力更强的数据平台特色模块。包括检测结果统计分析、设备状态综合查看、趋势预警分析和重点区段跟踪等不同类型的数据分析应用。

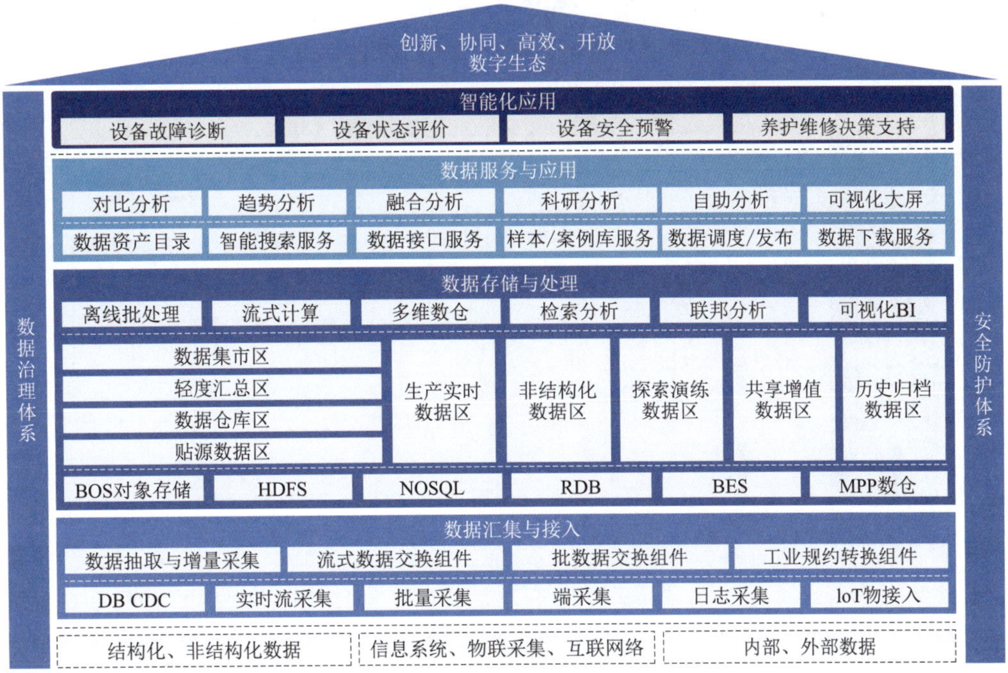

图 6-11　数据平台总体目标

轨道设备状态综合分析，通过叠加一条线路某个行别多次检测多通道里程校正后的轨道几何数据，直观便捷地掌握轨道几何的发展状态，并结合对应的线路管界、设备台账和气象环境信息对轨道质量进行综合分析评价，同时可进行桥梁、车站等台账和不同病害处所的快速跳转，融合了纵向横向等多维度的测量方法，关注发展趋势和开展个性化分析，高效便捷地对维修决策提供支持从而提升运营维修效率，如图 6-12 所示。

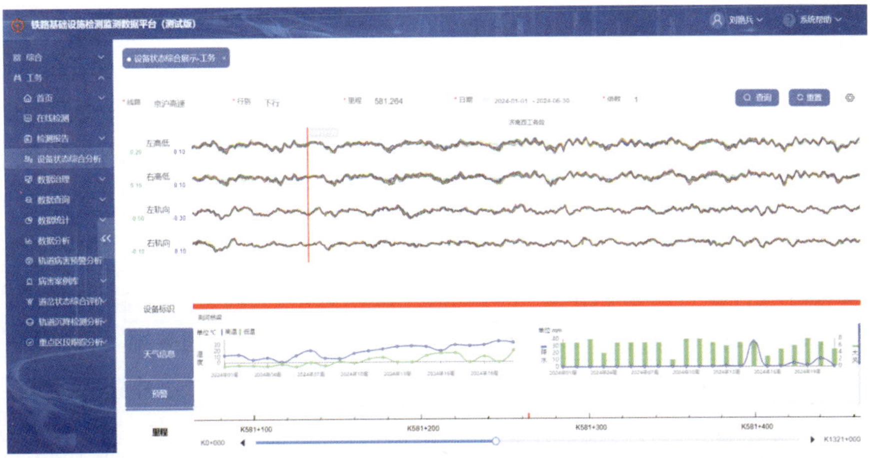

图 6-12　轨道设备状态综合分析

病害预警分析实现了多种典型病害预警预报的结果发布，包括路基沉降、路基冻胀春融、无砟轨道胀板、性能不良道岔等。按照线路、铁路局等维度进行可视化展示，融合了病害复核整治情况，实现了从发现病害到整治的闭环管理，如图 6-13 所示。

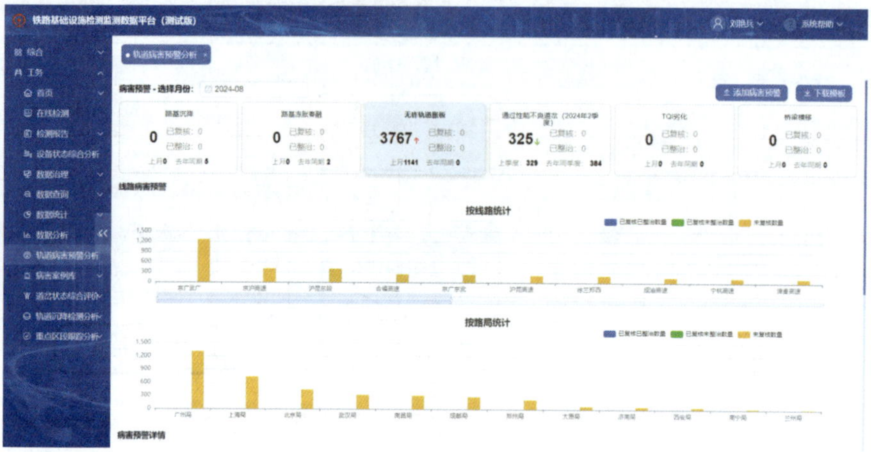

图 6-13　轨道病害预警发布

趋势分析可对钢轨焊缝不良、无砟轨道变形、有砟轨道空吊、路基沉降、桥梁变形等多种典型病害形变引起的轨道几何状态不良变化进行识别，并通过绘制时间维度的趋势线进行直观展示，结合气象环境等信息帮助用户快速识别并关注关键设备或典型病害的发展态势，如图 6-14 所示。

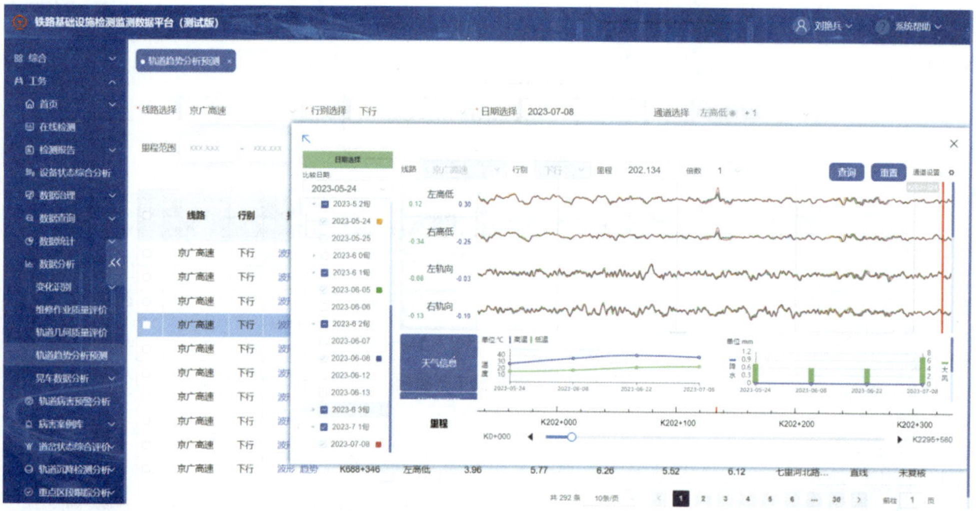

图 6-14　趋势分析查询应用

重点区段跟踪分析实现了对设备类、维修类、问题类以及其他需要重点关注单元的跟踪分析，根据不同类型单元特点，可以配置单元基础信息，选择分析指标，设置评价规则。按照类型创建不同单元，自动计算跟踪时间范围内的分析指标，对计算结果进行可视化展示，查看分析指标的趋势变化情况，评价线路质量，为养护维修决策提供数据支撑，如图 6-15 和图 6-16所示。

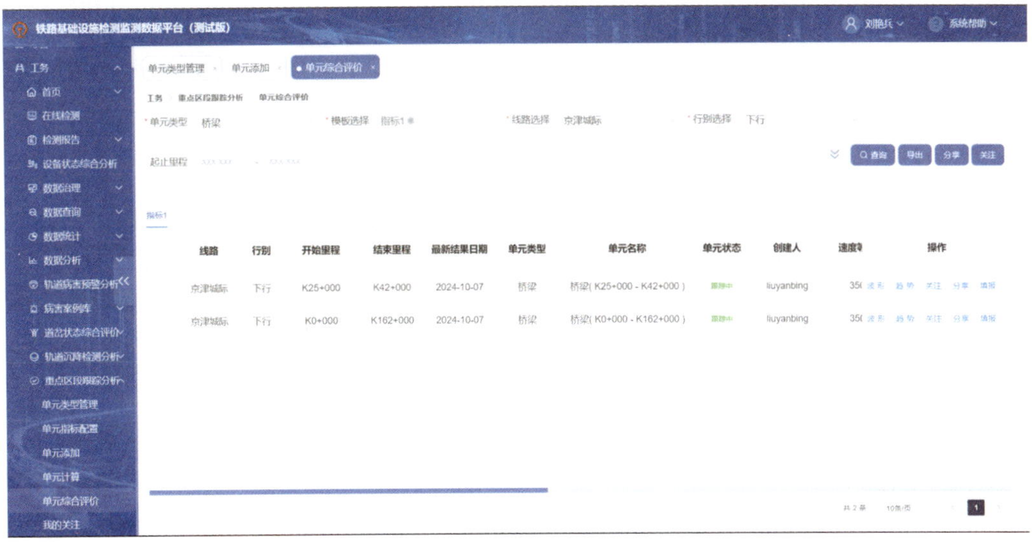

图 6-15　重点区段评价结果

图 6-16　重点区段跟踪各指标趋势

6.4　铁路供电管理信息系统

铁路供电管理信息系统建设是在国铁集团工电部、科信部的指导下，紧密围绕《“十四五”

铁路网信规划》，以业务需求为牵引，通过不断创新迭代升级，支撑供电段深化标准化、规范化建设。通过加强数据治理，进一步激发全路数据潜能，释放数据价值，推动铁路供电专业信息化、数字化、智能化发展，为全路供电安全生产、高效运维管理提供更加坚实的技术保障。

系统以“优化顶层设计，夯实数据基础，支撑修程修制”为原则，以设备管理为基础，围绕“运检修生产过程”和“设备全生命周期管理”两大重点，建立全路统一的供电专业安全生产信息化平台，支撑供电专业信息化、数字化、智能化发展，如图6-17所示。

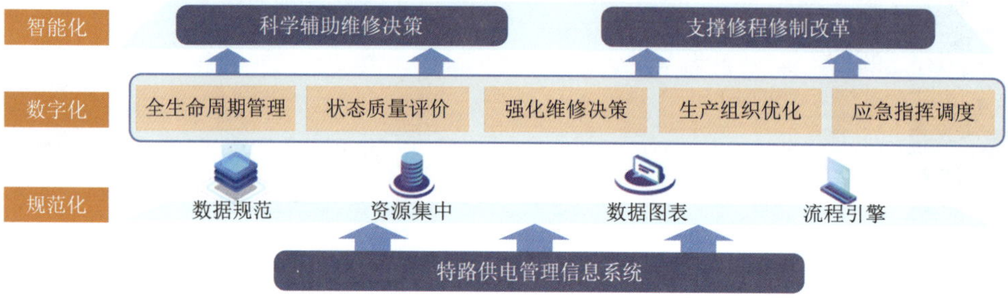

图6-17　系统建设目标

系统遵循统一的标准体系及统一的安全体系，采用国铁集团一级部署。建设国铁集团、铁路局两级系统，实现数据协同一体，上下贯通。覆盖国铁集团、路局站段、车间工区三级应用，涵盖接触网、变电、电力、作业车四个专业，面向国铁集团、铁路局、站段、车间和工区五级用户，并与6C大数据分析系统、TDMS、铁路地理信息系统实现互联互通，如图6-18所示。

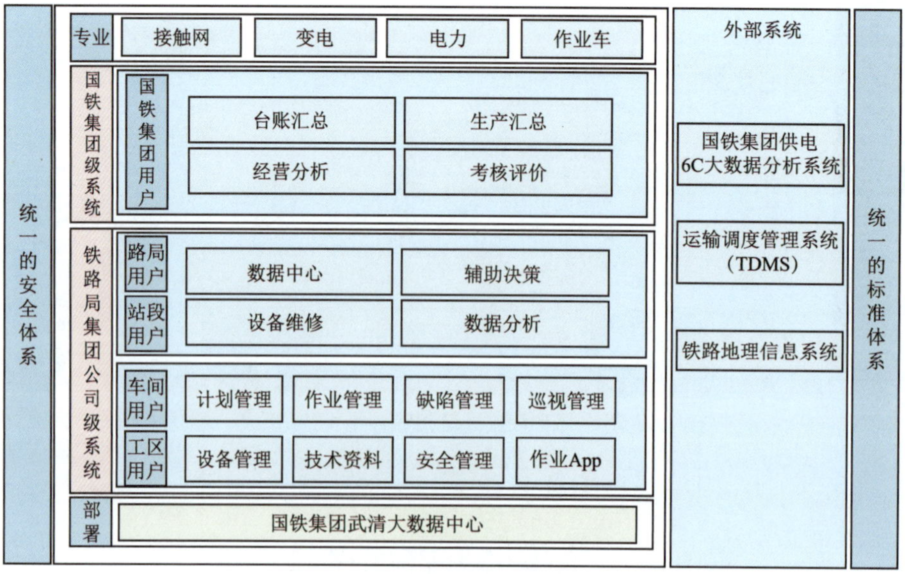

图6-18　建设范围及业务架构

系统建立国铁集团、铁路局、供电段等多层级、多维度的专业信息共享资源，支撑各层级理清设备资产底数、规划生产组织布局、掌控设备质量状态，为供电段、铁路局、国铁集团组织生产提供依据，用少的人工、少的天窗、少的成本实现更高水平的设备安全质量和效率效益，如图 6-19 所示。

国铁集团	把握全路设备资产现状、质量发展态势、重要生产活动，辅助生产经营分析、管理决策。
铁 路 局	厘清设备资产底数，规划生产组织布局，掌控设备质量状态，辅助运维组织与决策。
站 段	支撑设备状态预警、缺陷闭环追踪，管控作业安全、辅助应急指挥、评估维修质量。
车 间	建立缺陷库，开展设备状态与缺陷分析，有效支撑生产组织，辅助应急处置。
工 区	辅助快速编制计划、智能分工并生成工作票，支撑标准化作业。

图 6-19 应用目标

铁路供电管理信息系统全路推广应用应开展如下工作：统一设备管理，分类管理接触网、变电、电力专业设备，统一设备编码、履历；与相关专业统一线、行、车站、区间、股道、隧道、桥梁等基础数据。统一生产流程，建立标准化作业项目、缺陷描述、工具材料分类等字典；建立检测检查、分析诊断、计划编制、维修作业、质量鉴定统一生产流程；建立设备寿命到期、周期检修到期、缺陷整治到期、重点任务到期消息预警提醒机制。接入 6C 分析数据，建立统一的缺陷库，分级分类管理，跟踪处置流程，形成克缺闭环。同时利用国铁集团主数据中心安全策略保障应用安全，分区分域管理国铁集团、铁路局、供电段生产数据，实施数据安全控制。

综合考虑线路条件、运营状况、技术需求、资源投入等各因素后确定 9 个铁路局内的 9 个试点段，进行系统试点应用。主要功能包括综合展示、生产数据和设备台账收集、缺陷统计分析、智能维修生产组织等。

综合展示方面，面向铁路局、供电段用户，分类汇总挖掘系统在运行过程中产生的各类数据，覆盖设备、缺陷、维修作业信息，进行综合展示，如图 6-20 所示。

图 6-20 系统数据中心

生产数据和设备台账收集方面，汇集生产过程数据，形成历史档案；规范收集设备基础台账，形成全生命周期设备履历。变电所设备管理如图 6-21 所示。

接触网缺陷标准方面根据《6C 系统数据缺陷描述规范化要求（暂行）》将缺陷等级、缺陷名称、接触网器材及零部件、缺陷环境位置字典化，并在此基础上细化缺陷标准，加强缺陷描述规范化，缺陷等级和接触网器材代码如图 6-22 所示。

图 6-21 变电所设备管理

图 6-22 缺陷等级和接触网器材代码

缺陷统计分析方面，按线别、车间、缺陷类型统计缺陷发生频次，反映设备状态随时间变化规律，结合 GIS 通过热力图分析揭示缺陷空间分布特征，整合缺陷检测到销号的闭环管理，如图 6-23 所示。

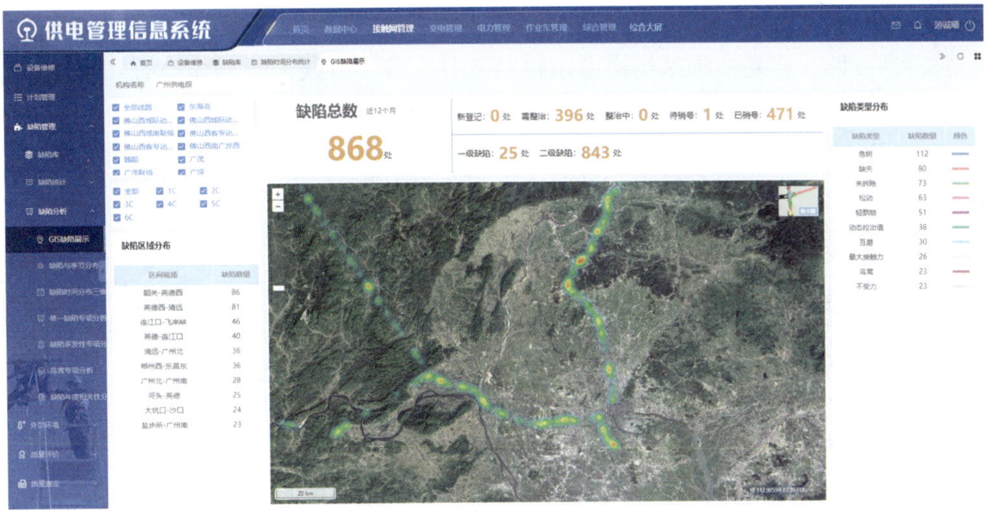

图 6-23　缺陷变化趋势与 GIS 展示

维修生产方面，包括作业计划编制、审核、下发等一系列流程，细化作业流程关键项点，强化作业过程管控，对计划执行过程进行动态闭环管理。

6.5　京雄城际 BIM 设计应用

京雄城际是首条连接北京和雄安新区的重要交通设施，线路起自既有京九线李营站，终到雄安新区雄安站，正线线路全长 92.03 km，新建车站 5 座，分别是北京大兴站、大兴机场站、固安东站、霸州北站、雄安站。京雄城际项目在国铁集团打造“精品工程、智能京雄”的方针引领下，全面筹划部署，确立了全线、全专业、全过程的 BIM 应用目标。

搭建统一的 BIM 协同设计平台，基于统一数据库，开展多专业协同设计。利用卫星影像、航空摄影以及无人机数据，重点展示线位两侧 200 m 范围的地形地貌，包含河流、房屋、高速公路、国道信息。为可行性研究报告编制、初步设计阶段的可视化方案比选、大型临时设施工程与施工便道的可视化管理等提供基础三维场景，如图 6-24 所示。

图 6-24　京雄城际某段落方案比选

对雄安站、霸州北站、固安东站站场布置及综合管线进行优化，如图 6-25 所示。利用骨架驱动模型的理念，建立三维站场模型，对站场用地、各类管线进行碰撞检查和优化。基本解决了大型综合性站场二维设计接口众多、布置困难的难题。

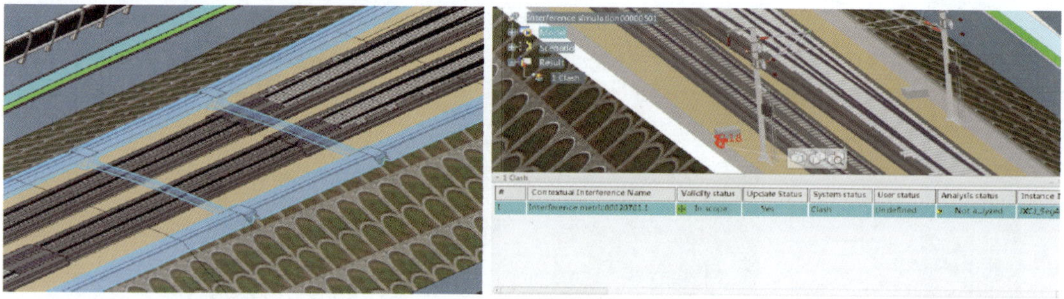

图 6-25　站场管线优化

对京港高铁与京雄城际的空间关系进行三维立体校核，如图 6-26 所示。通过三维模型，快速调整桥墩尺寸，校核净空限界，快速调整简支梁及悬臂设计方案，提升了多线地段桥梁空间设计的技术手段。

图 6-26　多线并行段落三维校核

基于实时获取的轨道板表面三维激光点云数据，采用激光点云自动分类与模型重建技术，构建轨道板 BIM 模型，利用轨道板自动解译处理系统，将此模型与轨道板设计模型进行对比，分析计算包含轨道板外观尺寸、预埋套管、承轨台、扣件间距、板顶面平整度等尺寸偏差，完成轨道板尺寸的自动化检测，如图 6-27 所示。

建立接触网腕臂 BIM 模型，并将测量数据、计算数据、加工数据等信息进行归集，并上传至预配平台，进行腕臂预配全流程加工和装配。同时自动喷条形码、自动紧固螺丝和扭矩控制等，使设备工艺更加安全稳定可靠，降低工作强度，实现腕臂预配自动化、精细化管理，如图 6-28 所示。

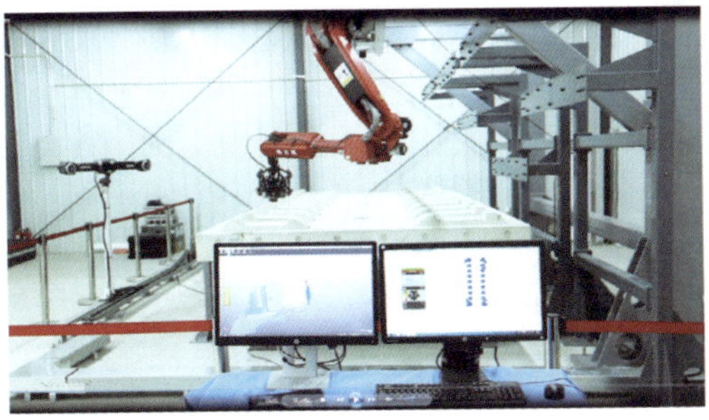

图 6-27　轨道板 3D 扫描

图 6-28　基于 BIM 技术的接触网腕臂预配一体化加工

开发京雄城际 BIM 数据专业化自检工具，数据交付之前进行全面自检，以保证设计数据的完整性和通用性。BIM 设计成果审核无误后，向建设管理、施工应用等平台进行成果交付。

建设管理平台全面承接设计阶段交付的 BIM 模型数据、地理信息数据和基础设施数据，建设管理“一张图”系统如图 6-29 所示。系统载入全线工程 BIM 模型，关联施工进度、工程影像、桩基检测等信息，生成带有地形显示、设计模型、周边环境、大型临时设施等详细信息的电子沙盘，实现安全质量、进度等数据的全面集成和应用，方便管理者查阅。

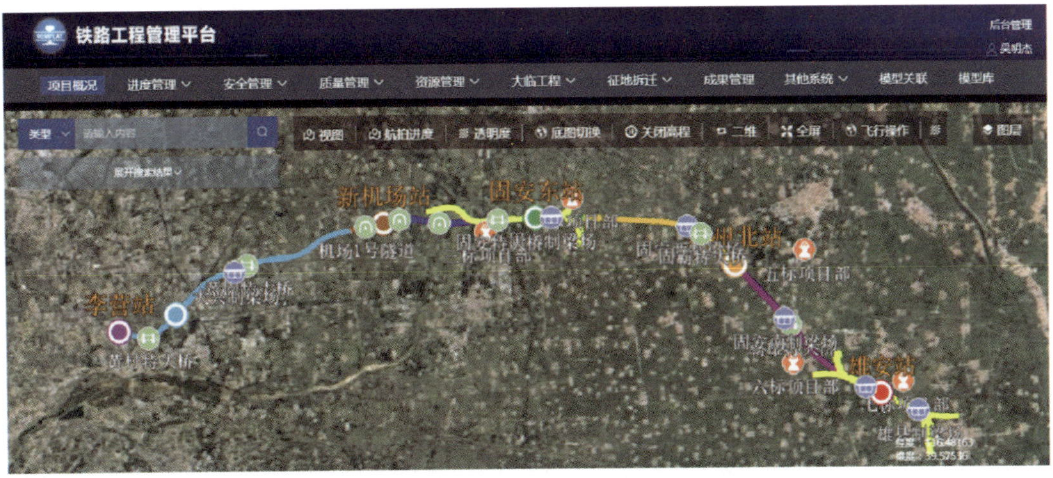

图 6-29　京雄城际建设管理“一张图”系统

以施工需求为导向，施工单位根据自身工程需要开展施工平台研发应用，从技术、进度、成本、安全质量等方面进行全面管理，同时开展单工点深化应用。平台以 GIS 为基础，以 BIM 模型为数据载体，关联施工过程中的进度、成本、安全、质量、物料等信息，协助现场管理人员有效决策和精细化管理，确保施工计划、进度、材料、安全、质量等管理要素可管可控，达到提升效率和质量、缩短工期、降低成本的目的。

6.6　杭温高铁数智化建造应用

新建杭州至温州高速铁路义乌至温州段位于浙江省中东部，线路呈南北走向，从沪昆高铁义乌站新建杭温场引出，南至甬台温铁路永嘉站。沿线新设横店、磐安、仙居、楠溪江 4 座车站，和既有义乌、永嘉和温州南 3 个车站。线路全长 218.259 km，其中新建正线 201.438 km，桥梁 74 座 52 km、隧道 56 座 138.273 km，桥隧占比 94.34%，线路示意如图 6-30 所示。

图 6-30　杭温高铁义乌至温州段示意

针对杭温高铁“四电”施工特点，把握行业发展趋势、以铁路建设“精品、智能、绿色、人文”理念为核心，融合先进技术、智能工装、智慧管理理念，从接口预留、工程测量、施工安装、设备试验、精调检测等全工序到项目信息化管理全业务、全流程开展智能建造探索及实践，通过标准化智能预配、先进机械化装备装配和检测试验手段、数字化 BIM 技术，搭建信息化施工调度指挥中心，实现生产资源管理中心功能升级，推进高铁四电专业施工向“数字化、信息化、智慧化、工厂化、智能化”转变。

项目智慧管理平台如图 6-31 所示，以大数据、5G、人工智能等技术为基础，以智能化设备为支撑，将现场终端设备与软件应用相结合，围绕项目工程进度、质量、安全、技术、人员管理等多种要素和信息资源，对项目施工管理关键环节、重点部位进行梳理，以动态形式在平台上直观展现，实现“一屏掌控全局”，形成数字化、精细化、可视化、智慧化的施工管理模式。

图 6-31　智慧管理平台

应用 BIM 技术，完成关键工序的建模，全方位、多视角、三维立体进行演示和可视化交底，如图 6-32 所示。在电缆敷设、设备布局、管线孔洞预留、电缆沟路径等方面进一步优化布局、细化工艺流程，保证接口和电缆敷设的准确性和一次到位率。

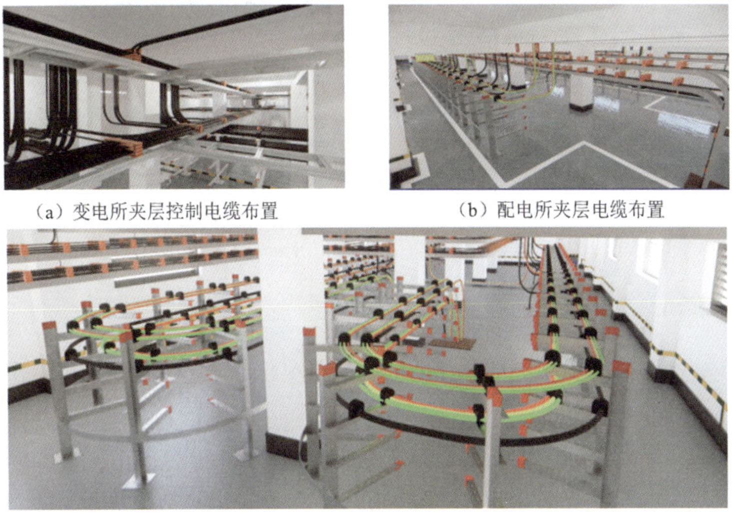

（a）变电所夹层控制电缆布置

（b）配电所夹层电缆布置

（c）配电所高压电缆环形预留

图 6-32　BIM 技术应用

应用信息化技术，实现现场施工管理水平的智能化、信息化，提升施工效率。AR 智能眼镜与安全帽完美适配，搭载 5G、A1、AR、数字孪生等智能新技术，解放双手，实时将现场情况反馈远端，并接收显示远端发送的图片、影像等技术资料，通过在线语音交互，快速准确地解决现场复杂问题，如图 6-33 所示。

图 6-33　AR 智能眼镜

针对变电所地网放热焊、10 kV 电缆中间热熔头两项关键工序，自主研发了质量监测“铜芯结”微信小程序，如图 6-34 所示。以所或线路为单位将每个焊点全部编号，按照编号将焊接完成的照片上传，项目部专业人员在线上进行审核，针对虚焊、焊接不饱满等问题予以退回返工，直至满足要求，确保接地网、电缆中间头施工质量可控，隐蔽工程质量可追溯。

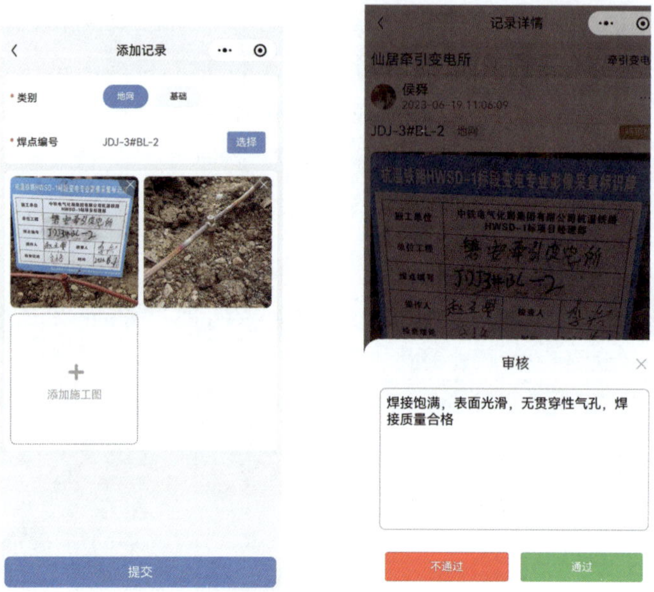

图 6-34 “铜芯结”微信小程序

利用二维码信息技术进行交底，将关键设备信息、安装记录等转化为二维码，实现“后台查看知现场，现场扫码知过程”的全生命周期过程控制管理，如图 6-35 所示。

图 6-35 二维码技术交底

智能建造离不开先进的智能化工器具，杭温高铁项目配置了一大批智能型、先进性、实用性、高效率的专业化工器具，组建专业化的测量、预配、安装、架设、试验等班组，用“专业的人干专业的事”“专用的工器具干专门的事”，大幅提高安装工艺质量和精益建造水平，提升施工效率，实现了创新成果在杭温高铁的应用落地，如图 6-36 所示。

（a）轻型数显弹性吊索安装仪　（b）精密电动力矩拧紧仪　（c）背负式电连接压接设备

图 6-36 智能化工器具

高速铁路四电智能建造以“提高生产效率、提升工程质量、强化安全保障、改善作业环境”为目标，针对高铁施工模式中作业、施工难度大和安全质量风险大等问题的机械化装备应运而生，在施工组织、施工装备等方面发生了质的飞跃，为实现接触网施工全流程、全工序机械化、智能化提供了强有力的支持，为高铁智能建造奠定了坚实基础，如图 6-37 所示。

(a) 隧道吊柱安装作业车

(b) 腕臂安装车组

(c) 安装作业车

(d) 附加线和承力索架设车组

(e) 贯通电缆放缆车

图 6-37　智能化、机械化装备

6.7　荆荆高铁智能建造技术应用

新建荆门至荆州高速铁路自沿江高铁荆门西站引出，途经荆门、沙洋、荆州等县(市)，终点与沪蓉荆州站接轨。新建正线长 77.631 km，设车站 3 座，为荆门西站(与襄荆铁路、沿江高铁共站)、沙洋西站、荆州站(既有站改建)。新建桥梁 12 座总长 65.808 km，占线路全长的 84.77%，路基总长 11.823 km，占线路全长的 15.23%，线路示意如图 6-38 所示。

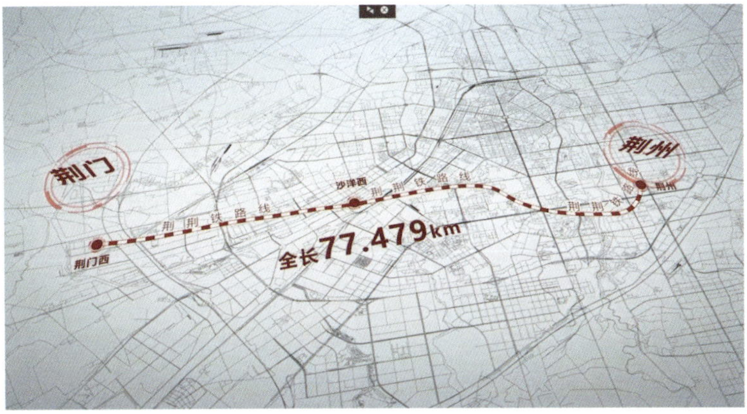

图 6-38　荆荆高铁荆门至荆州段示意

针对荆荆高铁的实际工况，充分考虑铁路新发展需要，紧靠国家“交通强国、铁路先行”“数字中国”战略步伐，开展了基于数字贯通的电气化智能建造技术应用，形成了“2＋N”的示范性应用方案。以“数智化”的理念和思维模式，构建人机交互建造系统，应用贯穿电气化施工准备、工程测量、计算修模、预制预配、安装调整、试验检测和交付运营等各个环节的智能工程装备和信息系统，打造基于统一的大数据底座平台和 BIM 应用平台，确保输出的过程管理数据和工程实体数据通过移动互联网在平台和工装间自动流转、贯通运行，实现施工全过程智能控制。

“2＋N”方案中的“2”，是基于统一数据底座的两大信息化平台。一是调度指挥大数据平台，通过物资全流程数字化工序的报验和作业指令的收发，进行工程进度、调度指挥、视频监控、安全、物资、成本和物联网工装设备管理，实现管理过程数字贯通。二是 BIM 应用平台，依托三维模型作为工程实体参数和质量参数的数据池，通过各阶段各类数据的采集和传送，及时更新和完善三维模型，形成数字化交付，实现工程实体数字贯通。两大平台基于统一的数据底座，对通过工装采集的数据进行预处理，包括数据清洗、数据治理等，对筛选出来的有效数据进行分类、分层管理，确保输出数据的完整性、真实性和有效性，为数字贯通提供数据基础，如图 6-39 所示。

图 6-39　“2”——基于统一数据底座的两大信息平台

“2＋N”方案中的“N”，是以“七大工装”为代表的各阶段的智能工程装备和信息软件系统。作为数据的源头或者分析处理中心，在工程的各个阶段采集数据、接收数据、分析数据，再将处理后的数据反馈给两大平台，是数字贯通技术中必不可少的中间节点，如图 6-40 所示。

在施工准备阶段，利用 BIM 技术，依托建设管理平台获取的供电专业和桥、隧、路、轨、站等相关专业三维设计文件、线路数据、厂家设备等资料建立模型，附加几何尺寸、结构信息、机械性能、电气性能等参数，初步形成施工阶段模数一体的 BIM 模型。

利用自动布线系统进行线缆路径规划，出具布线方案，自动敷设电缆，保证排布美观、一次成优；利用内置的“交底系统”，对全部优化方案和其他施工工艺进行三维可视化技术交

（a）接触网一体化测量工具

（b）整体吊弦预配平台

（c）接触网腕臂/吊柱智能安装装置

（d）腕臂预配平台

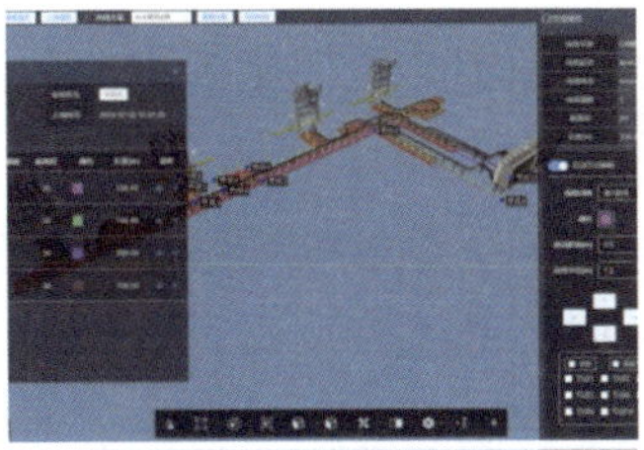

（e）BIM自动布线系统

（f）BIM可视化技术交底系统

图 6-40　N——以“七大工装”为代表的多个智能工程装备和软件系统

底，包含模型、技术要点、工序动画、用料清单和所用工器具等，并同步形成技术交底文档，实现数字化管控，如图 6-41 和图 6-42 所示。

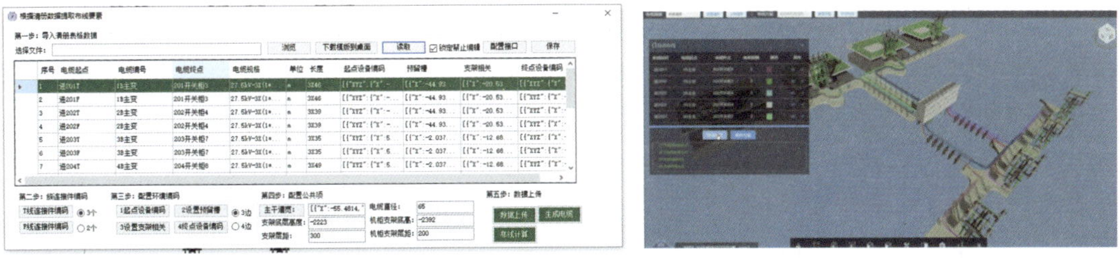

图 6-41　自动布线平台

图 6-42　技术交底平台

在工程测量阶段，“一体化接触网测量装置”采用了北斗定位、激光扫描技术，在无轨状态或轨道不到位情况下，快速、准确地测量出接触网施工所需的侧面限界、支柱斜率、上下底座相对轨面标高等腕臂数据和承力索高度、外轨超高、承力索偏移、竖曲线半径、集中负载位置等吊弦数据，发送给 BIM 平台。将测量时间、地点、精度、人员等管理数据通过移动网络反馈给调度平台。利用“基坑点云测量装置”自动测量基坑土方量，形成点云数据及隐蔽记录上传调度平台。

在计算修模阶段，BIM 平台内置的“接触网计算系统”建立多种装配结构数学模型，利用接收的测量数据和设计数据，自动计算出接触网腕臂、吊弦和软横跨的预配数据。BIM 平台根据计算结果，利用数据驱动建模技术，自动建立接触网模型，修正初始模型，同时将预配数据发送给调度平台。

在预制预配阶段，“调度平台”向“腕臂智能预配装置”和“整体吊弦智能预配装置”发送整跨的腕臂和吊弦预配数据，两大预配装置使用先进的机械臂和视觉定位技术，进行全自动切割、零件抓取、紧固压接和装配，完成预制预配，并对预配成品进行标记、按跨打捆，同时将生产数据、运行状态、监控视频、统计信息等管理数据发送给调度平台。

在安装调整阶段，“智能作业车”“腕臂/吊柱智能安装装置”“整体吊弦智能安装装置”根据“调度平台”的调度安排，智能作业装置应用对应的运动控制技术，通过机械臂完成精准的安装作业，同时将安装数据、运行状态、监控视频、统计信息等管理数据及时发送给调度平台，规格、批次、标号等质量数据传送给 BIM 平台，BIM 平台进行数据比对后，及时更新 BIM 模型，持续完善附加信息。

在试验检测阶段，通过传感器来实时采集试验数据，借助物联网技术实现数据的远程传输与集成，形成的一套高效、准确、智能的试验检测系统，减少了人工干预，提高检测效率与精度。“便携式接触网检测小车”和“接触网综合作业车”按调度平台要求进行试验检测，并实时将检测数据、波形、图像检测报告上传给 BIM 应用平台。BIM 应用平台根据检测报告，判断工程是否有缺陷，若有缺陷，则判断缺陷产生的具体位置、组件、修复方法，发送给调度平台进行后续施工调度；若无缺陷，则根据实际检测数据，对 BIM 模型进行完善和修正，形成最终的工程数字孪生模型。

在交付运营阶段，BIM 平台最终形成的“数模一体”数字孪生模型具有可靠、准确的几何数据，以及工程建设全过程、全量、全要素数据，经过数字认证后可整体打包迁移和读取更新，最终作为数据资产交付给运维单位，如图 6-43 所示。

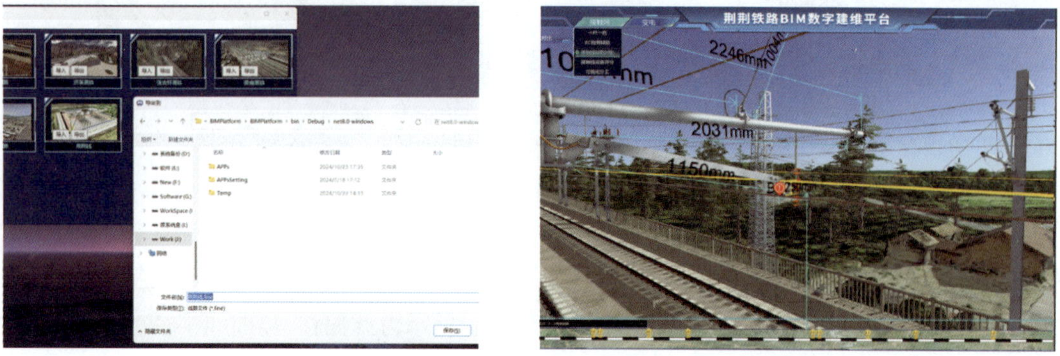

图 6-43　数字化交付平台

6.8　广州局供电智能运维管理系统

为提高供电信息化管理水平，响应国铁集团“数字赋能、智慧运维”号召，按照“优化顶层设计、推进资源整合、提升运维能力，促进专业改革”原则，立足供电修程修制改革和设备运维实际，广州局联合铁科院在“智慧广铁”信息化项目框架下建成了供电智能运维管理系统（简称 6C＋系统），系统面向铁路局、站段、车间和班组 4 级用户，分数据中心、检测监测、维修管理、健康管理、辅助决策、考评管理等 6 个功能模块。

数据中心模块，汇聚供电设备设计、运行、检测、维修信息，导入“一杆一档”“一所一档”等设备信息实现设备“底数清、一本账”及设备身份证管理，健全生产组织机构、职工信息，以及各专业技术资料、图纸、产品说明书、技术规格书、作业指导书、规章制度等，并与 TDMS、履职考核、6C 数据中心等信息系统互联互通，形成面向全局用户的供电综合数据库，如图 6-44所示。

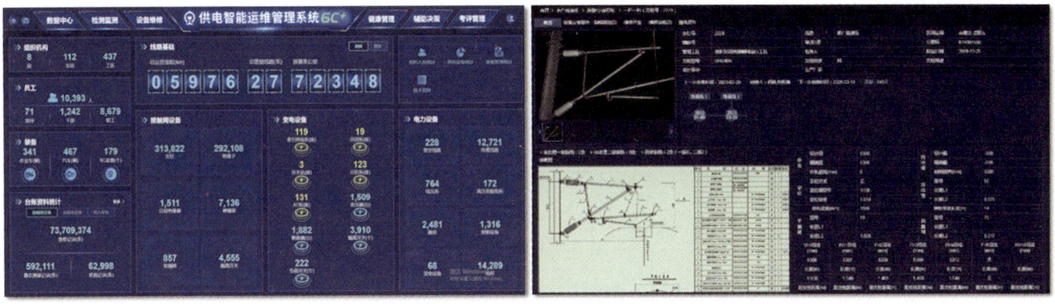

图 6-44　数据中心

检测监测模块，6C＋系统联通国铁集团和站段级 6C 信息综合处理系统，归集各单位 6C 分析结果，上传至国铁集团 6C 大数据分析系统，自动接收国铁集团发布的检测数据和预警信息，提高数据分析时效性。汇聚各单位检测计划兑现情况、检测分析结果等数据，实现检测分析质量监管。通过关联分析结果、设备问题库和维修计划，自动纳入作业分工，强化对 6C 缺陷问题闭环管理，如图 6-45 所示。

设备维修模块，实现设备检修周期自动预警，提升生产计划编排的科学性。将一次天窗作业标准流程融入维修模块，强化对作业计划、维修方案的源头管控，实现检修作业流程标准化、过程管控规范化。同时，利用手持机做到检修数据的实时录入，即时研判提示缺陷状态和不达标参数，提升现场作业数据录入的效率和质量，同时实现检修台账电子化管理，打造供电专业生产管控智能化平台，切实为天窗作业提效、减负，如图 6-46 所示。系统投运以来，累计提示各类检修技术参数错误问题 425 处，有效防范了设备检修不到位引发的事故故障。

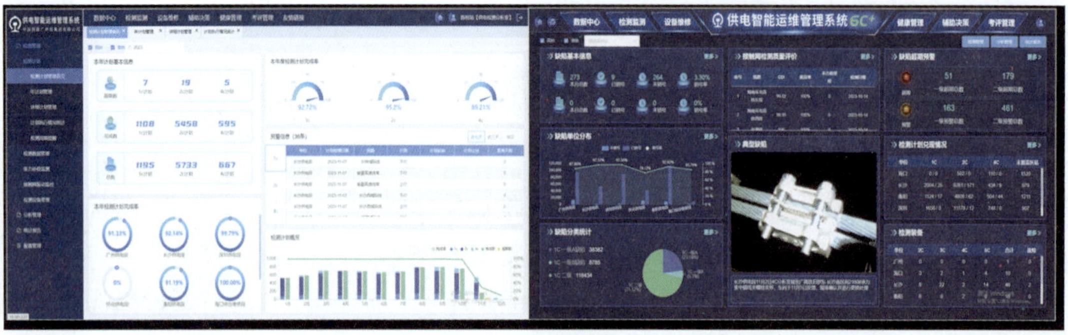

图 6-45　检测监测

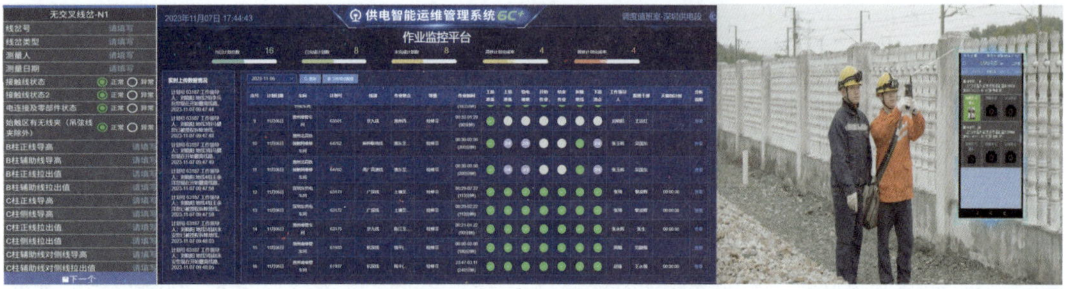

图 6-46　作业流程

健康管理模块，建立供电设备健康管理评价体系，通过大数据分析，融合设备运行、维修和检测数据，对设备服役状态进行综合分析和评估，动态评价设备运行质量，研判设备运行趋势，提示设备风险隐患，为供电设备周期修和大修技改提供决策依据；同时，指导开展关键设备零部件疲劳试验和质量鉴定，评估设备残余寿命，增强维修决策的科学性，如图 6-47 所示。

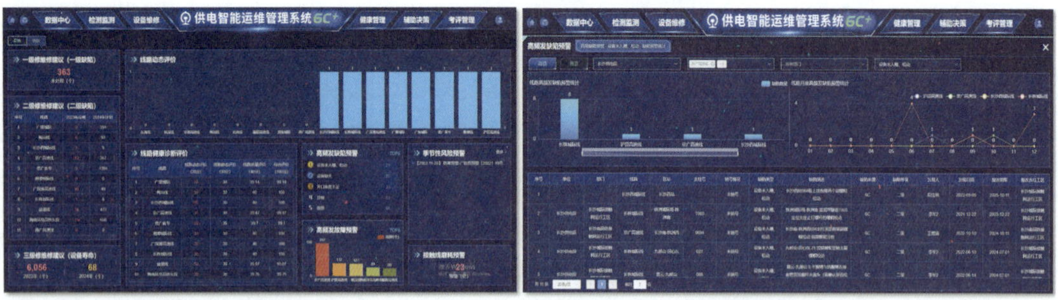

图 6-47　健康管理

辅助决策模块，突出问题导向，强化对供电安全信息的追踪分析，辅助供电部、供电段每日逐级深入分析设备故障等运行信息，制定应对措施，并发布安全预警，强化供电安全管理。实现应急辅助决策功能，通过收集现场各类运行信息，掌握设备状态及人员车辆出动情况，自动对比历史数据，自动推荐应急预案和技术资料，有效提升应急指挥人员的应急处置决策能力。系统已导入近十年牵引供电跳闸数据，实现对即时跳闸数据的综合对比分析，自动关联应急预案，并可通过 GIS 地图综合展示处置进程信息，如图 6-48 所示。

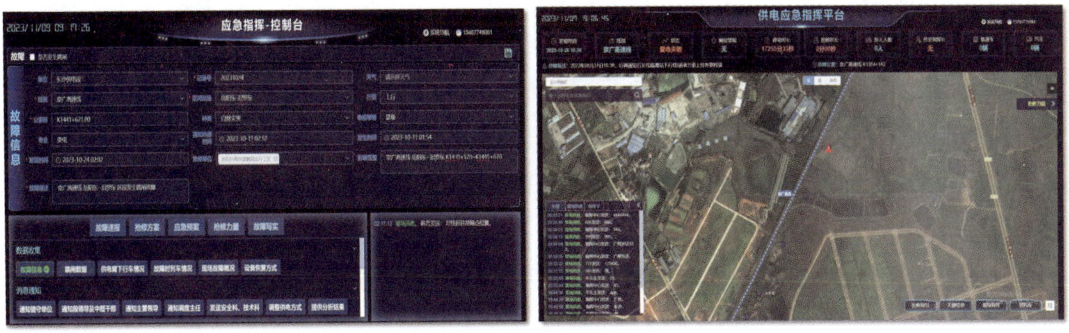

图 6-48　辅助决策

考评管理模块，实行人员画像功能，建立工资收入与工作量、工作质量、作业落标及业务素质挂钩的考评联动机制，根据作业分工及工作情况自动计算个人绩效得分，实现绩效考评管理。同时，将年度、月度重点工作任务纳入系统管理，实行逐级负责、分级办理，通过“一月一表”“一周一展开表”工作任务清单推动工作落实，实现工作任务清单化、电子化，进一步规范重点任务的下达及闭环管理，如图 6-49 所示。

图 6-49　考评管理

6.9　兰州局供电文化建设数字化

近年来，以“智慧兰铁”建设为契机，兰州局供电专业始终把信息化、数字化建设作为提升专业管理水平和企业内涵的重要抓手和技术保障，在全面推进专业管理信息化建设的同时，着力探索实施数字化职工培训、企业文化信息化建设，均取得了一定的成效。

安全生产管理数字化应用。专业管理方面基本建成了集地图数据展示、设备全生命周期管理、生产全过程闭环管理、生产计划全流程追踪、安全信息动态管理、应急指挥辅助决策、设备基础信息综合查询等7个模块为主的牵引供电安全生产管理系统，在与供电6C综合处理系统数据互联、资源共享的基础上，不断在信息化“硬件”科学覆盖、“软件”优化升级、“功能”完善实用、“操作”统一规范上下功夫，全面实现牵引供电生产全过程数字化管控。借鉴现有的机车运用安全管理系统，搭建作业车运用安全管理系统，通过作业车司机远程标准化出退勤管理、运行揭示调度远程写卡、运行揭示调度命令及时签发、监控记录文件及时上传分析、GYK智能分析软件等功能，实现作业车运用全过程安全管理。初步搭建了集“安全生产管控平台＋作业车视频监控系统＋变电所视频监控装置＋自建4G视频无线监控终端＋录音对讲机分析终端”于一体的安全生产管控体系，实现了由车站作业管控向区间作业管控扩展、由“线上”作业管控向“线下”作业管控延伸、局部管控向全覆盖管控拓展。积极推进供电调度智能化运行管理系统(PDMS)建设，已在全局5个高铁、7个普铁调度台投入使用，并在陇海、兰渝、敦格线应用智能倒闸，在停送电安全卡控和提高天窗利用率上效果明显，如图6-50所示。

图6-50　安全生产管理数字化

培训教育数字化应用。组织各段以JW-4G型接触网作业车为原型建设接触网作业车模拟驾驶系统，让接触网作业车司机熟练掌握接触网作业车的设备组成、电路原理、工作原理、驾驶规范、驾驶技巧、故障处理、非正常行车等专业知识及作业内容，达到综合仿真实训的目的；完善“一书一册一片”教学资源，聚焦关键作业、规章制度和应急处置等重点环节，制作绝缘锚段关节检调、吊弦制作与安装、防护信号显示、隔离开关检修、电力电缆故障查找等 53 个标准化作业视频课件，制作《作业车基本构造、分类、型号及主要技术参数》《电力常用仪器仪表》等 101 个局级共享教学视频课件；收集触电伤害、安全带使用不当、车辆碰撞等 5 个方面 20 个典型案例，采取动漫方式出版发行《电气化铁路劳动事故典型案例警示教育片》，现已纳入国铁集团数字化警示教育内容，如图 6-51 所示。

企业文化信息平台建设。借助集团公司生产局域网，以工作反馈、文学交流、媒体视窗、电子刊物为重点，打造宣传文化信息化品牌，树立“抓企业文化也是抓生产力、抓效益”的思想，搭建干部、职工认识沟通的心灵之桥，解决了一线班组交通不便、消息闭塞、业余文化生活单调等问题，有力地增强了宣传思想工作的影响力、说服力和感召力，先后提炼打造了嘉供“和”文化(忠诚担当、团结务实、守信敬业)、银供“同”文化(思想上同心同德、目标上同心同向、行动上同心同力、决心上同心同铸)、兰供“实”文化(守正笃实、严谨务实、精业勤实)、高铁段“融”文化(思想融合、文化融合、专业融合、岗位融合、管理融合、作业融合)等富有特色的安全文化品牌，发扬了红山堡变电所“变电不变本色、降压不降标准”、茭岭网工区“高原高海拔、高坡不滑坡”等班组精神，引导干部职工将积极健康的文化理念内化于心、外化于行，持续发挥导向、约束、凝聚、激励功能，进一步凝聚了广大干部职工齐心协力保安全、抓生产、促发展、创效益的责任感和使命感，在助推路局高质量发展进程中释放了无限潜力，实现了文化育人、文化聚人、文化暖人。

图 6-51　警示教育数字化

嘉峪关供电段聚力打造了“嘉供和声”文化平台。建立嘉供企业文化群、嘉供青年服务群、牵引变电微信沙龙等生产生活群，充分发挥微信群传播速度快、覆盖广、形式活的特点，播报现场故事，回应职工关切，较好地发挥了正面传播更热、信息发布更快、舆论引导更大的效应；打造听得进、看得见的“嘉供播报”，分为媒体播报、嘉供视界、彩视生活三个板块，释放视窗传播功能，引围观、博眼球；搭建以“嘉供和声”为核心的融媒体平台，综合运用新闻、微电影、H5、彩视等多种形式，传递党的声音，制作迎合职工需求的新产品 500 余件，让宣传党的政策主张成为新媒体平台最强音，如图 6-52 所示。

图 6-52　企业文化建设数字化

6.10　成都局数字铁路建维平台

为践行数字铁路建设为运营服务的理念，成都局集团公司联合中铁武汉电化局共同进行“新线介入 BIM 运维”阶段性试点研究，着眼于数据质量提升与维度扩充，拟将建设期 BIM 应用延展到运维期。BIM 模数一体化运维系统以《数字铁路规划》纲要为指南，基于建设期供电接触网的“一杆一档”、变电所的“一台一档”等竣工资料，采用 BIM、GIS、模型轻量化、数据驱动建模、三维可视化交互等技术，实现了一杆一档管理、一台一档管理、隐蔽工程记录查看、1C 检测缺陷三维模拟、供电臂带电状态显示、LJK 数据与行车方案三维模拟、竣工资料平台化移交等功能。

接触网一杆一档、变电所一台一档，平台导入接触网及变电所零部件设备信息，将施工期的建设数据转换为运营期的生产数据，大大减轻职工台账录入的工作量，实现基础数据的一键查看，如图 6-53 和图 6-54 所示。

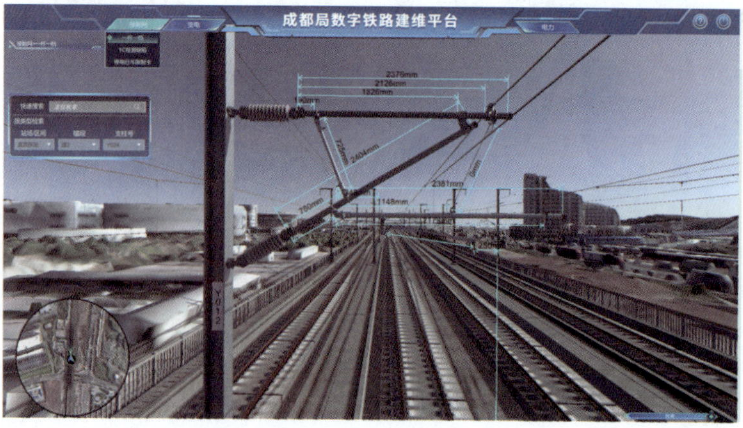

图 6-53　一杆一档

图 6-54　一台一档

隐蔽工程记录查看，将隐蔽工程信息导入平台三维场景中，以打点的形式进行标记，快速、方便查看对应隐蔽工程点的现场照片等资料，如图 6-55 所示。

图 6-55　隐蔽工程

1C 检测缺陷三维模拟，结合运维需求，平台实现了铁路局接触网检测缺陷记录导入功能，对于导入的缺陷数据，在 BIM 模型场景中自动识别缺陷点位，并显示缺陷信息，根据缺陷类型的不同，自动呈现不同的模型外观，如图 6-56 所示。

图 6-56　1C 缺陷的三维还原

供电臂带电状态显示，在所选 BIM 建模区段内，对接触网上、下行供电臂带电状态进行区分，并且根据范围内分区所工作模式，模拟越区供电时供电臂的带电状态，如图 6-57 所示。

图 6-57 供电臂带电状态显示

LJK 数据与行车方案三维模拟，根据路局停电行车限制卡，在宜宾东站范围内还原供电臂不同带电状态下，带电行驶车辆可以驶入的范围，便于运营人员编制施工计划，开展图示分工，如图 6-58 所示。

图 6-58 停电行车限制卡

竣工资料平台化移交，平台中的三维大场景模型及数据均来自施工阶段，通过自研软件快速打包、解包，实现了供电专业竣工资料一键平台化、数字化交付。

6.11 上海局数字化南京供电段

近年来，南京供电段根据国铁集团《数字铁路规划》总体部署和上海局集团公司数字上铁建设要求，以生产作业信息化、设备运维智能化、经营管理精细化、辅助决策智慧化为方向，深挖数字潜力，实现生产、管理全环节，职工执标等全过程的数字化管理，为安全生产、改革发展提供“数智”支撑。

建立智能生产管理平台。南京供电段致力打造覆盖供电生产全过程的智能生产管控系统，结合物联网技术，通过为设备贴上“电子标签”，实现设备的智能识别。此外，研发的手持终端设备使得日常巡视检修现场的扫码工作变得简单高效，检修记录自动生成，设备履历信息自动关联。技术资料管理模块的建立，实现了设备履历、技术资料的数字化联动管理。系统涵盖了 1 295 项功能模块，管理 59.19 万条设备履历，安全执行工作票 8.97 万张，完成检修保养记录 542.23 万条。通过年度自动汇总统计，生产数据实时上传，调度交班信息自动汇集，实现设备基础履历维护、巡视检修保养、缺陷故障处置的全过程数字化管理，如图 6-59所示。

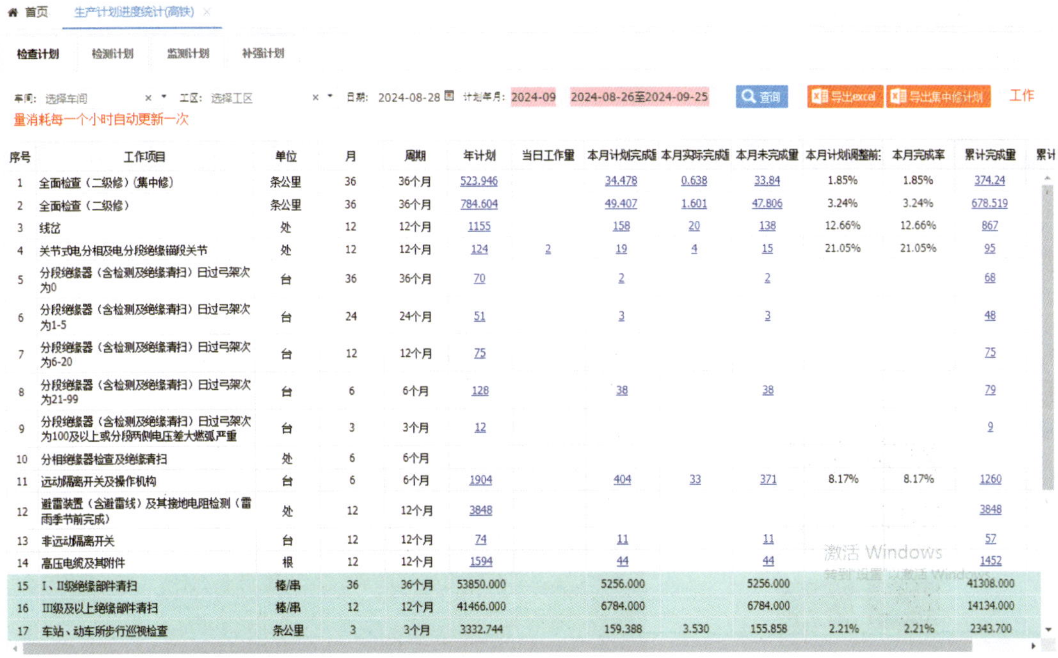

序号	工作项目	单位	月	周期	年计划	当日工作量	本月计划完成	本月实际完成	本月未完成量	本月计划调整前	本月完成率	累计完成量	累计
1	全面检查（二级修）(集中修)	条公里	36	36个月	523.946		34.478	0.638	33.84	1.85%	1.85%	374.24	
2	全面检查（二级修）	条公里	36	36个月	784.604		49.407	1.601	47.806	3.24%	3.24%	678.519	
3	线岔	处	12	12个月	1155		158	20	138	12.66%	12.66%	867	
4	关节式电分相及电分段绝缘锚段关节	处	12	12个月	124	2	19	4	15	21.05%	21.05%	95	
5	分段绝缘器（含检测及绝缘清扫）日过弓架次为0	台	36	36个月	70		2		2			68	
6	分段绝缘器（含检测及绝缘清扫）日过弓架次为1-5	台	24	24个月	51		3		3			48	
7	分段绝缘器（含检测及绝缘清扫）日过弓架次为6-20	台	12	12个月	75							75	
8	分段绝缘器（含检测及绝缘清扫）日过弓架次为21-99	台	6	6个月	128		38		38			79	
9	分段绝缘器（含检测及绝缘清扫）日过弓架次为100及以上或分段两侧电压差大燃弧严重	台	3	3个月	12							9	
10	分相绝缘器检查及绝缘清扫	处	6	6个月									
11	远动隔离开关及操作机构	台	6	6个月	1904		404	33	371	8.17%	8.17%	1260	
12	避雷装置（含避雷线）及其接地电阻检测（雷雨季节前完成）	处	12	12个月	3848							3848	
13	非远动隔离开关	台	12	12个月	74		11		11			57	
14	高压电缆及其附件	根	12	12个月	1594		44		44			1452	
15	Ⅰ、Ⅱ级绝缘部件清扫	棒/串	36	36个月	53850.000		5256.000		5256.000			41308.000	
16	Ⅲ级及以上绝缘部件清扫	棒/串	12	12个月	41466.000		6784.000		6784.000			14134.000	
17	车站、动车所步行巡视检查	条公里	3	3个月	3332.744		159.388	3.530	155.858	2.21%	2.21%	2343.700	

图 6-59　生产系统年度自动汇总统计

实施电能智能化管理。建立电能远程采集与质量检测分析平台，实现电能采集、监测、分析与购售电经营一体化管理，如图 6-60 所示。通过智能装置实时采集用户电能数据，实现抄表、录入、汇总分析、电费制票全程自动化。对线损实行分层级、跨区域、分时段的自动计算与分析，迅速查找解决线损异常问题。对变压器电流、电压、功率因数等运行参数自动采集，对过载、偏载、欠载以及电压质量不达标、用电负荷异常波动等问题实时报警，及时发现和处置运行故障及隐患。电能管理模式的变革促进生产劳动组织的优化，大量减少专职抄表人员。线损率稳步保持在 2.5%以下，年节支降耗 800 万元以上。

接触网智能检测分析。运用便携式接触网智能检测装置，采用多角度供电环境摄像仪，实现供电线路图像状态实时、高清采集；运用鸟巢、异物图像智能识别系统，实现鸟巢、吊弦等各种缺陷实时识别，如图 6-61 所示。运用接触网悬挂状态智能识别系统，实现“一键式”

智能检测开口销缺失等 46 大类缺陷识别。

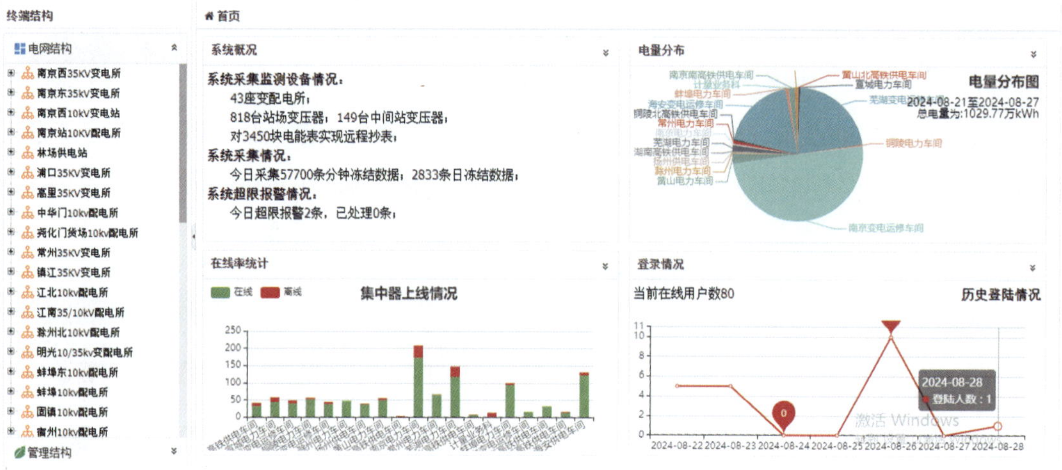

图 6-60　电能智能化管理

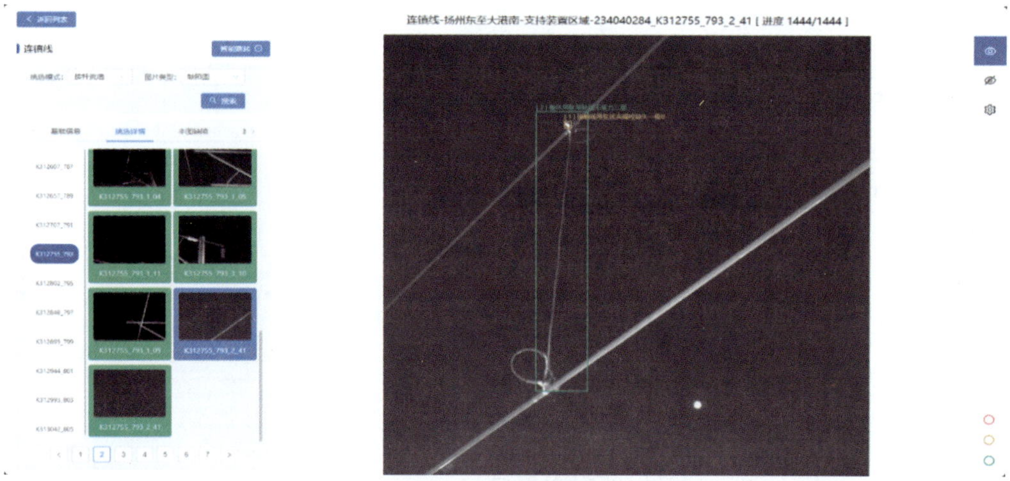

图 6-61　智能识别

电力分散自律检修。将生产管理系统与普速电力 SCADA 系统深度融合，提高设备运行可靠性，促进倒闸操作安全性，保证现场检修高效性。SCADA 自动巡检方面，以调度员日常巡视项点为内容，编制巡检卡片，提高巡检工作效率。电力智能倒闸方面，编制并网、解除并网、主备供并网倒切三大类共计 188 张智能倒闸卡片，调度员直接调取相应卡片执行远动倒闸，系统自动判断，避免了人工确认易漏项和选择开关错误的风险，如图 6-62所示。

图 6-62　倒闸作业信息流程与控制系统倒闸卡片自动化

应急抢修智能化管理。以调度为信息集散中心，自动收集故障数据，并做出初步诊断。利用 GIS 技术精确定位故障位置，并在平台上自动为相关工区和值班领导创建沟通群组。结合大数据分析，系统能够提供应急指挥的步骤指引和现场抢修的预案建议并实时推送，实现应急处置的智能化管理。通过移动设备，工作人员可以共享故障处理进展，确保实时更新。故障处理结束后，系统自动生成故障报告，以流程化的方式实现应急处置全过程的数字化管理，如图 6-63 所示。

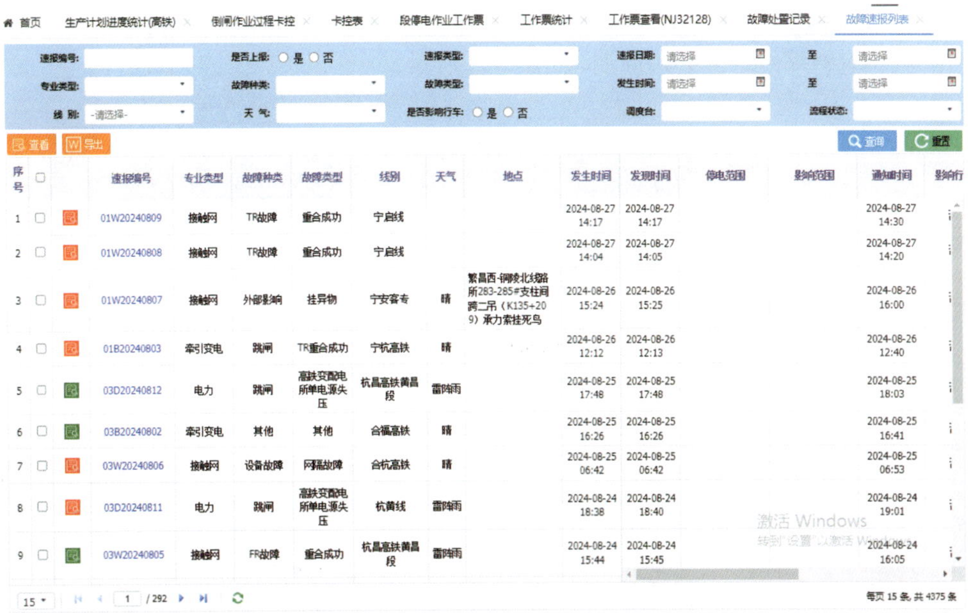

图 6-63　应急处置和故障速报自动化

新线接管数字化。实现前期介入、静态验收、联调联试、运营接管的全过程管理，如图 6-64所示。将设备检查缺陷录入问题库，自动分析、汇总，形成报表，使现场检查与信息录入同步完成，极大地缩短了统计周期；梳理验收标准，保障新线验收全过程可追溯，保障缺陷信息准确性和及时性；留存验收遗留问题、测量数据、现场照片、地理位置等信息，为接管运行的车间、工区提供全数字化基础台账资料，各类数据自动与生产管理系统对接，提高设备履历完整性，为设备全生命周期管理提供工程建设时期历史数据。

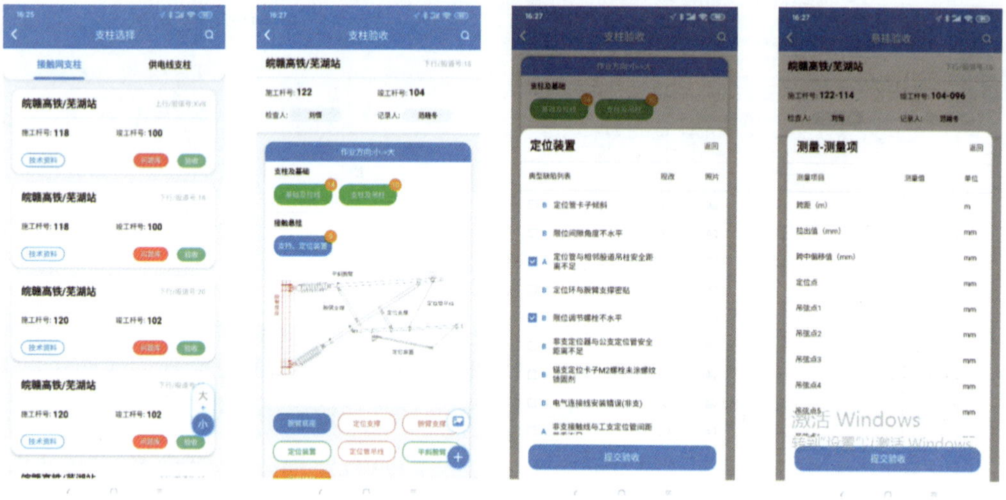

图 6-64 新线验收信息管理系统

业务流程数字化。流程平台实现流程在线审批、跟踪和自动统计，实现部门、车间、班组数字化沟通，有效缩短事务办理周期，如图 6-65 所示。

图 6-65 流程平台驱动的数据自动归集

6.12　教育培训数字化

各铁路局供电部、供电段充分利用信息化、数字化前沿技术，打造数字化职教培训基地，编辑了大量的现场视频、3D 动漫、VR 等可视化、虚拟化、体验化培训教材，如图 6-66 所示，更加直观的还原现场生产组织流程、检修工艺工法、典型事故案例等内容，创新开展沉浸式教育培训新模式，通过模拟真实场景，让职工身临其境的体验学习内容，深受现场职工欢迎，使职工从被动接受向积极参与转变，职教培训效果显著提升。

图 6-66　安全警示教育

北京局供电系统针对传统安全教育培训方式单一、效果不明显等问题，充分运用数字化方式开展安全警示教育，有效提升了安全培训质效。通过编辑视频，将典型事故故障经过、原因、存在问题等进行可视化复盘分析，形成视频教材，组织全员播放学习，直观感受现场实际情况。建设人身安全警示室，采取现场实物展示、视频播放、VR 体验等多种方式，开展沉浸式人身安全警示教育，有力促进安全警示教育入脑入心、触动灵魂，如图 6-67 和图 6-68 所示。督促现场开展好可视化安全预想和警示教育，通过播放作业现场视频、照片资料、“一杆一档”等数字化资料，使作业人员对作业现场直观了解，对作业安全风险有清晰的认知，如图 6-69 所示。

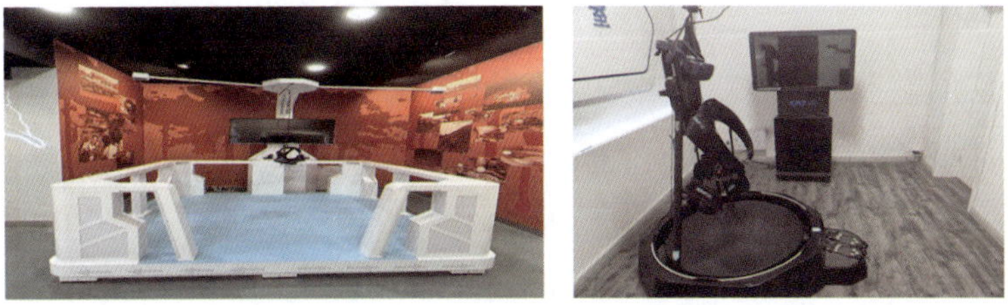

图 6-67　VR 安全警示教育室

图 6-68　沉浸式安全教育

图 6-69　现场视频培训

兰州局供电系统积极推广应用基于 VR 虚拟现实技术的仿真模拟安全培训系统，相继建成 VR 事故案例安全警示教育体验基地，配置 VR 体验系统，制作包含接触网感应触电、作业车坡道遛逸、邻近带电作业触电、错登电力杆、误挂接地线、高空坠落、低压触电伤害、梯车倾覆、宿舍火灾等 11 个 VR 事故类型，如图 6-70 所示。充分利用 VR 仿真模拟安全培训系统，开展警示教育 683 场次、培训 14 655 人次，现场制动在虚拟世界感受真实的供电作业事故场景，亲身体验因违章作业导致事故发生时心里产生的恐惧及震撼，很好起到“敬畏生命、敬畏职责、敬畏规章”的警示作用。

图 6-70　现场开展 VR 体验式培训

乌鲁木齐局供电系统针对新疆维吾尔自治区铁路电化区段开通线路越来越多，新职人员占比不断增加，人员素质与铁路高质量发展不相适应的现状，积极引入数字孪生技术，以施工期、运营期积累的原始数据和状态数据为基础，采用数模驱动，开发个性化三维可视化培训系统，分别建设兰新、兰新客专、乌将、将淖等线路实景三维培训软件，开展接触网工脱产培训 1 800 余人次、新入路大学生培训 500 余人次，通过虚拟与实景相结合的培训手段，视觉、听觉、触觉全方位体验，达到身临其境的培训效果，如图 6-71 所示。

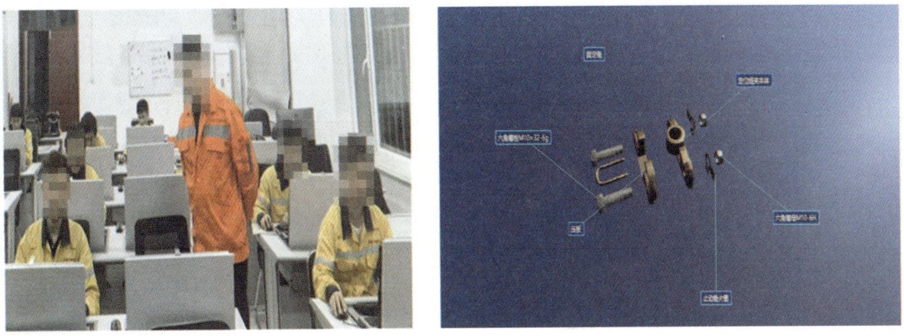

图 6-71 组织新入职人员开展三维可视化培训

郑州局供电系统积极引入虚拟仿真、三维渲染、数字孪生、语音识别、数据评估、3D 打印等信息化手段，打造“教、学、练、考”一体化的多功能实训基地。以技术规范和岗位标准培养为导向，定制接触网作业车实训舱、JZ-7 制动机，开展接触网作业车司机脱产培训 1 237 余人次、真实再现工作环境和操作流程，实现真实化、零差别，如图 6-72 所示。以标准化作业、故障演练为基础，建设了牵引变电所仿真培训操作平台、智能化配电仿真技能实训基地，实现了智能仿真故障实训、模块化教学、考核自动评分功能，使故障更形象直观，有效解决实训教学中的高风险，如图 6-73 所示。

图 6-72 接触网作业车实训基地

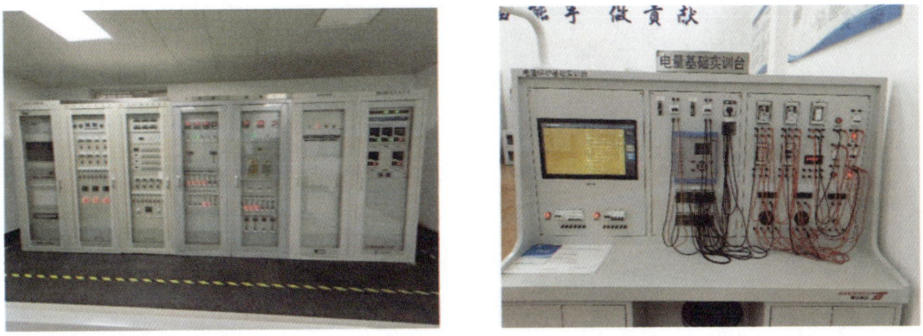

图 6-73 变电、配电仿真实训基地

南昌局供电系统积极探索和完善职工线上学习管理机制，充分利用南铁云平台互联互通，实现手机培训学习，如图 6-74 和图 6-75 所示。一年来上传课件 150 余个，各类题库 6 100 余题，组织学习 15.3 万余人次，网络答题累计 42.6 万余人次，网络培训万余人次，有效解决工学矛盾突出问题，受到职工广泛欢迎。同时，通过采用微缩模型，编辑制作情景再现的典型案例视频片、可视化课件，组织场景式培训教学，让学员身临其境，给学员带来更为真实的体验和触动。

图 6-74　南铁学习云平台

图 6-75　数字化培训沙盘

参 考 文 献

[1] 王同军. 基于BIM的铁路工程管理平台建设与展望[J]. 铁路技术创新,2015(3):7-13.

[2] 中国信息通信研究院. 中国数字经济发展研究报告(2024年)[R]. 贵阳:2024.

[3] 亿欧智库. 中国建筑行业数字化转型研究报告[R]. 北京:2022.

[4] 中国软件行业协会信息主管(CIO)分会,数字产业创新研究中心,锦囊专家. 首席数字官. 十大央国企数字化标杆案例集[R]. 北京:2024.

[5] 中国国家铁路集团有限公司. 数字铁路规划(铁科信〔2023〕105号)[S]. 北京:2023.

[6] 王同军. 中国智能高速铁路2.0的内涵特征、体系架构与实施路径[J]. 铁路计算机应用,2022,31(7):1-9.

[7] 刘岩,苗茁,孔庆玮. 智能综合调度高铁计划编制应用系统研究与实践[J]. 铁路计算机应用,2023,32(8):57-62.

[8] 中国铁路BIM联盟. 铁路工程信息模型分类和编码标准(1.0版)[J]. 铁路技术创新,2015(1):8-111.

[9] 中国铁路设计集团有限公司. 铁路四电工程BIM设计技术导则(1.0版)[R]. 天津:2021.

[10] 王敬轩. 基于CAD/CAE集成的接触网腕臂受力形变仿真系统研究[D]. 成都:西南交通大学,2022.

[11] 王平,张静晓,李瑚均,等. 高铁工程质量数字化管理提升路径研究[J]. 中国铁路,2023(5):80-84.

[12] 张润宝. 供电6C系统数据分析技术[M]. 北京:中国铁道出版社,2023.

[13] 高仕斌,胡晋豪,韩正庆,等. 牵引供电数字孪生系统框架设计及典型应用[J]. 中国铁路,2024(7):114-125.

[14] 国家市场监督管理总局,中国国家标准化管理委员会. 信息技术 数据质量评价指标:GB/T 36344—2018[S]. 北京:中国标准出版社,2018.

高速铁路基础研究与技术创新丛书

第一期(16 册)

(一)基础理论与基础技术系列

高速铁路散体道床宏细观力学行为　　赵春发　翟婉明　张　徐　著

ISBN 978-7-113-28857-0

高速铁路线路系统动力学　　龙许友　时　瑾　王英杰　编著

ISBN 978-7-113-28997-3

高速铁路弓网关系研究　　韩通新　著

ISBN 978-7-113-28941-6

(二)动车组系列

高速列车轻量化设计　　李　明　伊召锋　米莉艳　等编著

ISBN 978-7-113-28972-0

(三)供电系列

高速铁路受电弓　　韩通新　编著

ISBN 978-7-113-28975-1

高速铁路接触网检测技术　　韩通新　著

ISBN 978-7-113-28961-4

(四)工程设计系列

高速铁路桥梁抗震设计　　陈兴冲　张永亮　编著

ISBN 978-7-113-28964-5

高速铁路轨道工程 BIM 正向设计软件开发及实践　姚　力　刘大园　董凤翔　等编著

ISBN 978-7-113-28934-8

(五)工程施工与组织系列

高速铁路桥梁 BIM 技术研究与实践　　盛黎明　苏　伟　刘延宏　宋树峰　编著

ISBN 978-7-113-28938-6

高速铁路岩溶路基边坡变形与稳定　　白明洲　师　海　田　岗　等编著

ISBN 978-7-113-28880-8

高速铁路工程地质灾害超前预报图形判别和解译　　李　忠　郝娜娜　等编著

ISBN 978-7-113-28935-5

(六)通信与列控系列

高速铁路宽带无线信道测量与建模技术 周　涛　何睿斯　艾　渤　编著

ISBN 978-7-113-28930-0

(七)测量与检测系列

(八)高铁运营与经济系列

高速铁路社会效益研究——基于时空经济分析 李红昌　夏璇璇　著

ISBN 978-7-113-28942-3

(九)现代信息技术系列

高速铁路物联网技术 史天运　孙　鹏　张惟皎　陈瑞凤　编著

ISBN 978-7-113-29029-0

(十)安全·健康·维护系列

高速铁路道砟飞溅机理及防治 高　亮　石顺伟　殷　浩　著

ISBN 978-7-113-28906-5

高速列车多目标均衡综合节能技术 张　雷　李　明　司志强　等编著

ISBN 978-7-113-28976-8

第二期(23 册)

(一)基础理论与基础技术系列

高速列车空气动力学数值模拟——基于 STAR-CCM+软件

李　明　李　田　戴志远　等编著

ISBN 978-7-113-30059-3

高速铁路沿线地面沉降研究与防治 李国和　黄大中　尚海敏　王少林　编著

ISBN 978-7-113-30176-7

高速铁路路基智能填筑技术 王同军　闫宏业　杨　斌　尧俊凯　等著

ISBN 978-7-113-30047-0

季冻区高速铁路路基服役性能与孕灾风险研究

叶阳升　蔡德钩　毕宗琦　李善珍　等著

ISBN 978-7-113-29934-7

高速铁路隧道内附属设施气动效应及安全性研究

彭立敏　杨伟超　施成华　雷明锋　著

ISBN 978-7-113-30104-0

高速铁路钢轨打磨理论与技术　　王文健　郭　俊　周　坤　著

ISBN 978-7-113-30061-6

高速列车动态性能正向设计　　周劲松　宫　岛　孙文静　著

ISBN 978-7-113-30050-0

高速列车自动驾驶控制理论　　宿　帅　李开成　唐　涛　袁　磊　等编著

ISBN 978-7-113-30147-7

高速铁路行车调度与控制一体化　　唐　涛　宿　帅　孟令云　阴佳腾　编著

ISBN 978-7-113-30112-5

高速铁路无砟轨道结构水泥基材料理论与技术

龙广成　曾晓辉　马昆林　谢友均　著

ISBN 978-7-113-30056-2

（二）动车组系列

高速列车空气动力学设计技术　　丁叁叁　著

ISBN 978-7-113-30055-5

（三）供电系列

高速铁路电力牵引供电工程智能建造技术

胡志华　陈建明　奚金柱　吴命利　等编著

ISBN 978-7-113-30205-4

（四）工程设计系列

现代铁路枢纽规划设计　　许佑顶　高丰农　吴学全　李传勇　等编著

ISBN 978-7-113-27468-9

高速铁路隧道底部结构动力响应特性及设计方法

彭立敏　施成华　黄　娟　丁祖德　著

ISBN 978-7-113-30133-0

（五）工程施工与组织系列

高速铁路工程勘察技术创新与实践　　陈则连　著

ISBN 978-7-113-30189-7

高速铁路工程质量系统管理(第2版)　　卢春房　等著

ISBN 978-7-113-30108-8

高速铁路路基沉降分析与控制技术　　宋绪国　郭帅杰　编著

ISBN 978-7-113-30154-5

深埋高速铁路地下车站施工关键技术　　杨新安　马明杰　李路恒　罗　驰　编著

ISBN 978-7-113-30001-2

高速铁路施工组织创新与实践　　魏　强　编著

ISBN 978-7-113-30136-1

高速铁路路基沥青混凝土防水封闭结构　　蔡德钩　闫宏业　楼梁伟　石越峰　等著

ISBN 978-7-113-30033-3

(六)通信与列控系列

高速铁路信号系统雷电防护技术研究　　向念文　徐宗奇　阳　晋　编著

ISBN 978-7-113-30135-4

(七)测量与检测系列

(八)高铁运营与经济系列

(九)现代信息技术系列

智能高速铁路图像大数据分析技术及应用　　李　平　李　瑞　赵　冰　编著

ISBN 978-7-113-30134-7

(十)安全·健康·维护系列

高速列车横风效应及气动安全控制动力学　　毛　军　柳润东　郗艳红　著

ISBN 978-7-113-30028-9

第三期(18册)

(一)基础理论与基础技术系列

高速铁路桥梁抗风技术　　何旭辉　邹云峰　敬海泉　等著

ISBN 978-7-113-31329-6

高速铁路智能选线理论与方法　　蒲　浩　宋陶然　李　伟　张　洪　著

ISBN 978-7-113-31670-9

(二)动车组系列

高速列车风阻制动技术　　田　春　周嘉俊　马天和　吴萌岭　编著

ISBN 978-7-113-31648-8

高速列车制动防滑控制基础理论与试验技术 田　春　朱文良　马天和　吴萌岭　编著

ISBN 978-7-113-31585-6

高速铁路轮轨廓形设计及应用 沈　钢　陈迪来　编著

ISBN 978-7-113-31307-4

高速列车辅助供电系统 张立伟　姜东杰　徐海大　编著

ISBN 978-7-113-31574-0

高速列车被动安全系统技术理论 丁叁叁　编著

ISBN 978-7-113-31996-0

（三）供电系列

高速铁路供电系统电磁暂态分析与防护 刘明光　刘　铁　编著

ISBN 978-7-113-31249-7

（四）工程设计系列

（五）工程施工与组织系列

寒区高速铁路隧道低温影响与工程对策 马志富　田四明　杨昌贤　王志杰　等编著

ISBN 978-7-113-31456-9

高速铁路路基边坡生态防护技术与实践 叶阳升　蔡德钩　魏少伟　吕　宋　著

ISBN 978-7-113-31741-6

（六）通信与列控系列

真空管磁浮高速飞行列车车地无线通信技术 刘　留　艾　渤　编著

ISBN 978-7-113-31382-1

（七）测量与检测系列

高速铁路运营监测技术 赵　斗　张冠军　王长进　梁　永　编著

ISBN 978-7-113-31182-7

高速铁路精密工程测量技术 王长进　刘　成　张冠军　石德斌　编著

ISBN 978-7-113-31519-1

铁路工程地质遥感技术创新与应用 刘桂卫　著

ISBN 978-7-113-31354-8

（八）高铁运营与经济系列

高速铁路列车开行决策理论与技术 周文梁　史　峰　徐光明　等著

ISBN 978-7-113-31563-4

(九)现代信息技术系列

高速铁路数据中心设计技术 杨德修 樊 艳 赵 耀 崔校玉 编著

ISBN 978-7-113-31126-1

(十)安全·健康·维护系列

绿色高速铁路技术 蒋 辉 编著

ISBN 978-7-113-31460-6

高速列车驾驶人因安全保障理论及方法 方卫宁 唐 涛 等著

ISBN 978-7-113-31311-1